廉洁文化建设丛书

国外廉政建设述评

主　编　王建波
副主编　胡绍元

WUHAN UNIVERSITY PRESS
武汉大学出版社

前　言

腐败是古今中外普遍存在的社会顽疾，它根源于人性的贪婪，发生于机制的疏漏，繁殖于落后的传统文化中。腐败与政治制度没有必然的联系，无论是资本主义国家，还是社会主义国家，都对腐败没有天然免疫力。

腐败与现代化进程或程度有关。现代化意味着制度化和民主化，对现代社会因为权力持有的垄断性和权力行使的随意性所产生的腐败有着实质性的消解作用；但是现代化也意味着国家接管了社会的诸多责任，具体而言即政府职能的扩张及官僚机构的膨胀，其副作用是产生了现代行政腐败。现代化中产生的腐败需要推动现代化进程来解决，即完善现代制度和建设与之匹配的现代文化。

毋庸讳言，欧、美、亚三大洲的很多国家现代化启动较早，现在已步入现代化程度很高的经济社会发达国家。这些国家较早经历了现代腐败和治理，在反腐倡廉方面积累了不少经验，也留下很多教训，这对后发现代化国家包括中国的反腐倡廉不乏启示和借鉴价值。习近平总书记在政治局关于反腐倡廉第五次集体学习时也明确指出，"深入推进党风廉政建设和反腐败斗争，需要坚持发扬我们党在反腐倡廉建设长期实践中积累的成功经验，需要积极借鉴世界各国反腐倡廉的有益做法，也需要积极借鉴我国历史上反腐倡廉的宝贵遗产"[①]。

但是，相对于选取中国历史人物编著故事以促进廉政文化建设的出版物来说，目前对于国外廉政制度和文化的介绍还是比较少，而且维度比较单一，多是一个国家的专门研究或通俗简介，涵盖范围广、对象多的书籍多聚焦于廉政建设比较先进的国家的制度体系。鉴于此，编者不揣简陋，试图在国外廉政建设的纵深评介方面有所推进。

[①] 《积极借鉴我国历史上优秀廉政文化　不断提高拒腐防变和抵御风险能力》，《人民日报》2013 年 4 月 21 日。

本书选取了世界上廉政建设成就显著的 18 个国家，分为世界上最廉洁的国家，包括丹麦、芬兰、瑞典、挪威、新西兰、新加坡、瑞士、荷兰、加拿大、澳大利亚；比较廉洁的国家，包括德国、英国、法国、日本、美国、智利；反腐成就显著但问题依然严重的国家，选取对我国更有启示和借鉴意义的韩国和古巴。需要说明的是，这些国家的清廉程度定性的根据是透明国际近几年的清廉指数世界排名。透明国际的清廉指数是由国际几大专业机构的商界的评分集成，不可避免地带有主观性，所以对某个国家或地区的清廉程度的评定不可能通过透明国际的清廉指数排名完全反映出来。但它是目前国际上最权威的参考依据，没有更好的参考标准可资替代。

既然是国外 18 个国家的廉政建设评介，自然就有了比较的维度。本书采用国际政治教科书常用的比较模型，分为"历史背景与政治文化"、"历史上腐败高发期与集中治改"、"现行廉政建设特征"、"现存问题及发展趋势"、"小结或短评"，旨在拓展所选国家的有关廉政建设知识的幅度，一方面可以加深对所选国家的廉政建设的全方位立体性的认识，另一方面在区分度更强的基础上更好地对所选国家的廉政建设情况进行比较。

以上是我们编著本书的初衷和构思，至于编写内容能否将其完整体现和演绎，还请广大读者评议。

编者于 2015 年 10 月

上编　世界上最清廉的国家

中编　世界上比较廉洁的国家

下编　反腐成就显著的国家

上编　世界上最清廉的国家

本书首先选取世界上最清廉的国家进行介绍和评析。按照当前最权威的国际评价——透明国际的清廉指数排名，丹麦、芬兰、瑞典、挪威、新西兰、新加坡、瑞士、荷兰一直稳居世界 170 多个国家和地区前 10 名，加拿大和澳大利亚基本在 10 名左右波动。

在这 10 个世界上比较公认的最清廉的国家中，北欧国家显然占据多数，中西欧国家、亚洲、北美洲和大洋洲国家也各占一席之地。丹麦、芬兰、瑞典、挪威、新西兰、新加坡、瑞士、荷兰、加拿大和澳大利亚分属不同的文明圈，有着不同的历史和文化传统，其中多数位于基督教文明区域，也有儒家文化主导兼受西方文明影响下的亚洲国家。

丹麦的清廉程度连续多年蝉联世界首位，对此，丹麦驻华大使裴德盛曾说过："丹麦仅是一个拥有 500 多万人口的小国，这使得在丹麦推行反腐和司法制度都相对容易，但在一些人口众多的大国，政府治理和成功的方式就会更复杂。"其他 9 个国家与丹麦类似，人口不多。这 10 个国家的经济发展水平普遍较高，福利较高，属于发达国家之列。"仓廪实而知礼节，衣食足而知荣辱"①，在一个物质需求容易得到满足的社会，公职人员通过贪腐获取私有财富的动力显然大大减弱，这对于一个国家的廉政建设显然是有利的条件。

这 10 个国家的廉政建设除了具有上述优越的外因，其制度构建和文化建设的成效才是主因。这些世界瞩目的清廉国家，都具备科学的公务员管理制度、健全的防腐惩腐法律、独立专制的反腐机构、广泛的社会监督和行之有效的文化教育。这是所有国家和社会反腐倡廉的必由之路。同时，这 10 个分属不同文明区域、具有各自历史文化的国家在沿循制度路径反腐倡廉的过程中，

---

① 黎翔凤撰，梁运华整理：《管子校注》，中华书局 2004 年版，第 2 页。

表现出了不同的文化特色和策略侧重，同样值得了解和认识。例如，丹麦政教合一①的历史留下的不生非分之想、不期非分之财的传统理念；荷兰崇尚自由平等的文化氛围，使其社会对腐败似乎有一种天然的防御力；新西兰的腐败预防工作特别规范细致，政府各部门将预防贪污腐败作为每年都必不可少的常规工作；新加坡作为一个深受东西方文化影响的国家，兼收并蓄，走出了一条有特色的精英人才选拔、待遇分配和管理国家的道路；瑞士的廉政建设呈现的是欧洲启蒙运动阐发的权力分立和制衡、小国寡民条件下的公民参与民主特征；加拿大的廉政建设则尽显"成全人"的人文关怀，预设人心本善，通过制度设计和教育指引清除公职人员贪腐的外在环境和诱惑。

可以说，世界上最廉洁的10个国家取得公认的廉政成就，既沿循了共同的路径原则，也各有自己的特色，进而形成了自己的模式，是普遍性与特殊性的有机统一。

---

① 在丹麦占主导地位的信仰是宗教改革后的新教路德宗。

丹麦廉政建设概况

在历史传统上，我们也没有腐败问题。所以我们根本就不用抗击腐败或者避免腐败。这是植根于我们的文化中的，我们的文化不相信贿赂、敲诈和腐败。

——丹麦驻华大使裴德盛

不要认为你有什么特殊——你和我们每个人都一样。

——丹麦的一句俗谚

反腐是世界各国政治建设的共同目标。从"国际透明组织"每年公布的世界各国政治清廉指数排行榜来看，丹麦常常名列前几位（见表1）。丹麦这一治腐反腐的典范受到了世界众多研究机构的青睐，我们希望从丹麦的反腐历程中总结出值得借鉴的经验，共同抵御腐败的"毒瘤"。

表1　　丹麦最近十年（2004—2013）国际透明组织廉政指数（CPI）[①]

年度	2004	2005	2006	2007	2008	2009	2010	2011	2012	2013
排名	3	4	4	1	1	2	1	2	1	1
得分	9.5	9.5	9.5	9.4	9.3	9.3	9.3	9.4	9.0	9.1

注：表中的数据来源于透明国际组织官网 http：//www. transparency. org/。

这个由群岛组成的、全部人口只有500多万的北欧国家，却成为世界瞩目的政治清廉的国家，且少有腐败案件发生，究其原因与其自身的历史与社会发展密切相关。因此，通过对其国家的发展历程以及政治体制进行解读，探讨丹麦的廉政建设，不仅有利于深入了解丹麦国家的基本情况，还可以为我国的廉政建设提供良好的借鉴。

[①] CPI（Corruption Perceptions Index），是指"透明国际"组织每年发布的旨在衡量各个国家腐败印象的指数，也即通常所说的"国际透明组织廉政指数"。

一、历史背景与政治文化

1. 历史背景

丹麦历史进程曲折，却少有腐败的发生，从国家的建立，至君主制的发展，再到后来资本主义的产生，扩张与自卫伴随其中，最终形成了今日的丹麦。

公元6—8世纪，丹麦的原始公社制度瓦解，形成了最初的国家。12世纪以后，封建君主制风靡整个欧洲，丹麦在这股强劲趋势的影响下，建立了自己的君主制。瓦尔德马二世去世之后，丹麦国内的各个势力开始了不断的纷争，王室、教会、贵族之间矛盾尖锐，整个丹麦处于内乱的时期。这一时期，贵族开始得势，并逐步削弱王权。1282年召开的尼堡会议上，贵族们强迫国王签署法令以限制君主的权力，法令中规定国王要和贵族合作，每年要召开四等级代表会议等。"这是丹麦历史上第一部有关国家政治权力分配原则的文献，该法令规定了国王同贵族合作的原则，国王同意每年召开一次由贵族、骑士、市民和自由农民组成的四等级代表会议，并服从有关赋税等问题的规定原则。"① 这一法令开创了限制君主权力，防止皇室贪污腐败的先河，也标志着封建等级君主制在丹麦的确立，并一直持续到1660年封建君主专制制度的出现。

卡尔马联盟时期，丹麦的势力达到顶峰。女王玛格丽特成为统治丹麦、瑞典、挪威的联合君主。玛格丽特死后，联盟开始衰落，继承人埃里克意图与汉萨同盟抗争，进行了连年的征战，使丹麦财力锐减。丹麦政府为了补充战争损耗，对瑞典和挪威征收重税，进行多方盘剥，肆意占有土地，土地兼并活动愈演愈烈，政府私吞税收的情况也屡见不鲜。人民的不满情绪与日俱增，反抗活动和暴动也连绵不断。

1563年，丹麦与瑞典两国爆发了"七年战争"，并在之后的几十年间交战不断。长期的战争，消耗了两国的实力，国际竞争力也因此一落千丈。19世纪，资产阶级革命的浪潮波及丹麦。为适应新形势的发展，规范资本主义市场经济秩序，防止腐败的发生，1849年6月5日，腓特烈七世颁布了丹麦近代意义上的第一部宪法，在丹麦确立了君主立宪制。这部宪法在之后虽经过了多次修改，但仍然是丹麦重要的法律，并延续到现在。

---

① 王鹤编著：《列国志·丹麦》，社会科学文献出版社2006年版，第53页。

2. 政治文化

丹麦政治的廉洁与其政治制度的发展完善密不可分。丹麦最初确立的政治体制是君主制。1849 年，腓特烈七世制定了宪法，丹麦国体由君主制转为君主立宪制。目前，丹麦实行一院制的君主立宪制，议会包括 179 名议员，任期 4 年。议会至少每 4 年举行一次选举。丹麦宪法对国王与议会的权力作了规定，"根据宪法，国王是国家元首，对王国的一切事务拥有最高权力。国王是全国武装的名义统帅。国王可以随时发布举行新的议会大选、改选议会全部议席的命令。国王和议会同享立法权，可向议会提出法案或者其他议案。……行政权也属于国王。国王任免首相和大臣……在国际事务中，国王代表丹麦王国。"① 如今，丹麦国王更多的是作为国家元首行使形式上的行政权力，国王签署的行政或者立法的法令需要有一名或一名以上的大臣副署才能正式生效。

议会在丹麦政治活动中处于中心地位。"根据宪法规定，议会享有立法权、监督政府的权力，决定国家预算，并在决定外交政策方面有重要的权力。……立法权是议会最重要的权力。宪法规定，立法权属于议会。……议会还有权决定国家的财政事务。根据宪法规定，拨出公共资金及征税的唯一权力在于议会。"② 这些对议会权力的规定加强了对政府权力的制约，有利于政治的健康发展。

权力间的相互制衡还体现在丹麦的政党政治。丹麦采用多党执政的政府组成形式，这种结构有利于各党派之间相互监督与制约。执政政府要想取得民众的支持，就需要各党派之间通力合作，共同维持社会的稳定。自 1849 年宪章之后，议会中逐渐形成了左派、右派和中间派三派。在 19 世纪末 20 世纪初，丹麦传统的政党体系发展起来，包括四个党派：保守党、自由党、激进自由党和社会民主党。丹麦实行几个政党联合执政的方式，这种执政方式受到丹麦人民的信赖与支持。

此外，宗教因素对丹麦整个民族产生重大影响。丹麦历史的发展进程中没有经过政教合一的历史时期，影响较大的教派主要是宗教改革后的路德宗派基督教。因此，旧教的特权思想和等级观念对丹麦人民的影响较少，人们在路德宗教义的影响下，不生非分之想、不期非分之财。这种传统宗教观念一直影响

① 王鹤编著：《列国志：丹麦》，社会科学文献出版社 2006 年版，第 79 页。
② 王祖茂：《当代各国政治体制：北欧诸国》，兰州大学出版社 1998 年版，第 240 页。

到现在，形成了良好的社会风气。

二、历史上腐败高发期与集中治改

丹麦驻华大使裴德盛在 2010 年 12 月 10 日接受《新京报》专访时曾说过："在历史传统上，我们也没有腐败问题。所以我们根本就不用抗击腐败或者避免腐败。这是根植于我们的文化中的，我们的文化不相信贿赂、敲诈和腐败。"但俗话说得好，有利益的地方，就会有腐败，在丹麦历史发展过程中，仍不可避免地会有一些腐败问题发生。

丹麦君主制建立之后，王室、贵族、教会的纷争持续不断。1536 年，信奉路德宗的克里斯蒂安在打败了参政会引发的"内战"① 之后控制了全国，即位为克里斯蒂安三世。随后，克里斯蒂安三世着手进行宗教改革，在此之前，丹麦参政会由信奉天主教的官员控制，而天主教会占有国家耕地的三分之一，教士们依靠农奴的税收，维持着奢侈的生活，克里斯蒂安三世的宗教改革沉重地打击了天主教会，确定了世俗权力的统治地位，并以法律形式确定下来——建立了丹麦王国政府。之后的政府为保证政治的健康发展，缓解政府与社会之间的矛盾做出了不懈的努力。1683 年，克里斯蒂安五世签署了《丹麦法》，实现了丹麦司法的统一，对实现政府与社会之间的平衡发展产生了深远影响。这部法典的制定，极大地限制了政府权力，从而为防止腐败打下了良好的基础。1849 年 6 月 5 日，腓特烈七世颁布了丹麦第一部近代意义上的资产阶级宪法，这标志丹麦君主专制的结束，丹麦成为君主立宪国家。宪法规定设立独立的司法机构，以对立法机构和行政机构的活动进行监督。这一政体制度的建立，也成为反腐败的新举措，一直影响到现在，使廉政的思想意识深入人心。

近些年来，丹麦的廉政建设一直走在国际的前列，但也不可避免的会有一些腐败案件发生。丹麦最近一次具有轰动性的政府官员腐败案发生在 2002 年，时任哥本哈根市法鲁姆区区长的彼得·布里克斯托夫特收受了承包商的贿赂，并将公款挪用于个人的吃喝消费，事情最后被媒体披露出来，布里克斯托夫特也受到了法律的处罚，被判入狱。

另一个案件是著名的"裙带门"事件。丹麦法律对公务人员的用餐消费

① 1533 年，丹麦国王弗里德里克逝世后，根据宪法，参政会有权指定新国王，而推选已故的国王长子只是遵循先例而已。但天主教徒控制参政会不希望信奉路德宗教派的长子克里斯蒂安继承王位，于是决定无限期推迟新国王的选举。此举使得原本暗藏的社会危机爆发，引发了一场内战。

有明确的规定，除接待外宾可以超出 1000 丹麦克朗（1 克朗约等于 1 元人民币）的限制，其他情况之下都不得超出这一上限，否则会受到法律的制裁。2012 年 11 月 30 日，丹麦媒体揭露了一个案件。媒体报道称文化大臣乌菲·埃尔贝克任职后举办了五场文化活动，而这五场文化活动的地点全部在其配偶工作的一所艺术学校，总共花费了约 18 万丹麦克朗（约合 3 万美元）。其中的大部分款项都挪用于公款吃喝上，只有部分资金用于文化活动的消费。埃尔贝克的这一行为引发了丹麦各界人士的质疑和声讨。结果，不到一周的时间，这位受人"尊敬"的文化大臣就因此被迫引咎辞职。由此可以看出，"世界最清廉国家"的丹麦在反腐效率方面以及对贪污腐败的"零容忍"达到了一个很高的程度。

三、现行廉政建设特征

纵观整个丹麦的发展历史，很早就出现了限权制权的情况，因此历史上的丹麦极少有腐败现象发生。如今丹麦政体权力间相互制约，三权分立。腐败案件的发生更是微乎其微。有调查显示，丹麦的国民幸福指数全球最高，并被评为"世界最清廉国家"，这是每个国家政府都希望达到的目标，是真正的国泰民安，那么丹麦的廉政建设体现在哪些方面呢？

1. 完善的立法体制，公开透明的行政机构

丹麦治理腐败加强廉政建设首先从立法开始。丹麦将行贿作为一种犯罪行为写进宪法。2000 年，丹麦刑法将犯罪的范围扩大到了行贿外国官员。2008 年 11 月，丹麦出台了刑法修正案，修正案中将向政府官员行贿和政府官员受贿皆视为犯罪行为，向外国官员行贿同样是犯罪行为。同时规定，企业若有出于商业目的为政府官员安排旅行、特殊服务以及赠送礼品等行为，均属于犯罪行为，即使被对方拒绝同样也视为犯罪行为。2010 年 12 月丹麦华商总会主席林燕标先生接受新华网记者专访时曾说过："在丹麦，任何事情都是按照规章制度来办，如果你琢磨着走后门或者送礼，反而会导致你的事情办不成。因为丹麦人会这样考虑：'你为什么要送礼，是不是你本身有问题，所以才想到用送礼这种方式。'于是他们反而会加长审核时间。"

其次，丹麦的行政机制公开透明，政府开支一目了然，有效地杜绝了政府腐败的滋生。丹麦政府规定，所有的公共部门都必须公开其预算和开支情况，政府活动的每一笔预算都要得到财政部的认可，同时还要得到议会财务委员会

麦高福利、"从摇篮到坟墓"式的福利制度也是其政治清廉的很大影响因素。

19世纪末以前，丹麦的社会政策需要解决的问题主要是贫困，为此，丹麦政府采取了许多解决贫困问题的措施。"对穷人提供的救助主要包括为失去工作能力的人修建救济院，以及允许穷人在教区内乞讨。每个教区都有责任为教区内失去工作能力的穷人提供食物等基本的生活保障，有工作能力的穷人被派往济贫院等地进行义务劳动。"① 现如今，丹麦的福利制度得到了很大的完善，涵盖了丹麦社会的方方面面，丹麦公民在很大范围内都可以享受到社会保障带来的帮助。"例如医疗、失业和老年人的护理；还可以增加额外援助方案，例如住房费用、有关儿童的消费支出。另外，还有日间护理组织、公共医疗卫生服务、家务女工等形式的大量高度发达的服务项目。"② 国家的宏观调控对社会平等起到了巨大作用，政府对税收进行合理再分配，用于社会保障。"丹麦政府将收缴的税收的40%用于社会福利，包括养老金、老弱公民补助、托幼服务、失业救济等。税收的13%用于教育和科研，丹麦所有的普通学校都是免费的。税收的9%用于医疗保健，6%用于住房和环境保护，其余的大约30%用于政府其他行政开支，如行政管理、交通、防务等。"③ 裴德盛就曾在文章中表示，丹麦拥有可能是全世界最公平的收入分配制度和财产分配制度，高额税收就是用来重新分配财产和收入的一种手段，用以保证社会公平，社会的公平与稳定将直接影响着政府执政工作的开展。

丹麦政府的以上举措使上自政府官员，下至普通百姓都能有效地参与到国家建设之中。政务的公开透明，有利于民众的监督，民众的素质提高，就有能力对政府进行监管，而福利政策的实施，使民众乐于对政府进行监督，从而形成良好的社会氛围。

四、现存问题及发展趋势

首先，丹麦的监察官制度有其不足之处。丹麦监察官的职能是监督政府行政官员的行为，监督的范围"不仅包括各级行政官员，还包括所有由国家财政支付薪水的人员，例如大学教授、博物馆馆长、牧师和芭蕾舞导演"④，但

---

① 王鹤编著：《列国志：丹麦》，社会科学文献出版社2006年版，第201页。
② 王鹤编著：《列国志：丹麦》，社会科学文献出版社2006年版，第203页。
③ 王鹤编著：《列国志：丹麦》，社会科学文献出版社2006年版，第204页。
④ 舒扬、莫吉武：《权力市场化与制度治腐问题研究》，中国社会科学出版社2008年版，第107页。

是，丹麦监察官却无权监督审查司法机关的行政行为，对于法官的不当行为只能向指定法院的院长或者专门的申诉法庭进行诉讼。而丹麦没有专门审查行政行为的行政法院，对公务员行政行为的审查力度不够。法院对公务员行政违法行为的处理也有明显的拖延，而且司法程序的花费很高。这些因素对诉讼案件的提起产生了不利影响，所以，尽管丹麦的司法审查机制非常有效，但实际上却仅有很少的案例发生。因此，丹麦在以后的廉政建设中需要加强各职能部门间的相互制约，加强司法对行政违法行为的处理力度，从而建设完善的权力制约与监督机制。

此外，传统的福利模式正在遭受着挑战，面临着危机。福利政策在丹麦政治生活中起到了很大的作用，高福利政策促进了民众之间的公平，缩小了社会成员间的差距，对消除腐败有很大的作用。而近些年来，国际形势的变化使得丹麦的经济发展波折迭起，民众对高税率的不满越来越强烈。另外，随着经济的发展，丹麦外来人口大量增多，社会变得复杂多元化，为廉政、福利政策的实施带来很大困难。因此，丹麦政府应当采取必要的措施，解决好福利与社会发展的关系，维护社会稳定和政治清廉的关系。

五、小结

丹麦政治廉洁，举世公认。丹麦政府的清廉固有历史传统与文化的影响，但当今政府对腐败的整治与预防也做出了极大的努力。廉洁政治需要社会各方协调，如良好的道德教育、健全的法律体制、多维的监督机制、严格的预算开支、透明的政务信息等方面。因此，丹麦加强廉政建设的举措对我国反腐倡廉工作的开展具有积极的借鉴意义。

首先，完善反腐治腐的法律法规以及相关的行业规范，加强法律监督。"法律监督可以及时并有效地发现腐败行为……针对腐败行为，我们必须注重党内监督，人大监督，群众监督和舆论监督，各种监督多管齐下，防止绝对权力的产生。"[①] 必须加快法律法规的系统化建设，立法机关严格立法，执法机关严格执法；加快建立完善的行业法规，规范行业秩序，净化行业风气。

其次，加快政府政务公开化，加强对政府工作的监督。"没有监督的政权必然导致腐败的政权，'没有有效的监督就不会真正遏制有政治之癌之称的腐

---

① 陈栋：《反腐败的法律思考》，《法制与社会》2011 年第 33 期。

败现象'。"① 我国是人民民主专政的国家，人民是国家的主人，政府人员是人民的公仆，政府的廉政建设需要人民的监督，只有人民真正参与到国家事务的监管中，才能真正地实现高效廉洁的政府治理。

---

　　① 　唐晓清、杨绍华：《防止利益冲突制度：国际社会廉政建设的经验及启示》，《当代世界与社会主义》2011年第 2 期。

瑞典廉政建设概况

作为政府公务人员，其操守必须成为楷模，即使要求他们一尘不染也不为过火。

——斯德哥尔摩大学教授尼尔森

好的家庭不会认为任何人是优先考虑的或者是不被认可的；它不会承认任何人的特殊利益，或者把任何人当作后娘养的孩子。

——社会民主党领袖汉森①

瑞典，北欧四国之一，因其政府的廉洁在世界上享誉盛名，自 1995 年"国际透明组织"每年发布政府廉政指数排名开始，瑞典就一直名列前茅（见表2）。其廉政建设的举措引起了国际社会的广泛关注。我国就曾组织国家监察部的监察专员赴瑞典，围绕"政务公开和预防腐败"的专题进行过专门的培训考察。

表2　　瑞典最近十年（2004—2013）国际透明组织廉政指数（CPI）

年度	2004	2005	2006	2007	2008	2009	2010	2011	2012	2013
排名	6	6	6	7	1	3	4	4	4	3
得分	9.2	9.2	9.2	9.3	9.2	9.2	9.2	9.3	8.8	8.9

注：表中的数据来源于透明国际组织官网 http：//www.transparency.org/。

一、历史背景与政治文化

1. 历史背景

国家的建设与发展具有历史传承性。瑞典政府的廉政建设有深刻的历史渊源和文化积淀。自古以来，瑞典政府就一直致力于加强政治建设，将廉政建设

---

① 1928 年，时任社会民主党领袖的汉森提出了"人民之家"的福利计划，在其中他将国家比作家庭。

作为国家发展的重点，并取得了瞩目的成就。对瑞典的历史与政治文化进行解读，窥探瑞典反腐历史之源，探索当今廉政建设之道，可以对我国反腐倡廉工作的展开提供极为有益的借鉴。

11世纪初，瑞典王国开始形成，基督教也在此时传入，并在13世纪时得到了广泛的传播，从此平等的教义开始深入人心，对瑞典民族性格的形成产生了深远的影响。福尔孔王朝时期，封建化的进程加快，王权得到了进一步的扩大，世袭君主制确定下来，制定了适用于全国的法律，对违法违纪现象进行处罚，以维持良好的社会秩序，从而成为瑞典加强廉政建设，惩治违法行为的开始。国王马格努斯于1280年颁布了"阿尔斯诺法令"，从而确定了贵族阶层的社会地位，确定了等级制度以及教会的特权。卡尔马联盟时期，丹麦向瑞典征收重税，人们不堪忍受，爆发了反丹统治的农民起义。至15世纪下半叶，随着反对丹麦运动的发展，逐渐地出现了由贵族、教士、自由民和农民四个等级代表组成的议会。古斯塔夫一世在位期间，先后进行了一系列的改革，以加强王室的专制集权，建立起了统一的世袭君主政体的封建国家。1809年，瑞典的贵族们发动宫廷政变，废黜国王古斯塔夫四世，迎接拿破仑一世的将领贝尔纳多特元帅，并将其奉为王储，随后通过《政府文约》、《王位继承法》、《议会法》等，颁布了一部新宪法（该法一直沿用至1975年新宪法生效为止），限制王权，确立了君主立宪制，从而为议会和国王间的相互制衡关系奠定了基础。这是瑞典政治法律史上划时代的事件，为规范政府统治秩序提供了法律依据。19世纪末，瑞典开始奉行中立政策，并为维护国内政治和社会稳定采取积极的措施。20世纪是瑞典全面发展并与国际接轨的时代，政治经济各方面得到了长足的发展，尤以其廉政建设闻名于世。

2. 政治文化

瑞典实行君主立宪形式下的议会民主制，长期以来，瑞典的政治都比较稳定，各阶层之间和平相处，从而有利于廉政工作的展开。"决策上，各党派往往通过妥协来解决不同集团、利益之间的分歧，并争取达成共识，从而形成了瑞典现代化政治文化传统——'共识政治'。这一传统非常有利于政治稳定和经济发展。"[①]

瑞典实行三权分立的政治体制，立法、行政、司法各部门相互独立并相互监督与制约，为政府廉政建设提供了制度基础。国王是国家的代表，但是自1973年以来，国王实际上已没有任何行政权力，只有代表性或礼仪性的职责。议会成为瑞典最高的权力机构，"根据《政府组织法》，议会的主要权力是制定法律、规定税收并确定公共基金用途，对国家政府和行政机构实施监督，也即立法权、财政权和行政监督权"①。所有重要的法律都必须得到瑞典议会的批准。议会的财政权主要表现在制定财政立法，以规定政府的收支。"政府每年的财政预算法案需得到议会的批准，国家的税收也由议会决定。"② 瑞典议会还拥有行政监督权，对政府机构进行监督，以保证行政机构的官员能遵纪守法，严格依法办事。瑞典司法独立，司法机关可以独立行使司法权，与行政、立法两权并立。"根据瑞典《政府组织法》的规定，司法权由各级法院行使，任何机关乃至议会都不得干预法院对某一案件的判决，也不得干预法院对某一案件的法律运用。"③ 瑞典三权分立的体制实现了各政府机构之间的制衡，任何一个机构都不能独揽大权，从而有效地防止了独断专权的发生和权力的滥用。

瑞典是多党制的国家，国内的党派主要有社会民主党、温和党、自由党、中央党、左翼党、基督教民主党、绿党、农民党以及新民主党等。瑞典的社会民主党全称为瑞典社会民主工人党，于1889年成立，是国内第一大党，并长期执政。1932年，社会民主党执政后，提出了建立民主社会主义社会的构想。1936年，社会民主党与农民党联合执政，推行了一系列的财政经济改革，并提出要建立"人民之家"型的福利国家，先后实行了失业救济、养老金、医疗保险等社会保险和福利政策等措施。1971年，瑞典实行议会改革，将原有的上下两院制议会改为一院制。之后的几十年间，除了1976年中央党和自由党组成"非社会主义"政府以及1991年由保守党、人民党、中央党和基督教民主党组成少数派四党联合政府之外，社会民主党一直是瑞典的执政党，并坚持推进财政经济改革，致力于经济复苏，推行福利政策等，使瑞典经济社会处于稳定发展的局势。

---

① 王祖茂：《当代各国政治体制：北欧诸国》，兰州大学出版社1998年版，第31页。
② 王祖茂：《当代各国政治体制：北欧诸国》，兰州大学出版社1998年版，第31页。
③ 王祖茂：《当代各国政治体制：北欧诸国》，兰州大学出版社1998年版，第83页。

二、历史上腐败高发期与集中治改

瑞典拥有悠久的反腐传统，从14世纪开始就出现了成文立法。16世纪时，天主教会在瑞典形成了强大的力量，拥有巨大的财产，教士生活奢靡腐化，引起了人们的强烈反对，以至爆发了"破坏圣像运动"。1709年，由于与俄国的作战失利，国王查尔斯十二世逃亡至土耳其。此时，瑞典国内的政局十分混乱，官吏腐败日益严重。1719年，瑞典修订了新宪法，做出了限制国王权力的决定，同时增大了议会的发言权，以限制中央的权力。1809年，瑞典通过的新宪法以国家根本大法的形式为廉政建设打下坚实基础，建立了完全独立于行政部门的议会监察专员的制度。

第二次世界大战后，瑞典致力于腐败的整治，出台了多部反腐专门性法律。例如，1919年的反对商业活动行贿的法律、1962年的防止公职人员受贿和腐败的法律、1978年对反行贿受贿法律的调整更新等。如今，瑞典以其廉洁的政治环境、稳定的社会秩序闻名于世，极少发生腐败贪污或者偷税漏税的案件。"前副首相腐败案件"和"内阁成员偷税案"成为近年来瑞典比较著名的两起案件。

"前副首相腐败案件"是指前副首相莫娜·萨林（图1）在1995年私自使用公务信用卡购买个人物品而被迫辞职的案件。1995年10月，年仅38岁的莫娜·萨林担任瑞典副首相，并获得了民众的大力支持，国内舆论认为其将在国内乃至国际政治舞台上大展身手，作为瑞典的女首相将带领国家开创一番新天地。然而，随着国内媒体《快报》的披露，这位前程似锦的女首相被迫辞职。《快报》指出萨林用公务的信用卡购买了巧克力等物品。虽然仅仅几十克朗（1克朗约等于0.97元人民币），而且萨林辩解说是弄混了信用卡，将公务信用卡错当成个人的信用卡，并且及时将花销还清。但即使如此，瑞典国内的媒体仍旧将此事推上舆论浪尖，萨林被迫辞职。本可以大有作为的年轻副首

图1 莫娜·萨林

相就因为一件我们看似的小事而离开了政坛。

"内阁成员偷税案"发生于 2006 年。瑞典一直以来都是社会民主党长期执政，2006 年，瑞典温和党、联合党等 4 个政党组成的中右联盟，在时隔 12 年之后重新执政，组建内阁，大选获胜来之不易，政党联盟希望一改往昔的地位，有所建树。但是新内阁成立仅仅十几天，就因内阁成员辞职、遭受调查而闹得沸沸扬扬。这对于新内阁来说是一个极其严重的打击。贸易大臣博雷柳斯上任仅一周就递交了辞呈，因为媒体揭露了其几大逃税漏税的"罪状"，如未按规定缴纳雇佣保姆的雇主税、多年未缴纳公共电视收视费、没有及时向金融监督局报告其出售股票的情况、逃避缴纳住宅税等。这几个逃税案件经媒体曝光后，博雷柳斯被迫递交辞呈，而此时距离新内阁组建仅仅过了一周的时间，博雷柳斯也因此创下了瑞典政府内阁成员"任期最短"的纪录。

这两起案件在其他国家看来，并不是很大的贪污漏税案，可对于瑞典来说，这种程度足以葬送一个国家公职人员的美好前程，为国人所不能容忍。之所以会出现这种差别，在很大程度上是因为瑞典政府本身较为廉洁，贪污腐败、偷税漏税的案件很少，这种程度对瑞典国民来说已经很难容忍。

三、现行廉政建设特征

腐败的整治并不是一朝一夕就能完成，当今世界再清廉的国家也没有完全根绝腐败问题。因此，纵然瑞典的国际清廉指数排名名列前茅，政府仍需大力采取措施，加强廉政建设。瑞典现阶段的廉政建设主要体现在以下几个方面：

1. 健全的立法体制，以立法为根本

对于腐败的整治工作，瑞典政府从立法入手，制定了许多法律法规，并对政府公务人员的行为规范以及惩处方式作了明确的规定。例如，"根据《瑞典刑法典》规定：公务员因其职务之便收受、约定收受或索取贿赂及其他违法报酬的，应以收受贿赂罪处以罚金或两年监禁。而不论其是在职以前或离职以后犯此罪，均同样适用该条款的定罪与惩治措施。情节严重的，处六年监禁"[1]。同时《瑞典刑法典》对公务员的行贿罪也作了明文规定："任何人在其职责范围内给予、答应或提供给公职人员不适当的报酬，被视为犯有行贿罪，可判处罚款或不超过两年的监禁。该法典还规定了判断利用职务之便提供或接

---

① 郁青文：《瑞典对贪污贿赂罪的惩罚》，《党风通信》1999 年第 3 期。

受的贿赂和报酬不一定要看得见，只要接受者对于原则做出了不忠的行为，如赠送者和接受者在一起有交易的往来，就可以认定已经提供和接受了报酬。"① 这些法律体系的建设与完善为国家反腐工作的开展起到了强有力的保障作用。此外，瑞典政府还制定了《反行贿受贿法》、《行政法》、《审计法》等法律法规，力促各个政府职能部门廉洁行政。

瑞典能够与时俱进，及时修改法律，如1977年扩大了刑法中关于受贿罪主体范围的规定，将主体扩展到普通的公司职员；1999年再次进行了修改，将主体扩大到欧盟委员会的成员、欧洲议会成员以及欧盟法庭的法官等。又如，因爆出了前副首相滥用信用卡的丑闻后，瑞典立法立即修改，将原来政府官员因公消费可以用公务信用卡支付的规定，修改为官员若因公消费必须先由自己垫付，之后才能凭消费的发票并经过相关机构审核后报销，等等。

2. 公开透明的政务信息，公务员财产申报制度

政务信息的公开与透明，可以使国家工作全面的展现在媒体与公众面前，接受公众的监督，这对于廉政建设有着极大地促进作用。"早在1776年，瑞典就制定了政府部门向公众公开记录和档案的制度，1949年又制定了《新闻自由法》，明确规定：公民和媒体有获得官方档案和资讯的自由和权利，政府工作人员有为公众获取资讯提供方便和向媒体公开的义务。"② 瑞典机构内的警卫人员很少，除王宫以外，其他公共机构都不设守卫，并且免费向民众开放，以更好地接受民众的监督。瑞典民众可以自由的旁听政府公务人员的会议讨论，并随时提出自己的意见与建议。"另外，瑞典实行公务员财产申报制度，从首相到一般公务员的个人财产和纳税情况都是透明的。这样，政府行政就全部处在'阳光'之下，处在公民和媒体的全方位监督之中。"③ 也就是说，只要不是国家机密，其他国家政府的信息都要公开，政府开支也要公开，"任何一个瑞典公民都有权查阅任何官员、企业高层管理人员，甚至王室成员的资产和纳税情况"④，如果某一民众怀疑官员公款私用或者挪用公款，都可以向媒体进行披露，一旦报道出来，就会有人进行调查，情况若属实，这位官员的政治生涯就会画上句号。

---

① 郁青文：《瑞典对贪污贿赂罪的惩罚》，《党风通信》1999年第3期。
② 张本平：《瑞典廉政建设的经验及启示》，《中国监察》2007年第19期。
③ 张本平：《瑞典廉政建设的经验及启示》，《中国监察》2007年第19期。
④ 任珍民：《瑞典官员廉政透析》，《海外传真》2007年第2期。

3. 完善的监督体系

瑞典经过长期实践与发展，逐渐形成了一个比较健全的权力制约与监督机制。其监督体系主要体现在各职能部门之间的相互监督、新闻媒体的监督以及民众的监督三个方面（详见表3）。

表3   瑞典的监督机制

监督机制	主要职权
议会监督	议会是最高权力机构，主要的职权有：制定法律，即立法权；决定税收和公共资金的使用，即财政权；监督政府行为和国家财政，即行政监督权。通过这几项权力的行使，议会可以对政府行政工作进行有效的控制与监督，就腐败问题要求政府给出适当的解释，甚至可以要求重组内阁，以对政府工作增加压力。议会监督是最主要的监督方式。议会监督主要包括两个方面：其一是监察专员对行政机关及公务员的监督；其二是委员会及议员对内阁官员及议员的监督
司法监督	瑞典司法权独立，法院独立审判案件而不受行政权和立法权的干预。刑事审判实行陪审制度，相较于英美法系的陪审团制度，瑞典陪审团有自己的特色，每名法官与陪审员拥有同等范围和效力的表决权，因此，更能体现公平与公正，防止徇私舞弊的发生，真正起到监督作用
政党监督	瑞典是多党制国家，瑞典议会中有社会民主党、温和党、自由党、基督教民主党、中央党、左翼党和绿党等政党。其中，社会民主党为长期执政党，执政的同时接受其他在野党的监督。"政党之间的监督是非常严格的，党员的腐败很容易成为其他党派攻击的把柄。特别是执政党内部的腐败更可能被无限放大，导致政府垮台。"①
审计监督	瑞典政府设有专门的国家审计署，具有较强的独立性与权威性，有权直接获得政府和公司的账号信息等，以便更直观地对政府活动进行监督。此外，审计署还具有审计权，代表议会审计国家政府的活动
监察专员监督	瑞典的议会监察专员制度，起源于19世纪初设立的"大法官"，是瑞典反腐体制中的重要组成部分。"监察专员的主要职责是：检查、监督国家行政机关、军事机关和检察院、法院执行法律及公务员履行职责的情况，并具有对公务员的不良行政行为提出公诉的权力；调查议会制定的法律在实施过程中是否合乎实际并提出修订意见；受理公民因政府或公务员不良行政行为或决定而受到不公正待遇提出的申诉或控告等。"② 除了少数选举产生的，诸如内阁部长、大法官、议员、中央银行董事等官员外，其他所有的公务员都在监察专员的监督范围之内

---

① 易学志、马丽：《瑞典多维度廉政建设经验及其启示》，《经济研究导刊》2012年第35期。
② 王祖茂：《当代各国政治体制：北欧诸国》，兰州大学出版社1998年版，第73~74页。

瑞典高度透明的政治将政府的工作广泛地置于新闻媒体的监督之下，允许舆论对国家大事、政府公职人员的工作进行评论，将腐败等不良的社会风气加以报道，使民众更好地了解国家政治，更好地发挥媒体的桥梁作用。新闻媒体在瑞典具有很高的地位，发挥强大的作用，被誉为是继立法、行政、司法之后的"第四权力"。瑞典实行新闻自由，允许媒体自由报道政府工作，监督政府行为，只要报道的内容不泄露国家机密，都会获得政府与社会的支持。1995年前副首相的"贪污案"以及2006年内阁成员"偷税漏税案"都是因新闻媒体的曝光，导致了政府官员的引咎辞职。在普选期间，媒体虽会成为被政党利用以揭露对方的不法行为为竞选服务的对象，但在客观上起到了震慑作用，使得各政党廉洁奉公，不贪污腐败，以免被对方抓住把柄，影响自己的支持率。因此说，新闻媒体在监督国家政府工作方面具有不可忽视的重要作用。

民众对国家政府工作的监督亦是不能忽视的部分。政务信息的公开透明化，使得民众在第一时间内可以获知国家信息，对政府工作进行监督。"瑞典法制宣传教育非常普及，公民守法观念较强，参与国家政治生活的意识也较强。由于瑞典在国家事务和社会生活中都坚持公开的原则，因此公民有大量的机会了解议会及政府的活动。"[①] 瑞典宪法规定，任何公民都可以旁听议会大会的召开，有权查阅自1766年以来的任何官方发布的文件。通过这些举措，瑞典公民能够迅速地了解政府的决策，同时也会对议会和政府形成某种监督。瑞典民众认为国家工作人员的工资来自民众的纳税，拿民众的钱，就得为民众办事，要求政务公开，接受民众监督是再正常不过的事。因此，民众乐于监督政府工作，也自觉地去监督政府。

此外，瑞典还设有反贿赂事务所等民间监督贿赂的机构。反贿赂事务所并不是一个国家设立的机构，而是由民间社会团体组织建立而成，主要由瑞典工业联合会、商人联合会以及斯德哥尔摩商会等团体于1923年成立，其监督政府的主要方式是通过对有关反贪污贿赂事宜的宣传，提高人们的认识水平，并向政府有关部门提供建议与咨询等，以达到监督政府机关、公务人员的工作的目的。

4. 浓厚的廉政文化氛围，健康的社会道德理念

瑞典民众的思想道德水平高，能够自觉地对政府进行监督，得益于其完善

---

① 王祖茂：《当代各国政治体制：北欧诸国》，兰州大学出版社1998年版，第77页。

的廉政文化建设。"瑞典廉政文化建设的教育工作包含有：瑞典社会重视道德教育和社会道德体系的建立，注意培养孩子的社会正义感和民主法制意识，使孩子从小就养成诚实守信、遵纪守法的好习惯。教育人们以贪腐为耻，认识到行贿受贿是对他人不公正。"[①] 廉政文化教育使民众的社会道德理念得到提升，在全社会形成了诚信的良好社会氛围，而良好的社会诚信氛围，是预防腐败的重要基础。在瑞典，人们非常害怕自己的工作生活中有不良记录，因为一旦有了不良记录，以后就很难在瑞典社会甚至是整个欧洲立足。哪怕仅仅是一些非常小的不良记录也将产生十分严重的后果，比如乘坐公共汽车、地铁时逃票等都将会影响其3—5年的生活，这些举措无疑对预防腐败产生了十分重要的影响。瑞典国家公职人员时刻处于社会大众的监督与关注之下，不仅财产受到监督，行为也要受到监督，但是瑞典民众仍旧乐于从政，乐于为人民服务，原因就在于瑞典人民对政治的热忱，从政是实现个人抱负的选择，而不单单是为了贪腐。

5. 优越的福利政策

瑞典福利政策享誉世界，"人民之家"的福利模式为瑞典赢得了国内的支持与国际的赞誉。福利政策随着社会的发展一步步得到完善。1936年，社会民主党开始提出建立"人民之家"型的福利国家的口号，主张推行积极的就业政策，实施"政府计划经济"，促进充分就业。之后，社会民主党又制定了新住房计划，主张通过政府贷款和政府补贴来资助房屋建造，低收入的家庭还可以领取住房补贴，并开始推行统一补助金制度。1956年，社会民主党提出了一项具有重大意义的计划："建立一种由政府管理的补充养老金制度，养老金数额与本人原先的劳动收入挂钩。"[②] 尽管这项计划的提出在政党之间发生了分歧，但仍旧坚持贯彻落实下来。如今，瑞典福利制度经过70多年的发展，各个方面都日趋成熟和完善。每个公民从出生到死亡，一生都有福利保障相伴，从教育、医疗、住房，到失业保险、特困救助，都会得到国家优厚的福利保障。

完善的福利保障制度，较高的工资收入，足以使得一个公民生活无忧无虑，因此，国家公务员不必为了那种会搭上政治前途的风险去做贪污腐败之

21

事。对贪污腐败的欲望降低了，显然有利于廉政建设。

四、现存问题及发展趋势

在瑞典廉政措施的治理下，国家腐败案件极少发生，但是仍旧存在着一些问题值得去深入探讨并加以解决。

瑞典实行三权分立的政治体制，司法具有独立性，不受立法和行政的制约，有利于司法的公平与公正，对防腐起到了积极的作用。但是在瑞典的法院系统中，存在着普通法院和行政法院并存的法院制度，"普通法院没有像美、英等西方国家那样享有至高无上的地位，主要处理民事和刑事案件，而行政司法地位比较强，凡涉及行政事务的案件都由行政法院来处理"①，即将行政案件与其他民事、刑事案件分开审理，行政案件交由行政法院进行审理，有利于提高政府的办事效率。但是这种分配方式在一定程度上对防止腐败具有局限性，行政案件交由行政法院审理，且根据司法独立性的特点，行政案件的审理不会受到来自其他法院或者部门的约束与管辖，很容易将腐败问题的整治内部化，某种程度上会受到政府的干预，不利于国家廉政建设的开展。而且，瑞典政府对行贿受贿的法律虽然规定得极为严格，但是政府实际执法的情况却较为松弛。各类监督机构向法院提交的腐败案件很少，而且也很少能得到法院的判决，全国每年所判决的有关行贿受贿的案件不超过 20 件。这固然可以说明瑞典政府的廉洁奉公，但从中也表现出了瑞典司法机关执法不力的情况。

如今，瑞典的经济正面临着自身的困难，而其中许多的困难正是制度本身发展导致的结果。发展福利制度，政府就需要提供就业，不断的扩展公共部门，瑞典政府逐渐的介入到公私营的经济之中。因此，在政治方面逐渐地成为了一种重负，"瑞典政治方面的中央集权在急剧加强，大约 2500 个公社已被合并为仅有 284 个。地方和社区越来越感到自身被孤立和忽视，来自高层的权力决定了政治、经济、社会和文化诸方面的政策，下面只是在执行这些政策"②。经济活力下降，发展速度受到了影响，更为重要的是，政法对经济干预的加强和政治权力的集中，加剧了权力滥用和监督不力的风险。因此，保证经济健康发展，完善权力制约机制，成为 21 世纪瑞典国家治理的方向。

---

① 王祖茂：《当代各国政治体制：北欧诸国》，兰州大学出版社 1998 年版，第 83 页。
② 尼尔·肯特著，吴英译：《瑞典史》，中国出版集团 2010 年版，第 239 页。

五、小结

瑞典的廉政建设是经济、政治、文化各方面发展成就的综合体现。廉政建设是一个需要全社会各方面协调进行的大工程，"如何在财富增加的同时，保证这些财富价值的有效性，如何预防、监督政府的腐败，保证政府的廉政，这些都是摆在中国发展面前的难题"①。瑞典的廉政建设给我们提供了有效的借鉴。

首先，完善法律法规，加强法制建设，增强民众法律意识。其次，加快发展社会主义经济，完善社会主义市场经济体制。"必须以转变政府职能为核心，加大财政金融、税收体制、市场机制和企业制度等各项改革，为政府廉洁从政营造良好的市场环境。"② 再次，加强党内与党外监督相结合，充分发挥舆论媒体监督，限制政府滥用权力，逐步实行政务公开，推进决策科学化、民主化，认真听取民众的呼声，自觉接受民众的监督。最后，坚持推进共产党领导下的多党合作制度，认真听取民主党派的意见与建议，自觉接受民主党派的监督，创建和谐的党派关系，共同致力于国家的廉政建设。

① 易学志、马丽：《瑞典多维度廉政建设经验及其启示》，《经济研究导刊》2012 年第 35 期。
② 张本平：《瑞典廉政建设的经验及启示》，《中国监察》2007 年第 19 期。

芬兰廉政建设概况

我觉得最重要的环节是公务行为的透明度、从所有官员和公务员获得信息的开放度和可行性。只有极小部分信息按照法律规定可以保密。此外，所有权力部门的决策过程都记录在案，有充分依据并且向公众开放。另外，芬兰公民对于公务员是极其信任并欣赏的。[①]

——芬兰司法部部长级参赞尤哈·克拉宁

公民的自律是防止腐败最有效的手段。当然，公民的自律不是从天上掉下来的，也要靠人们努力去争取。

——芬兰总检察长马蒂·库西迈基

腐败乃世界各国治理政治的头号目标之一，腐败问题不解决，将极大地影响到国家的长远发展。芬兰这个自中世纪以来就长期"受制于"他国、直到近代才独立的国家，创造了整治腐败的奇迹。20世纪90年代后，芬兰的腐败案件迅速下降，在国际透明组织公布的国家清廉指数排行中一跃而上，名列前茅，充分显示出了芬兰反腐工作的显著成效（见表4）。如今芬兰公务员滥用职权、以权谋私的情况很少见，每年法院受理的腐败案件不足10起，芬兰因此被公认为"世界上最清廉的国家"。在全球整治腐败、加强廉政建设的今天，对其整治腐败、加强廉政建设的举措进行研究，无疑会对我国反腐倡廉工作的开展具有积极的借鉴意义。

表4　　芬兰最近十年（2004—2013）国际透明组织廉政指数（CPI）

年度	2004	2005	2006	2007	2008	2009	2010	2011	2012	2013
排名	1	2	1	1	5	6	4	2	1	3
得分	9.7	9.6	9.6	9.4	9.0	8.9	9.2	9.4	9.0	8.9

注：表中的数据来源于透明国际组织官网 http://www.transparency.org/。

---

① 芬兰司法部部长级参赞尤哈·克拉宁（Juha Kerlnen）于2013年接受《21世纪经济报》记者专访时发表的见解。

一、历史背景与政治文化

1. 历史背景

公元前 6000 年，芬兰就已经有人类居住，但到 12 世纪为止，芬兰社会一直是原始公社制度。从 12 世纪至 18 世纪，芬兰一直受制于瑞典。其间，芬兰人民因不满瑞典连年的对外战争，以及统治者"屯兵于民"和苛捐杂税的压迫，于 1596 年爆发了"棒民暴动"，但终因寡不敌众，遭到血腥的镇压。从 16 世纪中叶起，瑞典开始与沙俄、丹麦、德意志、波兰等国争夺波罗的海霸权，芬兰沦为战场，陷于战乱。整个 18 世纪，芬兰成为瑞典与俄国争霸的对象与战场，俄国一点点地占领了整个芬兰。1809 年，瑞典被迫与俄国签订了《哈米纳和约》，至此，芬兰全部为俄国吞并，成为俄国的一个大公国，从而结束了瑞典长达 6 个世纪对芬兰的统治。19 世纪，亚历山大二世颁布了解放农奴法令，进行了农奴制改革，在芬兰召开等级会议，批准 1869 年的议会组织法。近代意义上的政治体制开始在芬兰出现，议会的确立，形成了对行政权力的制约，从而有利于政府的廉政发展。在统治芬兰一个世纪之后，俄国爆发了十月革命。苏维埃政权根据民族自决原则承认芬兰为一个主权国家，芬兰终于摆脱沙皇俄国长达 108 年的殖民统治，于 1917 年 12 月 6 日宣布独立。1919 年 6 月，芬兰政府宣布成立芬兰共和国，并颁布共和国宪法，成为一个拥有独立主权的国家。第二次世界大战后，芬兰开始实行和平友好的中立政策，致力于国家建设，建立多党联合政府，经济获得迅速发展，跻身国际强国行列。

2. 政治文化

政治体制的作用就是约束国家各权力主体，其发展的完善程度，在很大程度上能够反映国家的政治建设。芬兰是共和制的国家，实行多党议会民主制和三权分立制。

议会是国家的最高权力机构，代表人民行使国家权力。芬兰的议会制度产生于 19 世纪初，但是当时芬兰正处于俄国的统治之下，议会制度发展得很不完善。1863 年开始，芬兰召开新的议会，开始逐步完善议会制度。1906 年，将原有的四阶级（牧师、贵族、资产阶级和农民）议会改为一院制议会。现在议会是芬兰国家最主要的立法机关，行使立法权，主要职能是立法和监督政府。从法律的角度来看，议会本应拥有国家最高权力，但是不同于瑞典、丹麦等北欧其他国家的是，芬兰议会的立法权受到总统的制约。议会所通过的法案必须得到总统的批准才能正式成为法律，而总统有权力否决议会所通过的法案。此外，议会还有监督政府工作和国家财政的职能。除通过政府的年度预算外，议会还任命5名国家审计委员，代表议会监督预算的编制及执行，并审核财政状况及其管理。总的来说，总统对议会的制约，有利于防止议会滥用权力，保证立法的公平与公正。

芬兰的国家元首为总统，相较于其他北欧国家，芬兰总统的权力较大。（1）拥有立法权。总统与议会共同行使立法权，并与议会一起享有创制新法律或修改、解释、废止现行法律的提案权。总统决定将提交给议会的政府议案，也决定政府将提交给议会的其他建议。……议会通过的法案必须得到总统的批准。……总统还有非常广泛的颁布法令的权力，这些法令无需议会批准即具有立法的性质。（2）拥有最高行政权。总统可以独立做出决定，而不用向内阁报备，并拥有独立任命内阁成员和其他高级官员的权力。总统有权召开议会的特别会议，下令改选议会甚至宣布解散议会。总统有赦免权，并且是国家武装部队的统帅。总统有权监督国家的行政管理。①

芬兰因长期受制于瑞典，政治体制的设立不可避免地受到了瑞典的影响。芬兰的司法制度形成于瑞典统治的时期，组织结构等都与瑞典的司法制度十分相似。司法权由法院独立行使，分为普通法院和行政法院两个部分。民事和刑事案件由普通法院审理，而行政诉讼方面的案件则交由行政法院行使。

芬兰是一个多党制的国家，由于长期受瑞典的统治，芬瑞的政党极其相似。在芬兰众多政党中，主要的政党有社会民主党、中间党、联合党、左翼联盟、瑞典族人民党、绿色联盟、基督教联盟等，其中社会民主党、中间党、联合党力量最大。1995年的选举中，仅注册的政党就多达18个，政党众多虽然不利于管理，但却有利于政府廉政的建设。党派众多导致力量分散，其结果是没有一个政党可以拥有足够的选票单独执政。因此，芬兰议会选举之后，通常会由几个政党联合执政，各政党之间纵然会有政策方面的分歧，却不会产生一党独揽大权，武断专政的情况，从而能够实现政党间制约，有利于国家政治的廉洁健康发展。

---

① 王祖茂：《当代各国政治体制：北欧诸国》，兰州大学出版社1998年版，第100页。

二、历史上腐败高发期与集中治改

芬兰特殊的历史进程对国家的政治经济发展产生了特殊的作用，使得芬兰的政治经济发展受到了瑞典、俄国很大的影响，并形成了自己的特色。

在俄国统治期间，芬兰作为俄国的大公国，积极开展整治腐败、加强廉政的活动，成立了一系列的国家监督审判机构。1824年芬兰开始建立国家复审庭和复审办公室，隶属于参议院的经济分部，主要对国家的经济活动进行复审，以保证国家财政"物有所用"。1917年芬兰脱离俄国独立，政府继续致力于加强廉政建设，国家复审庭和复审办公室这一机构也延续下来。1919年芬兰在宪法第71章中对这一特殊的外部财政监控与内部审计的双重体制作了规定。芬兰议会于1920年通过了《行政监察专员训示》，对监察专员的职能、任职要求等作了明确的规定，从而规范了这一对政府活动进行监督的专门的监督审查机构。1947年芬兰政府通过的《国家审计法案》，将原有的复审庭和复审办公室正式更为国家审计部，主要负责对国家财政管理的合法性、合理性以及预算的符合性等方面进行审计。1952年，芬兰政府又颁布了《政府文件公开法》等法律，对政府文件信息的公开做了法律上的规定。

尽管表格中显示芬兰近十年政治的清廉指数得分很高，然而在20世纪80年代之前芬兰还是一个腐败横行的国家。但是经过政府的努力，芬兰的廉政建设取得了显著成效。至90年代，官员受贿案件大大减少。1985年至1992年，芬兰只发生了25起受贿的案件。进入21世纪，"文化部长林登滥用职权案"、"外交部长伊卡尔·卡内尔受贿案"成为近些年来芬兰比较著名的官员腐败案件。

2002年5月，芬兰《晚报》披露了文化部部长林登滥用职权案件，报道中指出林登利用其职务之便向一家公司批准了高达17万欧元的政府赞助，主要用于扩建高尔夫球场，而其亲属拥有该公司的很多股份。新闻报道出来后，林登滥用职权、以权谋私的违法行为随即遭到了公众的强烈抨击。司法总监于是责成有关部门进行调查。几天之后，这位文化部部长就被迫辞职。

2012年芬兰前外交部部长伊卡尔·卡内尔瓦（图2）受贿罪、渎职罪案也曾轰动一时。首都赫尔辛基地方法院于4月18日以严重的受贿罪和渎职罪判处伊尔卡·卡内尔瓦15个月有期徒刑，缓期执行。据媒体报道，卡内尔瓦在2011年1月份因受贿被起诉，指控受贿金额超过5.6万欧元（约合46万元

图 2　芬兰前外交部长
伊尔卡·卡内尔瓦

人民币）。报道称，2006 年，芬兰三家公司计划在芬兰南部的 5 个城镇修建大型的购物中心，但是需要获当地政府批准，才能动工。因此，为了获得批准，这些公司以提供竞选议会议员资金的方式，向当时负责该地区规划部门工作的卡内尔瓦行贿。卡内尔瓦则利用职务之便为这些公司开绿灯。2008 年 1 月，担任外交部部长的卡内尔瓦举办 60 岁的生日聚会，聚会的开销全部由其中的两家公司支付，共花费 3.2 万欧元（约合 26 万元人民币）。2011 年，卡尔内瓦的罪行被揭露了出来，本人遭到法院起诉，并最终判处了刑罚。

从对这两起案件的处理上，我们可以看出芬兰加强廉政建设、整治腐败的决心与毅力。

三、现行廉政建设特征

独立后的芬兰，对外和平共处，对内致力于经济建设，在经历了 20 世纪 80 年代的腐败乱象之后，芬兰政府将更多的关注点放在整治腐败方面，并取得了一系列瞩目的成绩。综观其加强廉政建设，整治腐败的过程，可以得出以下几个特点：

1. 完善的权力制约与监督机制

廉洁的政治离不开对权力的监督。芬兰全国有 13 多万名政府官员，为了对其进行监督，规范其行为，以保证政府的廉政，芬兰设立了多层次的监督机制，有议会、司法部门、行政监察官员等各个部门的监督，还有来自新闻媒体和广大民众的监督。

首先是议会的监督。芬兰法律规定，议会拥有立法权、监督政府和财政的职权。"《议会法》规定，议会有权对政府成员及司法总监在行使职务时所采取的措施是否合法做出裁决。《部长责任法》进一步规定，议会有权对国务委员会成员、司法总监、议会司法代表、助理司法总监、助理议会司法代表及他们的副手在行使职务时的合法性进行检查，并依据检查做出决定。"① 议会以其监督权对行政机构进行控制和监督，对政府工作的不足之处予以纠正，"如果各部委官员有不合法行为，就会受到议员指控，包括在官方活动中得到明显不合法的援助或帮助、滥用官方身份、损害国家利益等"②。因此，议会的监督能够有效地保证各政府部门的公职人员严格守法。

其次是司法监督。所谓司法监督主要是指司法总监的监督。司法总监是芬兰的最高检察官，"根据芬兰宪法，司法总监有责任监督各个机关及官员遵守法律、履行职责，以使人民的权利免受侵害。司法总监行使最高法院检察官及最高行政法院检察官的职能，以维护国家利益。"③ 总的来说，司法总监的主要监督职能有以下几个方面（见图3）：

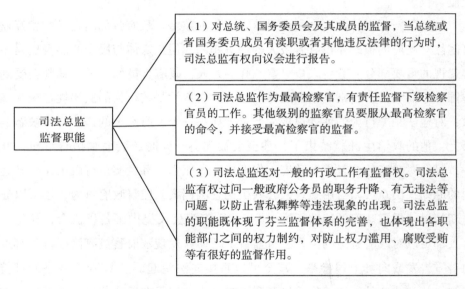

图3

再次是行政监督。除了司法总监的监督职能外，行政监察专员也是芬兰颇具特色的监督机构。1920 年，芬兰议会通过了《行政监察专员训示》，对监察专员的职能、任职要求等作了明确的规定。依据法律规定，监察专员必须精通

① 王祖茂：《当代各国政治体制：北欧诸国》，兰州大学出版社 1998 年版，第 142 页。
② 倪星、程宇、揭建明：《芬兰的廉政建设及其对中国的启示》，《湖北行政学院学报》2008 年第 1 期。
③ 王祖茂：《当代各国政治体制：北欧诸国》，兰州大学出版社 1998 年版，第 138 页。

法律，受过正规法律教育，从事法律工作多年。行政监察专员主要监督国家官员和机构行为的合法性，其监督职能与司法总监形成互补，除共和国总统、政府司法总监等极少数人外，刑法所确定的所有国家工作人员，包括地方政府官员、法院法官、军人以及任何以官方身份工作的个人，都在监察专员监督之下。对司法总监的制裁，则由总统指定人员提出起诉。如果总统在行使职务时违反了法律，司法总监可以依据宪法提出劝谏，"如果议会以全体议员的四分之三多数票决定弹劾总统，应由司法总监向最高法院提起公诉，在此期间，总统应停止行使职务"①。因此，为了保证监察专员能够切实履行其职责，芬兰法律规定，监察专员的任期不受国会大选的影响，且在任职期间，议会不得罢免监察专员或向其发布命令，从而使监察专员独立于三大职能部门外，独立行使监督权。

最后是新闻媒体和民众舆论对政府工作的监督。政府各部门之间的相互监督固然对政府的廉政建设有着极大的促进作用，但是媒体与民众的监督也是不容忽视的重要部分。芬兰人口只有 500 多万人，政府官员的一举一动都会受到举国上下的瞩目，特别是新闻媒体。而芬兰对贪污受贿行为的法律规定极为细致，对违法犯罪行为的惩处也极为严苛。如果一个政府官员的违法行为被新闻曝光，他的政治生涯就结束了，甚至会被起诉，同时还会面临信誉危机。此外，民众对政府的监督也对政府工作形成巨大压力。芬兰实行行政工作公开透明的原则，民众可以自由地进入公共机构查阅档案，监督政府行为，还可以通过新闻媒体揭露政府的违法行为。"芬兰政府为公民提供了各种机会，让每一个人都可以对政府官员的工作进行监督。任何人发现政府官员有渎职行为都可向警方告发或向其上司检举，甚至可以直接向法院起诉。"② 随着网络的日益普及，芬兰政府的行政工作通过互联网更直观地展示在民众面前，从而更加方便民众对政府工作的监督。

2. 完备的法律制度，严厉惩防腐败

腐败的产生在于没有规范约束政府的行为。芬兰人民认为腐败是政府无能或政府腐化的体现，因此，在刑法中将腐败行为定为刑事犯罪，并制定了许多法律、规章制度对政府腐败行为加以纠正与规范。"从宪法、刑法、民法、行

---

① 舒扬、莫吉武：《权力市场化与制度治腐问题研究》，中国社会科学出版社 2008 年版，第 103 页。
② 倪星、程宇、揭建明：《芬兰的廉政建设及其对中国的启示》，《湖北行政学院学报》2008 年第 1 期。

政管理法到伦理道德都可以用来反腐败。公务员接受金钱、珠宝、家用电器、低息贷款、免费旅行等都可被视为接受贿赂，甚至接受荣誉头衔和有关部门的推荐也可能被视为受贿。……《芬兰刑法典》用第40章单独规定了'公职犯罪'，对贿赂、滥用公共职务、泄露公务秘密等犯罪行为作了明确规定，并视情节轻重，分别规定了重罪和轻罪罪名。"①

芬兰法律没有直接使用腐败一词，而是使用行贿受贿，并根据公职人员的地位与所掌权力的不同情况，对官员在贿赂、泄密和滥用职权等方面作了明确的规定，并严格地规定了不同情节的处置办法。"公务员在做出某种决策时，若违反和不遵守与其义务有关的规定或利用职权为自己和他人谋取好处，并给他人造成伤害和损失，根据情节轻重将以滥用职权罪处以罚款直至4年徒刑，并开除公职。如果他人向公务员和公共部门工作人员行贿以达到某种目的、获得很大好处，根据情节轻重也将以行贿罪处以罚款直至4年徒刑。所有行贿受贿的钱物和其他好处，不论数额大小一律上交国家。"②《芬兰刑法典》甚至对构成公职犯罪的主体也作了详细的规定，不仅包括本国的公共官员、国有公司的雇员等，对外国官员的处罚也作了明确的规定，有了法律的约束，政府官员的行为受到严格规定，大大降低了官员行贿受贿的情况。

3. 公开透明的政治体制，全民化的财产申报制度

芬兰具有悠久的政务公开传统。早在1776年，政府就出版了第一部关于出版自由和获取政府公文权力的法案。1952年，芬兰政府又颁布了《政府文件公开法》。1999年颁布的《政务公开法》明确要求只要是政府公共职能的部门，都必须为公众获取相关信息提供方便。公民可以自由查阅公共部门的档案，对政府工作提出意见或建议。"根据芬兰的《公开法》，政府档案馆以及公共部门的所有档案不仅对专家和研究人员，而且对新闻界和公共开放，同时还提供资料查询、文件借阅及提供证明和复印件等服务。芬兰公民在需要时可以通过这一途径了解政府部门的有关情况。"③ 高度透明的政府部门，将部门工作完全展现在民众面前，能够极大地防止腐败的发生。民众可以自由地进出公共部门，自由地表达自己的意见，甚至总统的办公室门口也只有一名警卫看

---

① 卢建平、肖怡：《独具特色的芬兰刑法制度——〈芬兰刑法典〉代译序》，《国家检察官学院学报》2005年第13卷。

② 赵长春：《芬兰为什么是"世界上最廉洁的国家"？》，《中国社会导刊》2005年第17期。

③ 赵长春：《芬兰为什么是"世界上最廉洁的国家"？》，《中国社会导刊》2005年第17期。

守，公民可以跟总统约谈，向总统提出意见。

此外，芬兰政府官员的财产与信息也实行公开透明的原则，实行财产申报制度，不仅政府部门的财产要实名申报，甚至官员个人的财产也要如实地登记申报。"任何人都不能开设匿名账户，每个公民和团体的收入及财产（资产）每年都要在纳税表上加以公布，任何人都可以到税务机构询问和查实某人或某团体的收入及财产情况。"① 公开透明的政府工作机制，有利于公民及时地掌握政府的发展动态，监督政府的行为；财产的公开透明，将政府与公民纳入同一体系之中，便于公民更直观地监察财政的具体运用。

4. 高薪养廉与廉政考核制度

芬兰政府公职人员的工资普遍较高。政府十分重视"高薪养廉"带来的积极作用，公职人员的工资福利待遇比一般民众更高一些，使得政府公职人员为腐败行为付出的代价相对较高，由此削弱了公职人员的腐败动机，从而起到了减少腐败案件发生的作用。

芬兰公职人员腐败受贿案件较少也与国家对公务员的考核制度有关。首先，芬兰公务员的选拔条件极为严格，并且对公务员的素质要求较高，因此能够担任公职的公务员自身素质都较高，且对违法行为要遭受处罚的认知程度较高。其次，芬兰公务员兼职的情况较少，一般一个公务员只担任一项工作，目的是使公务员能够做好本职工作，同时防止公务员利用兼职以权谋私。再次，芬兰每年都会定期考核公务员的工作，对公务员的廉政水平、工作水平以及民众的满意度等多方面进行考核，以决定公务员的职位升降与去留。严格的考核制度培养出了一批批遵纪守法、严于律己的公务员，有利于政府廉政政策的贯彻与实施。

5. 加强廉政文化教育，提高公民道德素质

芬兰历史上也曾有过多年的腐败黑暗时期，如今的芬兰政治廉洁、腐败极少，教育起到了非常大的作用。政府积极弘扬廉洁、文明的价值观，从而使廉政文化深入人心，而这种廉政文化的建设从儿童时期就开始，随着年龄的增长，学校会开设相应的法律课程，以培养学生的法律意识和观念。大学毕业生在刚加入公务员行列时，"最重要的就是弄清'腐败'的界限，即接受礼品或受请吃饭的上限是什么。流传最广的一句话是：'公务员可以接受一杯热啤酒

---

① 段淑娟：《芬兰政府廉政建设研究》，华中师范大学硕士学位论文，2008 年。

和一个冷三明治，但如果喝上葡萄酒那就危险了"①。一旦公务员被查处有腐败问题，就不单单是革职、失去福利待遇的问题，严重的话还会锒铛入狱、被亲朋好友瞧不起，甚至会影响以后的工作与生活。除了对政府公职人员的廉政教育，对企业的廉政教育也不容忽视。"芬兰还把道德教育列为企业管理培训的一个不可缺少的组成部分，90%的企业负责人都认为遵守法律是商业活动中最基本的，这样就在很大程度上避免了商业贿赂，避免出现官商结合的不公平现象。"② 廉政文化教育的结果，就是使反腐倡廉的文化得到弘扬，并形成社会风气，使民众自觉地排斥腐败，崇尚廉洁，道德素质也得到了极大的提高。

6. 积极开展反腐败的国际性合作

反腐败不是一个国家的任务，在经济全球化的今天，反腐倡廉已是世界各国的共识与目标。芬兰在加强反腐国际性合作方面，做出了很大的成就。芬兰是世界银行、透明国际、世界经济论坛等一些国际组织开展反腐项目的有力支持者，为反腐的开展提供资金支持、技术援助等。芬兰的反腐机构是国际性反腐组织的成员，如"欧洲反腐联盟"、"反腐联系网"等。此外，芬兰还积极与其他国家开展多种形式的反腐合作项目。如芬兰司法部与中国司法部签署的《2007—2009 年合作执行计划》中就有关于反腐的合作议题，双方于 2008 年 5 月在北京举行了"中芬反腐败研讨会"，次年在芬兰赫尔辛基举行了第二次反腐研讨会，并取得了巨大的成功。

总之，芬兰从法律制度建设、政务公开、司法监督、全民教育、国际合作等方面经过多年的建设，逐渐形成了严密、高效的防腐机制，对反腐败工作起到了积极的作用，使芬兰在短短的时间内，迅速地建成了廉洁的国度。

四、现存问题及发展趋势

芬兰政府经过不懈的努力，终于在反腐的战场上打了个成功的战役，提高了政府工作效率，促进了经济的增长，提升了国际竞争力和影响力，然而芬兰政府在反腐的路程上仍然存在挑战，仍有一些问题需要解决。

芬兰廉政建设所存在的主要问题是反腐机构之间欠缺监督。芬兰建立了一整套的监督机制，有议会监督、司法监督、行政监察专员等各职能部门的监

---

① 倪星、程宇、揭建明：《芬兰的廉政建设及其对中国的启示》，《湖北行政学院学报》2008 年第 1 期。

② 段淑娟：《芬兰政府廉政建设研究》，华中师范大学硕士学位论文，2008 年。

督，还有来自新闻媒体和民众的监督，形成了一个庞大的监督网络，全方位的监督政府公职人员的工作，有效地防止了腐败案件的发生，促进了政治的廉洁。但是这些反腐机构之间却欠缺相应的监督。根据芬兰法律规定，议会拥有监督政府的权力，司法部门设立司法总监进行监察，但是芬兰总统拥有很大的权力。"在芬兰，总统被排除在议会制原则之外，其地位独立于内阁和议会。根据芬兰宪法，总统执政上不对任何人负责，他既不依赖于议会的信任，也不依赖其他团体的信任。在任期内，总统对所做的事的法律责任是非常有限的。根据宪法，总统只对叛国罪负责，他只有在犯有叛国罪的情况下才能被弹劾，而且这种指控必须得到议会 3/4 的议员的支持。"① 因此，芬兰的议会与司法部门实际上对总统行为的限制能力有限。此外，芬兰的行政监察专员对政府部门公职人员、普通公务员甚至是宗教团体参与者等都具有监察的职能，但却不能监督总统和司法总监，且行政监察专员不受国会大选的影响，自身因具有相对独立性，从而缺乏对其相应的监督与制约。

因此，芬兰政府工作的着力点应当是深化改革，完善福利制度，形成与经济发展的良性互补，同时加快完善政府各部门之间制约机制的建设。

五、小结

综观芬兰加强廉政建设、整治腐败的举措，我们不难发现其中贯穿着的健全法制、强化监督、加强教育等措施。因此，在防腐治腐的过程中，我们可以借鉴芬兰的成功经验，并结合我国的国情，制定出一套适合我国的廉政建设之路。

首先，健全法制，建立整治腐败的专门法律，同时要治腐和防腐并重，加强法制教育，提高民众的法律意识。其次，建立专职反腐机构。我们应当借鉴芬兰的经验，整合反腐部门，建立专职的反腐机构，独立地行使反腐的职权，这将大大增强我国的治腐力度与进程。再次，充分利用新媒体，加强民众监督。在网络发达的今天，一条新闻刚刚发布，就可能引发千万网民的关注，我们可以充分利用网络新媒体，将政府的工作真正公开透明化，自觉接受民众监督。最后，加强国际合作。反腐是世界各国共同的目标，任何一个国家都不能独善其身。因此，我国在反腐的道路上需要加强国际合作，吸收他国经验，以改进自己的不足，促使反腐工作更加彻底，加快建设廉洁高效的政府。

① 王祖茂：《当代各国政治体制：北欧诸国》，兰州大学出版社 1998 年版，第 101 页。

挪威廉政建设概况

要做一个襟怀坦白，光明磊落的人，不管是在深藏内心的思想活动中，还是在表露于外的行为举止上都是这样。

——挪威女作家、诺贝尔文学奖得主西格丽德·温塞特

各个系统的透明是关键。如果公共和私人部门各类决定和交易都被很好地记录归档，如果仅仅有很少的信息按照法律不被向公民和媒体公开，那么发现腐败的可能性就会大很多。在挪威，所有人都尊重有责任感的人，而信息公开透明是所有这些的前提。[①]

——挪威企业联合会（NHO）助理总监埃里克·隆德比（Erik Lundeby）

挪威，位于北欧斯堪的纳维亚半岛西北部，是一个风景秀丽的国家。它不仅是著名的旅游胜地，更是世界上其他国家廉政建设的"取经之所"。透明国际组织的报告显示，2013 年挪威廉政指数为 8.6，位居全球第 5 位，而且持续稳定，不愧是廉洁北欧的五朵金花（挪威、瑞典、丹麦、冰岛，芬兰）之一（见表 5）。

表5　　　挪威最近十年（2004—2013）国际透明组织廉政指数（CPI）

年度	2004	2005	2006	2007	2008	2009	2010	2011	2012	2013
排名	8	8	8	9	14	11	10	6	7	5
得分	8.9	8.9	8.8	8.7	7.9	8.6	8.6	9.0	8.5	8.6

注：表中的数据来源于透明国际组织官网 http://www.transparency.org/。

挪威的廉洁不仅体现在数据上，还有事实为证，那就是较低的腐败率和并不严厉的贪腐处罚，不但腐败案例较少，而且涉及金额都不多，因此行贿受贿罪，即使裁定，最高刑罚也不过 6 年，更谈不上剥夺养老金等问题。这一切都

[①] 《挪威全民财产公开　腐败官员无所遁形》，《21 世纪经济报道》2013 年 3 月 23 日。

是挪威廉政建设的成果。其完善的监督机制，公务员管理制度和平等、公正的社会理念都是值得我们借鉴和学习的。

一、历史背景与政治文化

1. 历史背景

挪威的历史也是比较悠久的。公元前 8000 年左右挪威就有人类居住。公元前 2500 年左右挪威进入新石器时代，随后经历了青铜器时代和铁器时代。公元 9 世纪挪威形成统一的王国，并开始世界历史上著名的诺曼入侵，在入侵和征服的过程中，一些新国家和地区被发现和建立，如冰岛和诺曼底公国。934 年挪威国王奥拉夫率军攻克都柏林，成为爱尔兰国王。在克努特大帝统治时期，挪威趋于鼎盛，成为克努特帝国的重要组成部分。短暂的统一之后，挪威旋即陷入了争夺王位的长期纷争动乱之中。直到 13 世纪中叶，统一的挪威封建国家才形成。14 世纪中叶开始衰落，先后臣属于丹麦和瑞典。1536 年随着丹麦宗教改革，挪威转为新教社会。1814 年 5 月挪威通过的宪法规定，挪威为世袭君主立宪国。1905 年挪威终止遥尊瑞典，正式获得独立，并得到瑞典王国承认。

从 1905 年开始，挪威采取中立政策。1918—1935 年挪威有 9 届政府，几乎都是少数派且平均持续 18 个月。1939 年第二次世界大战一爆发，挪威保持严格中立。但 1940 年 4 月纳粹德国侵入挪威，卖国贼维德孔·吉斯林与德军合作，建立傀儡政权，配合德国在挪威的纳粹化运动。战后挪威进行了法律净化（Legal purge in Norway after World War II），审判并惩处卖国行为，与此同时实行斯堪的纳维亚主义（Scandinavism）。1947 年挪威接受马歇尔计划，恢复经济。到 20 世纪 50 年代，挪威经济发展水平已远超过战前，商船队占世界第 3 位。1949 年参加北大西洋公约组织。1954 年同中国建立外交关系。

战后的挪威经济和社会发展迅速，社会保障网络逐渐引入：1946 年引入儿童津贴，1964 年引入《社会关怀法案》。因而挪威成为现代福利国家的先驱之一。挪威经济则是市场自由化和政府宏观调控成功结合的范例，这在某种程度上也成为政治廉洁的柱石。近十年来，得益于名列前茅的全球廉洁指数，挪威已连续六年被联合国评为最适宜居住的国家，全球人类发展指数也是领先于北欧之外的众多发达国家。

2. 政治文化

挪威并不是典型的资产阶级民主国家。挪威的现行宪法还是古老的 1814 年宪法，宪法规定挪威实行君主立宪制，国王为国家元首兼武装部队统帅，有权提名首相人选，但无权解散议会。现任国王为哈拉尔五世，首相为埃娜·索尔贝格。

议会为国家立法机构，也是最高权力中心。与其他北欧国家的议会不同，挪威的议会任期固定，不能被解散。虽然实行的是两院制，但是上、下议员选举并不分开，165 名议员统一在议会选出。议员在议会的运作中，两院制主要反映在立法程序上。在议会的实际运作中，任何法律草案应由下议院议员或由政府通过内阁成员首先在下议院提出。下议院经审议后，再提交到上议院讨论。在议会的其他问题上，则均由两院合并讨论。因此，挪威的议会既不是一般意义上的一院制议会，也不等同于其他西方国家的两院制议会。

挪威的民主则是独具特色，它的廉政建设也是别具一格。挪威法院独立行使职能，分为最高法院、高等法院和市初审法院三级，各级法院享有宪法赋予的特定的司法管辖权。最高法院为挪威最高司法机关，下设 1 名院长和 18 名大法官，院长为图尔·谢。检察院隶属司法部，总检察长为托尔—阿克塞尔·布什。

内阁是最高行政机关，实行民主集中制，集体决策，集体负责。挪威的国家行政事务在内阁会议上进行讨论。根据宪法，没有特殊情况，内阁成员必须出席内阁会议。内阁会议由国王主持，在内阁会议中，内阁有权颁布议会通过的正式法律，依据宪法授权制定临时法令，通过一般行政命令、批准行政决定和高级官员的任免。

在政党制度方面，挪威实行多党制，主要政党有工党、进步党、自由党、保守党、社会主义左翼党、中间党。其他政党还有基督教人民党、挪威共产党、红色选举联盟和绿党。它们都是不可忽视的政治力量，同是重要的外部监督主体。

二、历史上腐败高发期与集中治改

从历史上看，挪威并没有明显的腐败高发期。挪威剧作家易卜生创作的"社会问题剧"反映了挪威 19 世纪末工业革命和城市化进程中的罪恶，揭露了政治的腐败和社会的丑陋，但是这只是文学式的表达，事实上我们很难找到有关确切史料与证据。

然而在有迹可循的挪威政治发展史中，我们可以看到挪威逐步建立了自己的廉政体系，因此腐败的案例并不多见，即使是有，大部分也是零零星星的个案，很少有见诸报端的窝案和大案。到目前为止，挪威历史上最大的贪腐案要数前任联合国儿童基金会官员海德·谢文受贿案，案件的审理经过漫长的过程。检察官指控他在 1989 年至 1996 年担任联合国儿童基金会水利和卫生设施部门负责人期间，曾接受 7 家公司 55 万美元现金和 1 辆轿车的贿赂，将合同给予这些公司。联合国儿童基金组织也因其犯有严重的经济问题，将其开除。但是由于调查取证的艰辛，直到 2002 年案件才水落石出。最终他被奥斯陆地方法院判处 5 年半有期徒刑，并赔偿联合国儿童基金会 160 万美元。

三、现行廉政建设特征

挪威政制所以保持廉洁高效，并不是只靠多党选举，而是靠一套以综合治理、预防教育为特征的国家廉政体系，公平的社会价值理念和公民自觉也是走向廉洁之路的重要因素。它们同挪威的政治民主、经济民主和社会民主制度一起，有效地保证和促进了挪威的法治和可持续发展。挪威的廉政建设呈现以下特征：

1. 富有特色的监督机构与机制

挪威没有专门统一的反腐机构，因此，监督机制就显得相当重要。根据挪威宪法，政府对议会负责，议会有权监督政府和公共机关的活动。因此，议会监督是最有效、最具权威性的监督方式。议会有权要求内阁提出议事记录及一切政府报告和文件，并对国务委员会会议记录及国务会议中做出的决定进行检查。议会议员可以就政府成员职权范围内的事项提出问题或质询，这也是议会监督政府的最基本形式。宪法赋予议员可以向政府成员提出任何问题或质询的权力。在议会开会期间，议员在任何时候都可以提出问题或质询。此外，议会还通过任命国家审计员对政府行政机关的活动进行监督。根据宪法规定，议会任命 5 名审计员，组成总审计员办公室。总审计员办公室隶属于议会，与行政机关平级，主要职责是负责审查国家会计账目和公开发表的国家财务报表，保证国家财产得到合理的利用和管理。在审计完国家会计账目后，总审计办公室须向议会提交报告和建议，它做出的决定通常要与议会的决策保持一致。目前，挪威总审计员办公室下设 6 个部门和 1 个行政机关，在全国设有 28 个办事处，有雇员 440 名。在挪威的反腐败工作中，很多腐败问题都是总审计办公室发现的，它对挪威的廉政建设功不可没。

议会行政监察专员制度也是挪威监督机制的重要组成部分，挪威的行政监察专员设立于 1962 年，是依照丹麦的模式建立的。行政监察专员由议会选举产生，任期 4 年，可以连选连任。行政监察专员不是议员，但须是资深的法律工作者。行政监察专员由 30 名工作人员组成，他们大多是精通法律事务的专家。他们除了担任法律考试监考官外，不得兼任其他职务。行政监察专员的主要职责是监督检查中央国家机关及其工作人员执行国家法律的情况；受理公民因行政机关的决定侵害其合法权益而提出的举报；调查国家法律在实施中存在的问题，并向议会提出修改建议。总的说来，设立行政监察专员的目的是为确保公民个人免遭公共行政当局（国家、县或市政当局）的不公正处理。[①] 监察专员的权力主要有调查权和建议批评权。在调查过程中，监察专员有权就监察事项向有关行政机关提出处理建议或批评，但不能做出改变政府决定的指示或决定，也没有直接处理权。但是在实际工作中，行政监察专员的大量任务是处理公民个人对侵害其合法权益的行政机关的举报。公民可以免费向行政监察专员举报，但是举报的问题须在行政监察专员的管辖权范围力，因此行政监察专员可以拒绝受理职权范围之外的举报。关于行政机关问题的举报，公民必须先要向该机关的上级机关举报。如果对上级机关做出的决定不服，公民可以在决定做出后的一年内，以书面形式向行政监察专员举报。至于是否受理，由行政监察专员视情况而定。行政监察专员本身受议会的监督。如果议会对行政监察专员表示不信任，可以免去行政监察专员的职务。行政监察专员每年要向议会报告一次工作，每年编印一份年鉴，公开发行，让公民了解其工作情况，并借此了解和评估政府各部门的工作情况。议会监察专员制度的设立震慑了腐败行为，促进了廉政建设，被许多国家效仿。

除此之外，社会监督也是监督机制不可忽视的部分。挪威的媒体监督，虽然比不了其他欧美国家，但也是廉政建设的重要组成部分。挪威的新闻媒体依法受到法律的保护，它们通过自主的新闻报道、调查和评论等形式，对政府官员的行为操守进行监督。而且民众对官员的腐败也不是"等闲视之"。"伟大的民族总是折磨他的领袖"，高素质的国民总是令腐败分子望而却步。挪威的

---

① 王祖茂：《当代各国政治体制：北欧诸国》，兰州大学出版社 1998 年版，第 211~212 页。

国民就是这样一群人，在追求平等和社会公正的民主社会主义观念主导下，他们有着强烈的主人翁意识，把对政府官员的监督当作是自己的天然权利。但是他们并非总是单独作战，他们不仅会加入一些民间组织，而且建立起了民间监督结构。比如在挪威，就设有透明国际组织的分支机构，它的主要成员是社会各阶层热心反腐败的优秀人士，他们以自己的方式积极参与反腐败工作。

2. 现代公务员制度

公务员是腐败的潜在主体，因此，建立现代公务员制度是很重要的，而能否达到廉洁高效，则要看制度的设计与实施，显然挪威政府做到了这一点。

挪威公务员队伍是扁平化的，而非典型的金字塔式，这更契合现代政治的平等观念，有层次但非等级。这表现为：（1）高级官员没有特权，不享有类似于其他国家的政治豁免权。一旦当选或就职，他们必须对其权力的行使负责，其子女也与普通人无异。政府领导人和大多数人一样住在普通住宅区内，自行承担一切家庭开支。公车只能在工作时间内使用，下班后就只能开私家车或步行回家，节假日出行时更不能公车私用。（2）高级官员和公务员收入差异也不是很大，职位带来的灰色收入少之又少。他们和其他公职人员一样，不仅要申报所有的财产状况和收入来源，还要申报他们所代表的利益团体，以避免在制定法律时发生利益冲突。在这样的公务员体制下，就出现了无权可争，无钱可贪的"尴尬"现象，这也有助于通过公务员选拔实现人才分流的作用。在如此清贫的条件下，也只有那些热爱政治、乐于服务社会公众的才会进入，这又从源头上遏制了腐败。所有这一切，在社会平等和公正的理念深入人心的前提下，造成一种现实：腐败案件每年仅有几十件，也很难在媒体或报纸上看到关于挪威高官腐败的新闻。

挪威对公务员的考核和管理是很严格的。入口选任、管理监控和考核评估是公职人员管理考核的主要方式。所谓入口选任，就是严把入口关，制定严格的公务人员选任条件和标准，在源头上切断腐败。具备监督职能的行政机关或司法机关的官员选任也不例外，也要严格按照这一要求进行。管理监控则是在现代管理理念和原则的指导下，提高管理水平。在对重要职位进行岗位轮换的同时，也对公务员的兼职行为进行严格控制。考核评估则多是总结性的，主要内容是对公职人员的工作能力、个人素质、管理水平和廉政情况进行考评，以作为升职或降级的依据。三者相结合，很好地实现了对公务员"源头到终点"的腐败管控，其预防和惩治腐败的目的不言自明。

3. 行政公开透明制度

公开透明是北欧国家政府的一个主要原则[①]，挪威也不例外，而且是该原则积极的倡导者和践行者。

政府的信息公开和官员的财产申报制度是挪威廉政制度的重要内容。前者不仅要公开，还要公开详细具体的内容。以公务开支的公开为例，在挪威市政厅的内墙上，经常会看到一张表，上面标明了年度的政府例会预算以及上个月的开支情况。开支项目分得非常细，从每名理事得到多少薪酬，到因公支出了多少公务费用，标得一清二楚。表下面还有网址，便于公众查询。[②] 信息的公开也表明了政府的自信，也是取信于民的一种手段。官员不仅要申报，而且民众还可以信息技术手段查询到官员财产申报的明细，电子政务为此提供了诸多便利。同时，国家税务局和国家保险局的热线服务系统和金融实名制度，也是挪威政府完善财产申报制度的新办法，这确保挪威公民可以随时随地了解官员财产信息，并对不清楚的内容进行质询，起到监督的作用。

值得一提的是，透明不但是针对官员，还指向全体民众。财产公开对于挪威人来说并不是新鲜事，每个公民几乎都可以通过有效的渠道查阅到所在区域内特定人群的财产拥有情况和收入情况，而且这并不触犯个人隐私，也不会带来所谓心理不平衡。如果有疑问，可以向有关部门反映。公民还可以通过挪威税务局的网站或者其线下数据库查看到每个公民的缴税情况，需要缴税的收入信息以及所拥有的房产和其他财产信息等。这是透明精神的体现。[③]

在挪威，民众也不用担心政府采购中的猫腻，因为政府实行集中采购、招标投标的制度。规范的市场经济体制也大大降低了腐败的可能性。在发育成熟的市场经济中，企业是经济发展的主体力量，因而拥有较大的自主权，政府的行政审批项目和权力非常有限。即使要干预企业事务，也必须是公开透明的。这有助于资源配置充分的市场化和公平竞争，从而在源头上杜绝权钱交易。

4. 健康的公民文化道德体系

如果说人是制度的灵魂，那么有道德的人则让制度更有活力和生命力，可见道德文化的影响力是巨大的。正是鉴于此，挪威十分重视道德教育，培养公民平等、诚实和公平的观念是道德教育的重要内容，其结果是，挪威民众大多

[①] 倪星、程宇：《北欧国家的廉政建设及其对中国的启示》，《广州大学学报（社会科学版）》2008年第4期。
[②] 蒋平：《公事公办的挪威人》，《中国纪检监察报》2013年4月10日。
[③] 叶慧珏：《挪威全民财产公开 腐败官员无所遁形》，《21世纪经济报道》2013年3月25日。

培养了自觉遵纪守法的良好理念，"廉洁为荣，贪腐可耻"已成为社会的共识。

长期执政的社会民主党奉行社会民主主义，主张公平、平等普世价值与理念，这又必然影响到它的政党文化。在其执政时，将这种理念灌输给民众也自然而然成为他们的工作目标。所有这一切努力使健康的公民文化道德体系得以建立，它不仅对预防和治理腐败意义重大，而且还是未来政治发展的重要保障。

四、现存问题及发展趋势

北欧各国在反腐问题上也并不是可以高枕无忧。近年来，法新社等多家媒体报道了发生在挪威的腐败案件，比如挪威国家石油公司在伊朗进行商业贿赂等。因此有媒体称，"北欧各国不再洁白如雪"。挪威政府反腐败顾问埃娃·若利表示："我们已融入全球经济体系，我从不认为（腐败）危险会停止在国界线上。"

挪威存在的"类腐败"问题也是不能忽视的，比如官僚化和低效率问题，这有时可能比腐败危害更大，大大影响了挪威政府的信誉与威望，这应该是今后的挪威廉政建设要解决的，至于具体的方法，还得依靠政府和民众的智慧。

五、小结

挪威法制健全、制度完善、政治透明，有着良好的社会文化环境，因此腐败案件的不多见也在情理之中，这也从侧面反映了挪威廉政建设的成功。但是挪威是君主立宪制，也是社会民主党一党长期执政，严格说来，它不属于西方自由主义的民主政治，但它治理腐败的成效远远超过了英、美、法、德等国家。

挪威的经验证明，三权分立不是制约腐败的唯一良方。事实上，挪威在20世纪发展所形成的政治体制和监督机制已经不能用议会、政府、司法等三权来概括，尤其是第二次世界大战后"福利国家"在北欧的发展，使得政府职能不断扩张，公有部门急剧扩大，私营企业蓬勃发展，这些新的部门，早就超越了传统的管治范畴。针对新条件、形势下的贪污腐败，建立与时俱进的监督机构或机制，在新的领域和范畴对三权实行重要监督。

从我国的现实考量，挪威的廉政建设的经验也具参考性和借鉴价值。在今后的廉政建设中，我们必须打破传统的腐败治理理念，在创新监督方法、强化监督机制和预防政府的不良行政行为方面多下工夫，把以法反腐、治腐落到实处。

新西兰廉政建设概况

"作为国会的一员，我有责任保证旅费公用。因此，恰当并且为了维护政党的尊严，我必须向总理辞职。总理接受了我的辞职，已经让我很满意了。"

——新西兰首位亚裔部长黄徐毓芳①

新西兰是位于太平洋西南部的一个岛屿国家，人口 430 万，面积 26.8万平方公里、气候宜人、环境清新、风景秀丽，人民生活水平相当高，排名联合国人类发展指数第三位，是一个现代繁荣的发达国家。高度的廉洁是新西兰在全球的通行名片，透明国际组织 2014 年全球廉洁指数排名公布后，新西兰毫无疑问再次独占鳌头（见表 6）。说到廉洁程度，还没有一个国家能像新西兰，数十年稳定性地居于三甲，用"可怕"来形容这个国家的廉洁也毫不为过。

与此同时，政治的清明提高了新西兰的吸引力和被关注度，也是新西兰常年位居适宜移民和居住国家的一个重要原因，因此，也被誉为新西兰的"第二生产力"。而这一切归根结底，都得益于新西兰日趋完善的廉政体系和成熟的公民社会。

表6　　新西兰最近十年（2004—2013）国际透明组织廉政指数（CPI）

年度	2004	2005	2006	2007	2008	2009	2010	2011	2012	2013
排名	2	2	1	1	1	1	1	1	1	1
得分	9.6	9.6	9.6	9.4	9.3	9.4	9.3	9.5	9.0	9.1

注：表中的数据来源于透明国际组织官网 http://www.transparency.org/。

---

① 黄徐毓芳（Pansy Wong）（1955—　），华裔新西兰人。2008 年黄徐毓芳出选为新西兰保守派政府民族事务部、妇女事务部部长，ACC、能源资源部副部长。因涉嫌使用公款报销其丈夫海外旅行费用宣布主动辞去内阁部长职务。

一、历史背景与政治文化

1. 历史背景

新西兰历史悠久，但是立国时间并不长，它于 1769 年由英国海军舰长詹姆斯·库克及其船员发现。1840 年《怀唐伊条约》的签订标志着新西兰成为英国皇家殖民地，从而奠定了新西兰英国式威斯敏斯特政治制度基础。1856 年新西兰成为英国的自治殖民地，并得到英国在经济政治方面的支持。1893 年，新西兰成为第一个赋予妇女选举权的国家，当时，英国仍然是新西兰文化的重要组成部分并经常被喻为"家乡"。

1907 年新西兰赢得独立，开始摆脱对英国的依附，享有更多发展的自主权。1935 年新西兰工党组建政府，开始推行一系列的社会改革，这一时期新西兰经济社会得到快速发展。1947 年新西兰摆脱英国控制成为主权国家，同时加入英联邦。20 世纪 50 年代后，新西兰进入一个高速发展的新阶段，政府也开始有序推进廉政建设。截至目前，新西兰的政治廉洁指数、教育水平和宜居程度都位居世界前列。

2. 政治文化

由于历史上和英国的密切联系，而且又是英联邦成员，因此，新西兰的政治制度和政治文化带有明显的英国色彩。和英国一样，新西兰现行政治体制也是议会制君主立宪制，英国女王和总督是国家最高领袖。新西兰没有成文宪法，通行的是议会批准的一些具体的法律和修正案。

作为国家最高立法机关，新西兰的议会实行独特的一院制，仅设众议院，议员由普选产生。内阁由在议会选举中获得超过半数信任和支持的政党或政党联盟组成，掌握实权，负责处理政府日常事务，国家党人领袖约翰·基是目前新西兰内阁总理。

新西兰承袭了欧洲的政治制度，实行多党制，主要政党有工党、国家党、绿党、毛利党等。但是自 1935 年起，新西兰就进入工党和国家党执政时期。为了改变这一现状，1993 年全民投票决定将议会选举制度由简单多数制改为混合比例代表制，这开启了政党治理的新模式。此后新西兰的政局一直保持稳定，这也为打击腐败和进行廉政建设提供了良好的政治环境。

二、历史上腐败高发期与集中治改

客观地讲，新西兰是典型的廉洁国家，并不存在明显的腐败高发期，不过廉洁的新西兰也不是"铁板一块"，正如新西兰前反重大欺诈局局长所言："虽然新西兰公共部门的腐败相对而言不太普遍，但也不是没有大案。"[①]

2002 年可以说是新西兰的"腐败"年，在这一年里，前新西兰经济发展部贸易调查部门的资深高级调查员厄劳·诺尔·布拉赛特（Errol Noel Brassett）涉嫌窃取商业情报以及职务犯罪案，新西兰政坛炙手可热的新西兰电视台主席罗斯·阿姆斯特朗（Ross Armstrong）博士被指控参与"PPP（公私合作伙伴关系）"计划"暗箱操作"案、新西兰邮政局下属企业 Transend Worldwide 公司高层官员肆意挥霍公款案、政府渔业管理部门与斯提姆诺维奇（Stimunovich）渔业公司勾结舞弊案、新西兰工作及收入局（Work And Income）职工非法大量盗用公款案等先后事发，严重影响了政府声誉，降低了公民对政府的信任感。此间《读者文摘》进行的 25 种职业调查问卷的结论为我们提供了数据支持，在回收的 750 份问卷中，政客的诚信度被公认为是最低的。

新西兰政府对案件及时做了处理，涉事人也追究了相关责任。在证据确凿的情况下，厄劳·诺尔·布拉赛特被判处 18 个月监禁；克拉克总理"挥泪斩马谡"，解除了罗斯·阿姆斯特朗博士的职务；新西兰邮政局首席执行官艾默·托耶姆（Elmar Toime）则被迫辞职。[②] 一波未平一波又起，2010 年的 ACC 前财产经理迈克尔·梅森（Michael Mason）腐败案发，在经历了 11 个月在家羁押等待审讯后，梅森终因腐败行为证据确凿被判有罪。这在当时影响是比较恶劣的。

而且我们必须注意的是，有些在我们看来"小题大做"的贪腐事件对新西兰人民来说可不是小事。比如说，2008 年华裔政治明星黄徐毓芳女士因为"差旅门"事件最终辞去她的部长职位。其实黄徐毓芳所涉之案并不复杂，由于一件商业纠纷，媒体暴露了黄徐毓芳于 2008 年在与她丈夫有关的商业合同上使用了内阁部长的头衔签署了合同的见证。紧接着媒体又指出黄女士和丈夫

---

① 查尔斯·斯图特：《新西兰反腐败的成效》，节选自第七届国际反贪污大会组委会秘书处学术部：《第七届国际反贪污大会文集：反贪污和社会的稳定与发展》，红旗出版社 1996 年版，第 391 页。

② 参见涂成林编著：《新西兰头条新闻》，岭南美术出版社 2006 年版，第 3~9 页。

的这次有商业活动的中国之行使用了纳税人支付的高额旅游补贴。为这个错误负责黄徐毓芳当即辞去了内阁部长的职位，接着国会成立了特别调查组。两周以后调查组公布了长达50页的报告，调查结果显示从2000年以来黄徐毓芳夫妻共有12次国际和358次国内"假日旅游"，共花费了纳税人款支付的旅游补贴93935新西兰元。其中2008年的中国之旅从北京到连云港之行是商业旅行，属违反规定，黄夫妻应退还国会津贴474.12新西兰元。这也从侧面反映了新西兰民众对腐败的态度：再小的腐败也是腐败，一定要追究到底。

可见在腐败的治理中，即使政府想姑息政府人员的行为，民众也是不买账的，这也是新西兰没有腐败传统的重要原因。

三、现行廉政建设特征

经过多年的实践和探索，新西兰建立起了自己独特的廉政体系，成为各国学习的楷模。总体来看，新西兰的廉政建设呈现以下特征：

1. 完备的反腐法规制度体系

新西兰的廉洁与严密的法律法规体系是密不可分的。它们几乎覆盖了公共事务的各个方面，可谓是面面俱到，无孔不入。法律是政府行政办公的依据，没有法律的明文规定，政府部门是不能随意作为的。在新西兰，一个机构对应一部只适用于本部门的法律，部门之间的法律不得相互冲突。这种"一个萝卜一个坑"的做法，既有利于政府部门依法行政，也有利于追究违法行为以及相关人员的法律责任。严密的法律折射出了新西兰对腐败"零容忍"的态度，同时也是预防腐败的重要手段。为规范公务员行为，《国家部门法》、《雇佣关系法》、《公务员行为准则》和《反重大欺骗法案》等法律法规先后制定并出台。这些法律规定不仅具体，而且十分严格，它们和其他预防和惩治腐败的法律法规一起构成反腐的法律网。官员一旦被发现有腐败行为，多半会身败名裂，失去一切福利和今后的保障，因此很少有人敢以身试法。

2. 预防为主、改革并举

与惩治腐败相比，新西兰更强调预防的重要性，特别强调通过改进政府行政管理体制来降低腐败产生的可能性，因此反腐机构把协助政府部门改进行政体制作为一项重点工作。在新西兰各部门，制定预防贪污诈骗的计划是每年都必不可少的工作任务，不仅如此，还要针对腐败的可能性对症下药，提出切实可行的防范措施，并上报政府有关职能部门审查。有关职能部门在审查的基础上，进行风险评估，从中发现管理中的薄弱环节，提供可以消除的有关制度和方法上的建议，并敦促有关机构及时改进，堵塞漏洞，减少腐败可能发生的机会。①

在新西兰，改革是反腐败的重要手段，因此这里不得不提 20 世纪 80 年代中后期新西兰政府管理体制改革，它可以说是新西兰廉政建设进程中的重要一步。改革的主要内容是，把公司理念引入到行政管理部门当中，通过加强科学决策、强化绩效责任和精简机构等形式来降低行政运作成本，最终建立一种新的政府管理体制。在新的管理体制下，过去一成不变的"公共行政"模式逐渐转变为以绩效和管理为核心的"公共管理"模式。新模式特别强调各部门权力的下放，以便提高部门人员工作的积极性，但同时也意味着部门负责人必须承担更大的责任。改革之后部门之间的职责也更加明晰，大部门被肢解，余下来的政府部门的工作目标也更加明确，一些集中的政府职能也得以分离，并细分了具体责任。与此同时，在 1988 年通过的《国有部门法》中，各部部长与各部首席执行官的关系和职权被重新定位，人事权和管理权也划归到各部首席执行官手中，他们对议会下拨的款项承担全面责任。作为公务员系统的最高文官，各部门首席执行官由国家服务委员会负责选拔任命及考核，他们只听命于本部门主管部长，并在他们的指导下开展工作。

总的来讲，政府管理体制的改革，实现了中央政府部分的服务职能的转移或下放，逐渐形成小政府、大社会的治理模式。政府的功能转向统筹、调控和服务，不再涉足具体运作。新西兰各地方政府也纷纷"模仿"中央政府，积极压缩管理范围和权限，只负责提供交通、住房、供水、供电等基本生活服务，这在很大程度上避免了权钱交易和权力滥用，减少了滋生腐败的因素。

3. 强有力的反腐机构和监督机制

反腐机构和监督机制是新西兰廉政体系的重要组成部分，两者构成严密的反腐网络。新西兰的反腐机构主要有反重大欺诈局、新西兰审计署和举报警察专员。

反重大欺诈局（the Serious Fraud Office）是新西兰具有代表性的反腐败专门机构，它是根据 1990 年《反重大欺诈法》成立的，总部设在奥克兰，专门对付"白领犯罪"。新西兰严重诈骗调查局是隶属于总检察长的直接领导的独

---

① 深圳反腐保廉预防体系课题组：《澳大利亚新西兰反腐败的主要经验》，《四川监察》2001 年第 7 期。

立部门，权力很大，可以自行决定对政府内阁部长、议员、法官、高级警察和高级公务员立案调查，可以签发传召令、搜查令和逮捕令等。在查案过程中，由于反重大欺诈局局长享有《反重大欺诈法》赋予的一定的自主权，因此，他的行为和决策可以免受政府行政行为的干涉，这就为反重大欺诈局实施"抢先行动"创造了条件。截至目前，接近40%的诉讼是通过抢先行动完成的。而且反重大欺诈局的人员相当精干，全局只有不到40人的编制。虽然机构精简，但是效率不俗。仅在刚刚成立的第一年内，就调查处理了6起重大诈骗案件，涉及违法金额4亿多新西兰元。

新西兰审计署是1977年成立的国家最高审计机关，是议会的下设机构，主要职能是审查政府财务收支和对政府财务报表以及公共账目的真实性提出审查意见，监督国家货币的发行也在它的职权之内。审计署的审计范围主要是财务活动，同时也包括针对项目的经济效果和工作效率而进行的绩效审计。在履行职能进行以上范围的审计活动中，审计署要确保议会在财务事项中的立法意愿得到充分的体现。审计长必须每年向议会提交有关政府和政府机构财务审查和公共账目检查情况及结果的审计报告。

举报警察专员是根据1989年议会通过的《举报警察法》设立的，专门受理对警察违纪违法和执法不当的举报，打击警察部门的腐败行为，维护警察队伍的廉洁和公正执法形象。举报警察专员由议会任命，向议会负责并报告工作。举报警察专员公署自成立以来，每年大约要受理2万件举报。对这些举报，公署或自己调查，或与警察局联合进行调查。

新西兰的监督机制主要分为内部监督和外部监督两大类。前者主要涉及议会和行政机构，而后者的主体则是民众和媒体。

行政监察专员是议会监督的具体执行者。由总督根据众议院的提名任命，任期5年。新西兰议会现有行政监察专员3名，其中首席行政监察专员1名，负责协调并分配各行政监察专员的工作。公署设在首都惠灵顿，现有工作人员42人，其中有调查官多名。行政监察专员公署的主要职责是接受和调查公众对政府及其公务人员的不当和不良行为的投诉，监督政府依法行政，改善政府管理，维护社会公正。[①] 监察专员根据国民的申诉或依据自己的职权，对中央和地方行政机关及其工作人员所作的决定、命令及其他作为或不作为进行调

---

① 孙晓莉编著：《国外廉政文化概略第3辑》，中国方正出版社2007年版，第207页。

查。其工作主要是受理投诉、进行调查和对有关政府机关提出建议，这一般以与政府机关首长及其他官员说"悄悄话"的形式进行。

国家公共服务委员会是新西兰行政机关内部最重要的监督机构，具有很大的独立行政权力。它由总督任命，任期 5 年。国家公共服务委员会负责对国家各部门各单位进行监督管理，它要求每个国家机关的雇员都具有"富于为公众服务的精神"和"维护适当的道德和品行标准"。该委员会负责政府各部门和公共机构公务员的选拔、任用、培训、升迁、奖惩，受理公务员的举报、投诉。其最重要的职责是负责对各部门高级公务员的任用、管理和监督。

就外部监督而言，主要表现为两方面：一是公众监督，免费热线电话、电邮、写信或亲自向有关部门投诉是新西兰公众常用的监督方式。公众在向政府有关部门投诉时，有关部门要向公民发放投诉指南，并对公众的投诉进行指导，而且不得泄露投诉者的回复调查结果，违者将被追究法律责任。而且公民在举报时，也不用担心被追责。即使证据不足，也不会以诬陷罪被起诉，新西兰是不存在诬陷一说的。故而民众对政府事务十分上心，一有官员们腐败的"风吹草动"，他们就积极行使举报的权利。这有助于约束官员们的行为，促使他们廉洁自律。

二是媒体监督，新西兰媒体是受到政府保护的。报刊、电台、电视台的记者可在议会专设的记者坐席区，旁听议会辩论。而且新西兰媒体的监督意识和独立性都很强，它们对政府的行为十分挑剔，专门与政府"作对"。因而，政府一旦被记者发现问题，就会被记者穷追不舍。因此，政府官员对舆论都非常敏感和忌惮，以至于不自觉地养成了每天早上浏览当天报纸头版的习惯。官员一旦见诸头版，一般情况下，那离辞职就不远了。

4. 信息公开、行政透明

在新西兰，公开透明是权力机构和部门的共同特征。政府信息是公开的，一般情况下，除了涉密的信息外，行政机关所有信息都要对外公开。关于信息公开的具体规定，详见 1982 年《政府信息法》。这是一部重要的法律，可以说，它奠定了新西兰信息公开制度的基础。它不仅要求政府公开除国家机密除外的一切信息和事务，而且还对公民在不危害国家利益前提下获取政府相关文件和信息的权利以及知情权提供法律保护。而且为了避免暗箱操作，政府在制定法律和出台政策之前，必须将有关草案、背景等具体情况向社会公布，以实现政府工作的绝对透明。

新西兰政府还强调，政务信息不但要公开，而且公共事务中的重点和细节都要公开。如政府必须在网上公布采购项目，以便符合条件的公司和个人公平参与招标竞争，招标的结果也要向全社会公开。公务员招聘必须全程公开，这样公众能够对可能存在的徇私舞弊行为进行投诉或举报。而且发达的互联网也成为推动政府信息公开的重要工具，公众在网上可以看到政府机构提供的各种信息，如有疑问，可以向政府机构进行咨询。政府部门须及时答复公众咨询，并接受公众各种反馈意见。这样，互联网又成了政府了解民意的一个重要渠道，不但实现了透明，还可以解决许多民众遇到的实际问题。

此外，新西兰还有个不成文的规定，就是"每隔三个月，新西兰内务部和议会等有关机构会将每位内阁部长和议员上一季度的出差住宿、交通等公款支付费用金额，向媒体公布"[①]。这时会成为媒体的盛宴，媒体定会对某些议员的消费行为"品头论足"、"吹毛求疵"。因此政府公职人员和议员在使用公费或开立报销单时都十分谨慎，一不小心，他们可能就会被媒体"抓个正着"。

5. 防止利益冲突政策

利益冲突是产生腐败的一个重要诱因，很多公职人员就是因为或明或暗的利益冲突而陷入腐败的漩涡。为了预防腐败，新西兰实行以原则为基础的利益冲突管理政策，通过发布指导性文件的形式，提出防止利益冲突的一般原则，并要求各部门结合自身特点制定更加详细的准则或指南。防止利益冲突政策主要内容有两条，一是明确对一些行为说"不"，以避免产生现实的或潜在的利益冲突。二是对利益冲突的敏感领域进行强调，主要的风险领域包括接受馈赠、礼品、招待和其他福利等。新西兰法规明确规定，如果公职人员在涉及相关风险领域时，应当始终秉持公正正直的观念，及时采取合理措施来规避利益冲突。新西兰政府还对利益冲突的上报及利益申报做了明确规定，公职人员必须在就职及履职过程中上报利益冲突或潜在的利益冲突，然后由本部门首席执行官确定是否存在利益冲突。若存在，应提供解决措施。

为了促使公务员能够在利益冲突中做出正确抉择，新西兰通过建立公共服务的伦理法规体系来规范和引导公务员的行为选择。新西兰国家服务委员会根据《国家部门法》制订了《公务员行为准则》，规定公务人员应谨遵职业道

---

① 陈济朋、杨敬忠等：《最清廉国家反腐"秘籍"》，《晚报文萃》2013 年第 9 期。

德，保持政治中立，以公正、专业的方式履行公职。《公务员行为准则》提出和确立了"敬业、廉洁和政治中立"三大原则，在长期的实践中，它们成为指导公务员恪尽职守的总规范。

6. 高度重视廉政教育

与其他国家一样，新西兰政府始终认为教育是反腐的治本之策，因此，廉政教育很受政府的重视，它主要围绕两大主体展开：一是公务员队伍，一是民众。

在新西兰，公务员队伍的廉政教育和建设主要由国家事务委员会负责安排，培养公务员的勤政廉政观是他们日常工作的一部分。为此他们往往会把公务员的行为准则和腐败案例编成小册子，下发给每位公务员，使公务员时刻对腐败行为保持警惕。在廉政教育中，新西兰坚持以核心的价值观来塑造人格、培养操守，并把公务员的核心价值观通过法律形式规范下来。新西兰公务员行为规范要求每个公职人员的任何决定和行动，都应保证诚实、不偏不倚。

同时，新西兰的政党也十分重视廉政教育，比如长期执政的工党，就注重对党员的教育、培训和考核，以强化他们的廉洁意识。教育培训内容主要对象是新党员和工党候选人。这些培训和考核活动中都有廉洁方面的内容要求。在廉洁教育的推动下，廉耻文化逐渐深入人心，并形成了"不廉洁别当公务员"的社会氛围，这对在职和即将就职的公务员来说都是无形的压力，廉洁从政自然也就成了其自守之道。

除此之外，对公民的宣传教育也在政府与社会、媒体、家庭、民间团体联合努力下开展起来，主要内容是帮助民众了解和识别公职人员的腐败行为，并指导他们如何处理腐败问题等。总之，通过各种形式的反腐败宣传教育，民众对反腐败有了更深入的认识，廉洁从政的文化氛围也逐渐在全社会形成。

四、现存问题及发展趋势

在新西兰相对完善的廉政体系下，也潜伏着一些新的问题，它们可能现在不明显，但对未来的政治发展是一个潜在威胁。

客观地讲，具体到教育方面，新西兰的廉洁多少是"掺有水分"的。在新西兰，教育机构并非都是清水衙门。尽管政府规定从幼儿园到高中都不收取学生任何费用，但是学校变相收费却很普遍，通常以募捐的形式进行，其实就是变相索贿。新西兰一年有四个学期，每个学期两个多月，在这短短的两个多月中，学校以办各种活动为名，向家长募捐三到五次之多。但是最终家长们都因为孩子利益至上和教师们义正词严的说教而"忍气吞声"，只能在背后发牢骚。这和我们国家给老师的送礼行为本质上是相通的，但是我们都不把它作为腐败来看待，有时甚至"助纣为虐"。

廉洁光环下政府和公务员办事的低效率也是一个十分棘手的问题，这应该不但是新西兰单独面临的。腐败的机会是少了，但是公务人员拖沓、懒散、不作为的现象普遍，而这是和民众的切身利益相关的。可见，建设一个廉洁高效的政府是很困难的，而且政府部门的渎职问题也是不能小觑的，听起来它与廉政风马牛不相及，但实际上是息息相关的。

五、小结

作为廉洁国家的代表，新西兰在廉政建设方面取得如此成就，自有它的过人之处。建立完善的制度，并将其落到实处是新西兰长期保持高度廉洁的关键，对权力的限制以及权力的公开透明也是走向政府廉洁的重要保障。同时民众的力量也不能忽视，他们才是反腐败和监督的主体，激发公众的政治参与热情是政府的本职工作。正是在这一步步的努力完成后，新西兰才有今天纯净、优良、充满活力的政治生态。

就我国目前廉政建设情况而言，发挥民众在反腐败中的主体作用，保护民众的监督权利，重建政府与民众之间的利益共识，则是我们可以向新西兰学习的地方，这其实也是我们对"从群众中来，到群众中去"的优良传统的回归。

新加坡廉政建设概况

> 我们要任人唯贤，选择正确的人做正确的工作，最重要的工作必须由最能干、最可靠的人去办。同样地，我们也要公平地对待干事的人，给他一个实际的、能养家的薪水。法治和清廉密不可分、相辅相成。要打造一个廉洁的政府，需要一个配套的法治机制。
>
> ——李显龙在 2014 年 APEC 会议接受采访时谈新加坡反腐秘诀

> 新加坡的生存，全赖政府部长和高级官员的廉洁和效率。我们必须和其他新兴国家有所不同，不然我们的处境将比他们更糟，因为我们没有他们所拥有的天然资源。
>
> ——新加坡前总理李光耀

新加坡是东南亚的一个热带岛国，地处马来半岛最南端，毗邻国际交通要道的马六甲海峡的南口，由新加坡岛及附近 63 个小岛组成，其中新加坡岛占全国面积的 88.5%。根据 2013 年的最新统计，新加坡国土面积仅有 716.1 平方公里，总人口 539.92 万。[①] 全国几乎没有耕地，人口大多居住在城市，是一个典型的城市国家。

作为一个弹丸小国，新加坡在东南亚乃至国际上享有一种与其国土面积和人口数目不成比例的影响。新加坡之所以颇负盛名，不只是因为其美丽的热带风景、高度发达的经济、和谐安定的社会环境吸引着世界各国的旅行者、投资者和移民，更因长期保持全球最清廉国家之一的地位。参照近年来国际透明组织发布的全球"腐败印象指数"，新加坡一直稳定在前 5 名，是世界上最廉洁的国家之一（见表7）。

---

① 数据来源于中华人民共和国驻新加坡共和国大使馆经济商务参赞处，访问地址 http://sg.mofcom.gov.cn/article/jmxw/201406/20140600629323.shtml，更新日期 2014-06-18 09:56，访问日期 2014-07-27。

表7　　新加坡最近十年（2004—2013）国际透明组织廉政指数（CPI）

年度	2004	2005	2006	2007	2008	2009	2010	2011	2012	2013
排名	5	5	5	4	4	3	1	5	5	5
得分	9.3	9.4	9.4	9.3	9.2	9.2	9.3	9.2	8.7	8.6

注：表中的数据来源于国际透明组织官网 http://www.transparency.org/。

一、历史背景与政治文化

1. 历史背景

1819 年，英国占领了地理条件优越的新加坡。除了第二次世界大战期间日本的短暂占领（1942 年 2 月—1945 年 9 月），新加坡一直处在英国殖民政府的统治之下。这一时期，新加坡的政治架构虽有立法、行政、司法机构，但是立法、行政大权集中于总督手中，总督直接对英王负责，重要职位也由英国人担任。显然，这种英国人主导的政治体制是为了维护英国的殖民利益。由于殖民政府缺乏有效的社会治理，公共部门、司法部门等的政府公职人员在办事时经常收取不法钱财，贪污腐败现象盛行。虽然殖民政府采取了一些反腐措施，但是实际上成效不大。

第二次世界大战以后，新加坡自治运动发展起来，成立了立法议会，修改了宪法，削弱了总督的权力，开始享有较大的自治权。到 1954 年，李光耀等人成立了人民行动党，这是新加坡历史上第一个独立性政党，"该党的政治目标是建立包括马来亚联邦和新加坡在内的独立的马来亚民族国家"[①]。1959 年，新加坡取得英联邦内的完全自治，同年 5 月举行第一次立法议会大选。面对经济落后、贪污严重的局面，人民行动党提出了扫除腐败、建立廉洁政府的竞选方针，最终获得众多选民的支持，在选举中获胜，成为执政党。李光耀出任新加坡自治政府首任总理。为表达建立廉洁政府的强烈决心，1959 年李光耀及其内阁成员宣誓就职的时候，一律身穿白衣白裤，以此象征个人和政府的清廉形象。

1963 年，新加坡加入马来西亚联邦，以加强双方的政治与经济合作。至此，新加坡完全脱离了英国统治。由于严重的政府间矛盾和种族矛盾，新加坡

---

① 杨鲁慧、杨光：《当代东亚政治》，山东大学出版社 2010 年版，第 34 页。

于 1965 年 8 月 9 日被迫宣布脱离马来西亚，成立独立的新加坡共和国，李光耀出任首任总理。以李光耀为首的新加坡政府意识到，作为一个资源缺乏、经济破败的新生小国，新加坡要生存下来，必须建立廉洁、高效的政府，提高人民行动党执政能力，进而稳定政治和社会秩序，形成良好的外国投资环境，促进经济现代化发展。以李光耀为首的人民行动党政府从本国现实国情出发，采取了很多行之有效的廉政措施，取得了建设性的成效，新加坡迅速成为世界上最清廉的国家之一。1990 年 11 月，李光耀辞去总理职务，吴作栋接任总理。2004 年 8 月，李光耀的儿子李显龙接替吴作栋出任新加坡总理。吴作栋和李显龙都继续把保持党和政府的廉洁放在重要位置。

2. 政治文化

新加坡的廉洁与其政治文化有重大关系。新加坡政治文化具有明显的混合性，既具有西方现代政治文明特征，又深受东亚儒家文化和威权政治的影响。这为新加坡廉政建设提供了良好的体制条件，具体表现在：

首先，新加坡拥有特色鲜明的议会民主制。在政治体制上，《新加坡共和国宪法》（1965 年 12 月）规定实行议会共和制：总统是国家元首，由全民选举产生，总统和议会共同行使立法权；议会称为国会，实行一院制，议员由公民选举产生；占国会议席多数的政党组建政府，总统委任议会多数党领袖为总理，并依据总理的提名任命内阁成员，内阁集体向议会负责；司法权属于最高法院及其下属法院。在政党制度上，新加坡允许人民行动党以外的其他合法政党确实存在、自由活动及参加竞选（尽管不是人民行动党的对手），选民自主投票选举出执政党。目前，在新加坡，已注册的政党有 24 个，主要有人民行动党、工人党、新加坡民主联盟等，历次国会选举中都有其他政党参与竞选。这种权力的监督和制约机制有益于政治的健康发展。

但是，不同于西方，新加坡的政党、行政机构、立法机构在一定程度上是重叠的。自独立以来，新加坡没有发生两党或多党轮流执政的情况，人民行动党一直是国会多数党，长期执政，形成了"多党竞争、一党独大"的局面。根据宪法，总统委任议会多数党领袖为总理，总理只能从议员（干部党员才有资格竞选议员）中提名各部部长、政务长等组成内阁。所以，在一定程度上，政党、国会、政府几乎是同一批人，三个体系相对统一。也就是说，人民行动党同时控制了政党、行政和立法三个体系，在国家政治、经济及社会生活中占据主导地位，形成了"威权主义"模式。这样，最大限度地保证政策连续性和行政运作的高效率，对新加坡的迅速发展，特别是在治理腐败上的高效率起了不可忽视的作用。

其次，人民行动党在执政的过程中始终坚持清正廉洁核心价值观和精英主义执政理念。清正廉洁的价值观已经融入了党徽（见图4）、党服、党总部的设计中。党徽、党服（见图5）广泛使用白色直观地诠释出廉洁的形象和追求，党总部更是位于一座不起眼的两层办公楼，表现出低调简朴作风。当然，在现实执政中人民行动党更是做到公正透明。特别是高层领导人一直表现出坚定的反腐决心和良好的榜样作用。2000年9月16日，国际透明组织马来西亚分部——吉隆坡透明与廉洁学会，把该分部首个"环球廉洁奖"授予李光耀，表彰他为新加

图4 人民行动党的党徽。党徽包含三大元素，其中"闪电"象征着行动，要求的是活力，"蓝圆"象征着团结，注重的是和谐，而"白底"则象征着纯洁，强调的是廉洁。

坡廉政建设做出的惊人贡献。在李光耀几十年的政治生涯中，有人谴责他独断专行、不民主，但是很少有人攻击他贪污腐败。在严格要求自己的同时，李光耀也严格要求自己的家人、同僚、下属。在"郑章远案"①中，李光耀坚持一查到底。

西方政治文化中处处表现出了对政府的不信任，因此通过分权与制衡限制政府。但是，李光耀指出："虽然民主人权都是可贵的意念，但我们应该明白，真正的目标是好政府。"②而好政府的四项标准是廉洁有效、照顾人民、社会秩序稳定、人民得到教育和训练。在好政府观念下，新加坡坚持精英主义执政理念，认为高素质的人才更有利于国家发展。1971年，李光耀在其《国

---

① 郑章远曾与李光耀一道争取独立，创建共和国，1979年成为主管国家发展与建设的部长。他在实施"居者有其屋"政策时功劳显赫，深受李光耀的器重。1986年12月，贪污调查局指控郑章远接受两笔各40万元的贿赂，李光耀并未因私交而心慈手软。郑章远自知罪责难逃，最后留下一封遗书畏罪自杀。

② 新加坡《联合早报》编：《李光耀40年政论文选》，现代出版社1994年版，第571页。

家成功的要素》著名演讲中提出，一个国家要成功，"必须有一批有干劲，愿意付出代价，而又受过良好教育，并且训练有素的人口"①。因此，人民行动党高度重视党员和国家公职人员的能力、学识、道德以及政治潜能，不盲目追求数量扩张。高素质的人才有利于降低腐败的概率。

图5　人民行动党党员重大活动时穿的衣服。在重大活动或节日等正式场合中，人民行动
　　　党党员一律穿白衣白裤，以表明这个党对廉政的追求。

最后，同样重要的是，新加坡作为一个亚洲国家，由于深受儒家文化的影响，更为重视集体主义价值观。1991年，新加坡国会公布了一份关于"共同价值观"的白皮书，强调国家利益和集体利益的重要性。在一定程度上，新加坡政府和人民的关系就像东方家庭中的家长与成员的关系，成员要遵从家长的意志，家长要关怀照顾成员。正如学者所说："在个体与群体、民众与政府、市民与社会与国家这三组特定的关系中，与西方的自由民主重视个体、民众与市民社会相比，新加坡的社群社会的民主强调群体、政府与国家的重要性。"② 新加坡政府还把儒家倡导的"忠、孝、仁、爱、礼、义、廉、耻"确定为治国方针和公民必须遵守的行为规范。其中"廉"就是要求官员做到清正廉洁。

二、历史上腐败高发期与集中治改

1965年8月新加坡建国以后，得益于人民行动党政府高效的反腐举措，

　①　新加坡《联合早报》编：《李光耀40年政论文选》，现代出版社1994年版，第137页。
　②　李文：《儒家文化与新加坡民主政治》，载郭定平编：《文化与民主》，上海人民出版社2010年版，第192页。

新加坡迅速成为全球高度廉洁的国家之一。但是建国以前，特别是1959年人民行动党执政以前，新加坡也面临腐败高发、经济迟滞等问题。那时，由于殖民政府难以进行有效的社会治理，新加坡不仅经济破败，而且贪污腐败盛行。公共部门甚至执法部门在办事时利用职权索取不法钱财已经成为"潜规则"。当时，人们把行贿称为交"咖啡钱"，"'咖啡钱'来自方言'咖啡镭'，指的是私下塞给公务员的钱，当成是请他喝咖啡，以求取他提供特别关照和方便"①。当然，公职人员在提供方便时实际索取的钱财远远大于一杯咖啡的价钱。到20世纪50年代末60年代初，新加坡的贪污腐败已经严重泛滥成灾，腐化几乎成为大小官员的一种生活方式。对此，李光耀在回忆独立初期的腐败情况时说："人们对于佣金、回扣和小费、'润滑剂'或其他冠上委婉名称的贪污行为，已经习以为常。它是那么司空见惯，以致人们接受贪污成为文化的一部分。"② 严重的腐败不仅造成社会资源浪费，阻碍新加坡经济的发展，而且使民众饱受其害，本来就生活艰难的民众不得不接受公职人员的索贿行为，这使新加坡的政治稳定和长远发展面临严重的威胁及挑战。

　　面对严重的腐败现象，殖民政府曾出台一些反腐措施。1937年，新加坡殖民政府颁布了《防止贪污条例》，这是新加坡历史上第一部反贪法律。同时为了保证法律的实施，在殖民地刑事侦查局内设立反贪机构——"反贪组"。但是，实际上贪污治理没有多大成效。究其原因，一方面，《防止贪污条例》内容含糊不清，处罚力度不够，执行情况不理想；另一方面，"反贪组"设在警察部门内部，独立性不强，而警察等执法部门的贪腐情况最严重，正所谓"再锋利的刀刃砍不了自己的刀柄"。1951年10月，新加坡就发生了一起牵涉警务人员的鸦片劫持案件。当时，一些鸦片走私犯劫走了警方查收的一批重约818公斤（价值40万新加坡元）的鸦片。经"反贪组"调查，这起案件和一些高级警务人员有关，甚至这些警察还参与鸦片入境走私。但是由于"反贪组"和警察部门的密切关系，再加上官员相互包庇，警察部门只解雇了一名低级警员，让另一个人提前退休。可见，由隶属于警察部门的"反贪组"调查警察人员的腐败案件是有失公允的。

　　1952年3月，新加坡当局由于不满"反贪组"对这起鸦片劫持案的处

---

① 吕元礼：《新加坡治贪为什么能？》，广东人民出版社2011年版，第140页。

② 李文：《新加坡如何走出腐败高发期》，《中国纪检监察报》2014年1月20日。

理结果，成立了特别调查团，调查团在同年9月完成了调查。为了保证以后案件调查的公正、公平，殖民地政府决定保留这个调查团，将其改为贪污调查局，在性质上属于独立的贪污调查机构，负责各种贪污行贿案件的侦查、起诉等。贪污调查局成员是招聘而来的高级便衣调查员，在当时普通人的月薪不过50新加坡元左右的情况下，高级便衣调查员的月薪却高达600新加坡元。即使如此，创建初期，由于缺乏配套的法律体系，贪污调查局也没有发挥很大作用。1959年，人民行动党以扫除腐败、建立廉洁政府的竞选方针最终获得众多选民的支持，在立法会议选举中获胜，成为执政党。1960年，人民行动党政府就通过了《防止贪污法》，该法不仅规定了各种贪污行贿罪名、扩大了贪污认定范围、明确了处罚方法和额度，还赋予贪污调查局广泛的职责和权限，使其真正成为一个独立、高效的反贪执行机构。从此，新加坡的廉政建设开始走上正轨。

三、现行廉政建设特征

1959年人民行动党执政以来，特别是1965年8月9日新加坡建国以来，人民行动党政府从本国现实国情出发，始终把廉政建设放在重要日程之上，并取得了建设性的成效，形成了完善、高效的廉政体系。新加坡迅速成为世界上最清廉的国家之一，为经济发展、政治稳定创造了必要条件。

1. 培养廉政价值观，加强廉政教育

作为一个以华人为主体的国家，新加坡非常重视宣扬儒家优秀文化传统，培养民众和公职人员廉洁自律、奉公守法的品德。新加坡把儒家文化教育纳入到了中小学德育课程中，1982年，李光耀在华人农历新年献辞中提出把儒家文化所倡导的"忠、孝、仁、爱、礼、义、廉、耻"作为新加坡公民特别是全体公务员的道德标准和行为规范。1991年，新加坡政府公布了《共同价值观白皮书》，提出了国民德育的"五大价值观"，即国家至上，社会为先；家庭为根，社会为本；关怀扶持，同舟共济；求同存异，协商共识；种族和谐，宗教宽容。倡导儒家优秀文化和共同价值观，为新加坡的思想道德建设奠定了基础，也有利于净化社会风气、营造廉洁政治环境，进一步为新加坡廉政建设营造良好的文化氛围。

新加坡还注重在政府部门和社会群体中加强廉政教育。针对公职人员，贪污调查局会通过举办反贪污腐败讲座、开设专门廉政教育课程、组织参观反贪展览、参加廉政讨论和交流等多种形式提高公职人员的廉洁意识；对企业、社区公民等群体，政府经常通过大众媒体宣传、反贪讲座等形式进行廉政教育；政府还将廉政教育纳入到中小学教育中，通过开设廉政课程或不时组织参观反贪展览，教育孩子树立正确的价值观。通过多方位的廉政教育，新加坡社会形成了一种人人反腐的舆论氛围。

2. 完善的肃贪法治建设

新加坡建国以后，坚持依法治国的理念，认识到要反腐就必须建立健全法律法规。最重要的肃贪法律是1960年6月17日公布的《防止贪污法》，它对1937年《防止贪污条例》进行了重大修改。此后《防止贪污法》又几经修订，不断完善，成为新加坡一部最基本、最重要的反贪污法。该法对各种贪污行贿罪名、贪污认定范围、处罚方法和额度等以及腐败案件的侦查、起诉、审判等诉讼程序事项做出了具体细致的规定。具体来说，主要特点是：第一，对"贿赂"定义广泛，界定明确，"不仅包括看得见的有价值的物品，也包括看不见的有价值的职务等"①，具体包括各种形式的动产或不动产性质的财产利益，任何职务、职业或协议，任何借款、义务或其他任何责任的部分或全部的偿还、放弃、履行或清偿等。第二，"有罪推定"，即如果官员不能对其不合理的财产增加做出合理的说明或解释，则增加的财产被视为贪污所得。李光耀多次在不同的场合强调这个原则。其中，比较形象的一次是在2010年的一次会议上，他说，"例如，你的银行户头有200万元，但是你的月收入是1万元，那么我们会先假设你受贿，直到你证明你有能力赚取这么多钱为止"②。第三，轻罪重罚，实际上新加坡对贪污的处罚并不是重罪重罚，因为"其对行贿的最高惩罚只是罚款10万元（新加坡元）或坐牢5年，或两者兼施，远不及在公共场所涂鸦被判鞭刑、贩毒被判绞刑来得可怕"③。治贪严厉性表现在轻罪重罚，《防止贪污法》规定了多个贪污受贿罪名，但是没有规定贪污行贿"数额"的大小。无论数额多少，哪怕给予或者接受几十新加坡元甚至几新加坡元钱，都是违法的。比如，2009年2月26日，一位名叫沈妙菲的房产经纪因违法停车向执法人员行贿20新加坡元，就被判坐牢3周。

另一部重要的反贪污法律是1988年制定的《没收贪污所得利益法》。这

① 吕元礼：《新加坡治贪为什么能？》，广东人民出版社2011年版，第58页。
② 吕元礼：《新加坡治贪为什么能？》，广东人民出版社2011年版，第65页。
③ 吕元礼：《新加坡治贪为什么能？》，广东人民出版社2011年版，第90页。

是一部专门的惩治贪污腐败程序法，详细规定了法院在审理贪污犯罪案件过程中，发布没收贪污所得财产的命令的执行程序，以及没收贪污所得财产的范围。[①] 可以说，它与《防止贪污法》相互补充、相互配套。

3. 强有力的治贪机构

贪污调查局是新加坡防止贪污贿赂的最高机关，主要负责公共部门、私营部门等机构中贪污腐败案件的检举、调查、起诉等。其主要特点有：第一，高度独立性。根据《防止贪污法》，贪污调查局由总理直接领导，既是行政机构又是执行机构，局长也由总理直接任命并对总理负责，不受其他任何人或部门的指挥和管理，这使贪污调查局可以独立地查案、办案。第二，拥有广泛的权力。贪污调查局依法拥有调查权、逮捕权、搜查权、获取财产情报的权力、不明财产检查权。妨碍或不配合贪污调查局人员行使权力将根据情节轻重给予不同的处罚。另外，还有秘密调查权，即对大大小小的公职人员，不论是否受到举报，都有权监视其日常行为，包括有无赌博等不良习惯、是否申报财产、有无以权谋私行为等。第三，注重行动效率。新加坡公众可以直接到贪污调查局或通过电话、网络举报各种贪污行贿行为。但是，当市面上盛传或谣传某种贪污行为时，不管有没有人报案，贪污调查局情报署人员都会闻风而动，出击跟进。贪污调查局对案件调查更是迅速，除非案情复杂，需要更长时间调查，否则，所有贪污投诉必须在 3 个月内完成调查。第四，坚持公正、透明的工作方式。"在取缔贪污方面，不论大鱼小鱼，照打不误，采取无畏无私的铁腕手段。"[②] 同时，贪污调查局还通过媒体宣传、出版读物等形式加强公众对其运行机制的了解。

虽然贪污调查局拥有高度的独立性和极大的权力，但它也必须接受广泛的监督和制约。一方面，检察机关可以指导和监督贪污调查局。贪污调查局完成调查后必须把案件移送检察机关，检察官负责审查调查结果。如果检察官审查后认为证据不足，可要求贪污调查局补充调查，甚至终止调查；如果证据充足，检察官可以提起公诉。另一方面，贪污调查局还要接受其他部门公职人员的监督。前贪污调查局局长杨温明说："几乎每个人都虎视眈眈地盯着我们，随时随地都在注意我们的行动，稍有不慎就会有人告我们。一旦贪污调查局的

---

① 刘艳红：《香港、新加坡的廉政法治及其启示》，《清华法治论衡》2002 年第 3 期。
② 吕元礼：《新加坡治贪为什么能？》，广东人民出版社 2011 年版，第 146 页。

人有不轨行为，其他部门的人会写信给总理或者向总检察长投诉，总检察长就会命令执法机构调查我们。因此，贪污调查局的工作人员总是小心翼翼。"①高度的独立性、广泛的权力、高效透明的办案方式再加上必要的制约机制共同造就了贪污调查局在打击腐败上的权威和效率。

4. 精英化的人才选拔方式

在精英主义执政理念下，新加坡有一套严格的公职人员选拔和录用制度。除总统、国会议员等政务类人员由选举产生外，其他业务类公职人员由国家专门的人事部门以择优录用的办法招聘。在录用过程中，一般不进行笔试，各部门主要依据应聘者的学历和在校学习成绩进行筛选，还会特别严格地审查应聘者的个人作风和道德修养，包括犯罪记录、信用状况、个人爱好、家庭背景甚至交往对象等。新入职的公务员会根据不同的学历进入不同的等级。录用后还会面临试用期的严格考察，包括工作能力和道德水准，考察合格才能成为正式的公务员。如果试用期内工作不佳或者品行不端，则被取消资格，情节严重的会由贪污调查局审查。

新加坡还为优秀高中毕业生设立总统奖学金（新加坡最高荣誉的学术奖学金）、政府部门奖学金及其他法定机构奖学金等，让他们在国内或者国外大学接受良好的教育，但是这些学生毕业后必须进入政府部门，为国家服务一段时间。特别是总统奖学金的获得者除必须具备优秀的成绩和课外活动能力外，还要具备出众的领导能力。总统奖学金获得者一般都到欧美名校留学，回国后被委以重任，李显龙以及前总理吴作栋等都获得过总统奖学金。这种精英化的人才选拔方式为政府的廉洁、高效奠定了基础。

5. 多层次、多角度的公职人员管理和监督机制

新加坡有完善的公职人员管理和监督机构。除了贪污调查局，新加坡还设有公共服务委员会、公共服务署、人事委员会具体管理监督公职人员。其中，公共服务委员会是最高公务员管理机构，不属于行政系统，委员由杰出的律师、医师、教授及商人等民间人士组成，在职期间不能担任公职，也不能成为社会团体成员，目的在于保持独立性，代表社会监督政府。公共服务署是政府内部的公务员管理机构，隶属于总理公署，负责制定具体的人事政策、薪酬及福利政策、公务员发展培训等，为新加坡培养一支高水平的公务员队伍。各部

---

① 刘国雄：《新加坡的廉政建设》，人民出版社 1994 年版，第 42 页。

还设人事委员会，具体管理和监督公务员。另外政府设有投诉机构，接受公众对公务员服务质量的投诉。新闻媒体对公务员的不当行为，可以进行揭露和抨击，形成强大的社会舆论。

为了使公务员财产透明，新加坡制定了严格、严密的财产申报制度。公务员被聘用时以及此后每年都要清楚地申报自己及家人各类财产状况，并说明没有负债（政府认为负债三个月的工作人员有可能会贪污）。贪污调查局会对财产申报记录进行严格审查，如果发现隐瞒不报、虚报、漏报等行为，一旦证据充足，公职人员要受到处罚。申报以后，如果有变动，必须说明财产变动时间、原因，如果说明不了，即视为贪污。

新加坡还高度重视公职人员的日常行为规范。政府部门会定期审查公职人员的日常公务记录，如果发现贪污行贿等问题，就会交贪污调查局处理。政府还通过一系列法律法规详尽地规定了公职人员的工作纪律和日常行为，如《公务员法》、《公务员行为准则》、《公务员指导手册》、《公务员守则和纪律条例》等。这些法律法规对公职人员的权力与义务、薪酬福利、奖惩措施等作了明确的规定，还严格规定了公务员的言行举止，如穿衣、发型、纪律、日常生活（不许出入舞厅、赌场等营业性娱乐场所）、接受礼品（可收没有商品价值的纪念品）、负债（不得负债超过三个月）、经商（不准经商、放贷）等行为。如果触犯这些条例，可根据情节轻重，分别给以不同处罚。完善的法律法规不仅提高了政府行政效率，还为保持公职人员的廉洁高效提供了法律保障。

6. 优厚的工资和福利待遇

新加坡实行公职人员高薪制，随着经济发展和市场水平灵活调整公务员薪酬。政府中下层公务员薪酬参照私人部门中等阶层的水平制定，但是新加坡高级公务员的薪酬水平是世界上最优厚的。1994 年 10 月，新加坡提出了《以具竞争力薪金建立贤能廉正的政府——部长与高级公务员薪金标准》白皮书，其基本思路就是把部长和高级公务员的薪水参照大型私人企业或跨国公司高管阶层的水平，旨在稳住政府人员的优质结构。此后，新加坡又多次大幅度调整公职人员薪酬。2007 年，新加坡政府又把部长和超级公务员薪资增加 25%，增幅后部长的年薪约为 1593500 新元（约合 105 万美元），总理的年薪约高达 3091200 新元（约合 205 万美元），总统的年薪约高达 3187100 新元（约合 211 万美元）。从这个数字看，新加坡高级公务员的薪资确实很高。对比一下，更清楚了："根据英国《经济学人》2010 年的统计，法国总统萨科齐年薪约 30 万美元，是该国人均 GDP 的 8~9 倍；美国总统奥巴马年薪约 40 万美元，为该国人均 GDP 的 5~10 倍！"[①] 其实，高薪不仅保证了公职人员的廉洁自律，更能吸引精英人才到政府任职。正如李光耀所说："如果我们所付出的工资无法和私人部门相比的话，我们所得到的将是别人剩余的。"[②]

新加坡还建立了完善的中央公积金制度。1955 年，新加坡开始实施中央公积金制度，同年 7 月 1 日成立了中央公积金局，专门负责管理公积金。目前，新加坡中央公积金制度要求包括公职人员在内的所有受雇的新加坡公民和永久居民必须把一定比例的薪金缴纳为公积金。尽管新加坡的中央公积金制度不断完善和扩展，但是"中央公积金局一直恪守其成立之初的原则，那就是确保每个新加坡人在晚年时能够实现经济上的独立"[③]。新加坡公务员的薪资水平非常高，因此公务员的公积金缴纳率也就很高。公职人员的职位越高，工作时间越久，公积金积蓄就越多。政府规定，公务员在退休以前不能随意支取公积金，但是可以使用公积金购买房屋、医疗保健、家庭保险或支付子女的教育费用等。如果一个公务员在任期间一直廉洁奉公，到退休时就有一笔相当可观的存款，足以保障其退休后全家人的生活。但是，如果在职期间有贪污受贿等不法行为，不仅会被开除公职或判刑，还要没收在职期间缴纳的所有公积金，致使晚年失去生活保障。这种具有新加坡特色的中央公积金制度，不仅是保障公务员经济收入、促进公务员廉洁奉公的一种手段，又是有效制约公务员行为、提高其贪污腐败成本的一个策略。

四、现存问题及发展趋势

长期以来，在人民行动党的领导下，新加坡国家安定、经济发展，特别是政府长期做到廉洁高效，这是世界很多国家尤其是亚洲国家和地区学习的榜样。目前，新加坡的廉政体系相当完善。对新加坡来说，关键的是人民行动党在执政的过程中继续提高执政能力，保持社会廉洁。但是，近年来新加坡民众对人民行动党多有质疑。特别是 2011 年新加坡大选，人民行动党虽然以 81 个直选议席再次获得胜利，但是反对党工人党历史性地取得另外 6 个议席的胜

---

① 李爱明：《被误读的高薪养廉》，《华夏时报》2011 年 7 月 18 日。
② 新加坡《联合早报》编：《李光耀 40 年政论文选》，现代出版社 1994 年版，第 489 页。
③ 张恺悌、罗晓晖：《新加坡养老》，中国社会出版社 2010 年版，第 77 页。

利；另一方面，人民行动党以 60.14% 的得票率创下 1965 年以来最低水平。李显龙总理称，人民行动党将改善其执政方式。

选举结果折射出了民众对人民行动党的诸多不满。第一，民众不满人民行动党的威权主义作风、限制言论自由、控制国会和政府。有选民表示："人民行动党政府是负责任的父亲，但过于严厉。总是自认为是精英，比你更懂得你的利益在哪，他们为你决定、照顾你。当你天真不懂事，你需要父亲为你做决定；但是你成人了，你自然需要他尊重你。"[①] 也就是说，越来越多的民众要求人民行动党在制定决策时要多关注人民的呼声和感受。第二，收入差距拉大引起民众的愤怒。新加坡的经济发展增长迅速，但是普通民众的收入水平增长缓慢，通货膨胀率更是高于民众的收入增长水平。特别是总理和高级公务员的工资水平远远高于普通民众。2011 年大选中，工人党的支持者就拉起牌子表示抗议："部长薪水几百万，做满一届花不完，人民只能苦命干，手握铁锤跟他算。"[②]

人民行动党要继续长期保持其执政地位，必须与时俱进，转变执政风格和方式。政府精英分子在决策的过程中，以经济发展、社会稳定、国际影响为导向，更多地考虑和照顾基层普通民众的利益和感受，不但要注意拓宽民意表达渠道，保障民众的政治权利和自由，鼓励民众积极参与政治过程，还要注重利益均衡，改善民生，服务大众，注意提高普通民众的工资水平、生活水平和社会福利。当然为了生存和发展，人民行动党适时调整发展方向是在所难免的，但是其建设一个更为公平公正、廉洁不贪的社会的使命是永恒的，是必须坚持的，转变发展方向也是更好服务于这个使命。

五、小结

总的来说，新加坡廉政建设走的是这样一条道路，即领导人高度重视反腐倡廉，通过廉政文化教育和高薪待遇降低腐败需求，通过高效独立的反贪机构和多层次的监督机制减少腐败机会，通过轻罪重罚提高腐败成本。根据国际透明组织多年的"腐败印象指数"排名，新加坡清廉指数近 10 年来稳居亚洲第一，在世界排名也几乎是紧随丹麦、挪威、芬兰等北欧国家之后。从某种意义上说，正是民本务实的政党、廉洁高效的政府创造了新加坡发展的奇迹。

---

① 李文：《新加坡大选：威权模式变脸》，《人民论坛》2011 年第 16 期。
② 吕元礼：《新加坡治贪为什么能？》，广东人民出版社 2011 年版，第 189 页。

瑞士廉政建设概况

我们要避免我们的义务与我们的利益发生冲突，避免从别人的灾难中企望自己的幸福。

——瑞裔哲学家让-雅克·卢梭

我们应当在不同的岗位上，随时奉献自己。

——德裔瑞士作家赫尔曼·黑塞

作为全球最富裕和生活水平最高的国家，瑞士展现给世界的不仅是它发达的经济和优美的环境，更有它高度廉洁的政府。根据最新公布的"2013 年全球清廉指数"报告，瑞士排名全球第三，是世界最廉洁政府的代表。而它廉政建设的经验和历程，对其他国家的借鉴意义不可忽视。

一、历史背景与政治文化

1. 历史背景

瑞士全称瑞士联邦，位于欧洲中南部，与德国、法国、奥地利、意大利以及列支敦士登接壤，首都伯尔尼。瑞士以其高度发达的金融业享誉全球，国家经济竞争能力极强，人均国民生产总值长期位居世界领头地位，瑞士银行、瑞士钟表等已成为瑞士经济世界影响力的标签。同时，瑞士也是当今世界最宜居的国家之一，旅游资源十分丰富，环境优美，社会保障极其完善。正是因为拥有如此多优越条件，瑞士被赋予"世界花园"、"金融之国"、"欧洲乐园"等美称。瑞士的廉政建设水平之高也是世界闻名，这种廉政的状态对瑞士来说似乎是伴随着它的文化与生俱来。

由于瑞士的永久中立国的性质，两次世界大战均没有把瑞士卷入其中。战后的瑞士极大地受益于美国援助欧洲的"马歇尔计划"，其金融业在欧洲重建的过程中迅速发展起来。伴随着经济的高速发展，作为世界金融中心的瑞士由于瑞士银行的"独特权力"，在自身清廉的同时，又成为世界其他国家政府反腐的一个大难题。世界上，每年有大量的经济腐败案件牵扯到瑞士银行。但不得不说明的是，这些经济腐败案件并没有使瑞士政府自身沾染上太多的腐败问题。

2. 政治文化

瑞士联邦现行的政治体制为委员会制，在世界政治制度构建中，独树一帜。联邦政府采取"三权分立"的原则组建，由国会、瑞士联邦委员会和最高法院组成，三者权力相互制约、相互补充。同很多发达的西方国家一样，权力的分立和制约同样是瑞士反腐的基石。

瑞士国会采用西方民主最为流行的"两院制"，由上议院和下议院组成。上议院又称联邦院，共有46名代表，每个联邦州拥有两名代表，半州则为一名。瑞士联邦国会是国家的立法机构，负责制定审议并通过法律，但与一般的西方民主制国家相左的是，由于瑞士一直遵循直接民主的原则，公民的倡议权和复议权也分得了部分国家立法权。瑞士的直接民主在反腐建设中的作用不容小觑，这是瑞士政治文化中不同于其他国家的重要特征。

瑞士联邦委员会是国家的行政机关，共由7名委员组成（图6）。比较特别的是这7名委员拥有相同的地位与权力，均为政府各部的部长。瑞士联邦总统由瑞士国会选举产生，任期一年，一般由瑞士联邦委员会的7名成员轮流担任。虽名为"总统"，但其并没有像美国总统那样具有巨大的权力，在更大的意义上，瑞士联邦总统只是一个单纯的委员会会议的主持者和国家的对外代表，没有任何与委员会其他成员不同的权力与地位。委员会制度使得国家权力难以集中到个人的手中，集体协商成为决策的基本原则，这在很大程度上起到了预防腐败的作用，同时也有利于政府机构内部官员的互相监督。

图6　图中包括瑞士联邦委员会成员和一位秘书长

二、历史上腐败高发期与集中治改

由于瑞士长期以来的"直接民主"有着很好的传承性，瑞士政府从其建立的那刻起，似乎对腐败有着天然的免疫力。所以，没有直接的证据证明瑞士曾经在历史上有腐败比较集中的时期。但这并不代表瑞士历史上就没有发生过腐败案件，腐败问题的复杂性也因此而显现。

比较著名的如发生在1988年的"脏钱洗刷"案，瑞士第一位女联邦委员伊丽莎白·柯普夫人因此案于1988年12月2日被迫宣布辞职。在一起涉及美国、瑞士和意大利的国家贩毒洗钱集团的案件中，柯普夫人因为其曾经担任涉及案件的一家公司的副总经理而受到影响。为了维护政府的威信，柯普夫人最终选择了辞职。

1995年8月，苏黎世发生了一名官员收受价值120万美元贿赂的案件，最终这名官员被判处5年监禁，涉案的四名商人也受到惩罚。

纵观瑞士的历史，我们可以发现，其政府的政治传承一直比较稳定，没有出现过太大的政治波动。瑞士的政治架构在其建国的时候就被很好的设计，使得腐败问题并没有随着国家的发展而出现加剧的趋势。

三、现行廉政建设特征

腐败是当今世界每一个政府都不得不面临的一个实际问题，反腐更是成为一个世界性的政治话题。反腐败工作不仅仅关系着一个政府的形象和在人民心目中的地位，更影响着这个国家的行政效率和社会公平，甚至直接影响社会的稳定和民心向背。作为世界上最廉政的政府之一，反腐工作一直是瑞士联邦政府关注的重点，瑞士廉政建设的经验更是值得我们深思。那么，瑞士联邦政府又是采取了何种机制和措施建设廉洁政府的呢？

1. 广泛的民众参与和公民的社会责任感

没有监督的权力是腐败滋生的土壤，廉洁政府的建设更是离不开公民监督。瑞士廉政建设的最基本经验就是公民的广泛参与政治，可以说，瑞士是世界上公民政治参与度最高的国家之一。

瑞士公民的政治参与热情最根本的来源是对于平等、自由和民主价值的追求。在瑞士公民的眼中，关心国家政治和政府的建设运行是每一个公民的责任，这体现了一个公民对于道德和责任的追求。瑞士公民参与政治和公共事务的权利受到宪法的保护，是一项基本的人权。通过公民积极有效的参与，从制约权力、重塑公信力、构建透明政务等方面推进了瑞士廉洁政府建设，从而使该国能一直保持在世界上最廉洁的国家之列。[①] 政府是公民的政府，政府为它的人民服务，因而政府的事情就是公民的事情，没有一个廉洁高效的政府就没有瑞士公民公平自由的生活。在瑞士，公民的高度参与使政府把社会上的监督力量和建言献策的能力发挥到极致，政府的工作不仅仅是政府官员的事情，更是成为整个社会共同参与的生活。

公民倡议和公民复决就是公民政治参与手段的典型代表。所谓公民倡议，就是指任何公民、团体或者政党只要在 18 个月内获得 10 万人的签名支持就可以对修宪、在联邦政府决策中增加条款、制定法律等政治行为发起全国性的公民倡议。一旦达到法定的要求，联邦政府就必须做出认真且负责的回应，必须将公民的倡议当作政府性的议案交予议会审议。公民复决是瑞士直接民主的直接体现，瑞士联邦宪法规定，当公民对联邦法律、法规以及 5 年以下的国际条约有异议，在 90 天之内组织到 5 万人签名，或 8 个州联名，即可要求公民举行表决。通过这两种形式，公民实现了对国家立法权的监督，这是公民监督政府权力的一个重要方面。

2. 完善的法律和制度建设

法律和制度是最客观和最无私的审判官。法治优越于人治最根本的原因就在于法治不会受到人类主观因素的干扰。从理论上来说，只要法律和制度足够完善和相对的无懈可击，就可以成功的防治腐败。为了保证政府的廉洁性，瑞士联邦政府针对公务员制定了严密的法律和制度网络。

《联邦委员会和联邦行政机构组织管理法》和《联邦公务员章程法》就是瑞士联邦政府防治腐败的典型法律文件。在这些约束国家公职人员的法律中，细致地规定了公务员应如何在自己的工作中远离腐败。这些规定往往是极具有针对性的，几乎所有易产生腐败的事项在法律中都做了严格的界定。如，法律规定的近亲（包括直系亲属、配偶、四代以内的旁系血亲、姐妹的配偶、兄弟的配偶、螟蛉关系的亲属等）均不得同时在联邦委员会任职；公务员之间也不得有上下层级关系的近亲，不仅是隶属关系，近亲之间甚至不能存在直接的工作关系。同时，在工作过程中，公务员必须投入全部精力，更不得觊觎他

---

① 田湘波：《瑞士：公民参与助推廉洁政府建设》，《检察日报》2011 年 12 月 13 日。

人更高的收入，任何接受或索取各种馈赠和任何好处的行为都将受到严惩。同时，公务员兼营副业在瑞士也是被禁止的。瑞士法律规定公务员不得经营工商业或兼任营利性职务，甚至公务员的家庭成员也不得从事卖酒和开餐馆、咖啡馆等商业活动。这样详细而近乎苛刻的规定基本上可以杜绝官员任人唯亲的可能性，进而达到预防腐败的效果。

除了法律，瑞士在制度层次的反腐措施也是十分健全的。如，从公务员的培养和选拔开始，就十分注重廉政工作。在瑞士，公务员上岗之前都要有很长一段时间的培训，这个培训不仅仅要教会他们如何做好自己的工作，更是要培养他们清正廉洁的观念和习惯。瑞士的公务员制度初建于1924年，为了适应政府组织机构增多和劳动立法完善的现实需要，瑞士联邦政府于1927年制定了《联邦公务员章程法》，并设立联邦人事局，作为主管人事工作的专门机构。此后，《联邦公务员章程法》经过1979年的修改，作为联邦议会审议通过的全国性法令公布实施。其实，不仅仅在瑞士，西方国家对于廉政的制度建设一直有其一套较为统一的理念。美国、英国、瑞士、芬兰等国针对公职人员都有着具体详细的行政道德规范，并形成一些通行的标准，主要包括：严禁在公务活动中收受礼品；严禁经商谋利；限制公务之外的其他活动；禁止公职人员利用职务谋取私利；严禁不正当使用政府资信；严格申报财产收入；对离职人员的限制；回避制度；等等。[1]

3. 高水平的公务员待遇与严格纪律并行的小政府

高水平、高层次的人才往往需要高水平待遇的工作，如果公家公职人员的待遇水平太低就无法吸引到高层次的人才，瑞士人相信这条规律。瑞士人认为，公务员待遇的高低是直接影响公务员队伍质量的重要因素。只有给予优厚的待遇，再以完善高效的法律加以约束，才可以保证公务员队伍能够不断吸引这个社会上最优秀的人才，并让他们安心地从事于国家的工作。从国际上来看，"高薪养廉"这一政策虽然有它的局限性，但却不失为一个防治腐败的有效手段。从人的需求层次上来讲，只有最基本的物质需求得到满足，人才会去向往更高的精神需求和道德需求。相反，如果一个公务员连自己的生活都不能得到保障，当面对可以给他带来财富的权力时，很难保证他不会以权谋私。瑞士公务员待遇十分丰厚，这种丰厚不仅体现在工资水平

---

① 苗佳瑛：《当代西方国家反腐倡廉制度建设研究》，《北京行政学院学报》2010年第6期。

上，更是体现在各种福利待遇上。集中来讲，可以总结为"一高三多"。所谓"一高"，即是指工资高。而"三多"是指补助多（结婚、生子、生活孤独、病残、住房、搬家等均可享有政府的法定补助）、津贴多（因公务旅行、工作地点、工作时间不正常而产生的开支增加、加班、兼职等，可以享受法定津贴和补助）、实惠多（公务员的伤残病亡，均享受较高的待遇）。在这样优厚的待遇下，相信一定会有不少人的物质需求得到满足，进而打消以权谋私、贪污腐败的想法。

当然，公务员要保证廉洁是享受相关待遇的前提。瑞士人民相信，既然公务员用纳税人的钱来支撑其较高品质的生活，那么公民就有权力要求公务员廉洁奉公。而这种廉政理念在瑞士公务员的相关法律中有着明文规定。瑞士的公务员法要求本国公务员要忠于职守，恪尽职责，一言一行均应符合国家利益，这是公务员的基本义务和道德底线。瑞士公务员违反廉政规定的代价也是很大的，知法犯法、玩忽职守，甚至是无意的失职行为，视其情节轻重，都要受到严厉的处分或制裁，而对于公务员违法行为造成的相关损失，涉事公务员都要承担相应的政治经济责任。瑞士公务员法律对公务员违纪行为和"违反职务或职业义务之罪"都有详细明确的规定。如，利用职权谋取私利或损害他人的行为，要被判处5年以下有期徒刑；公务员、司法人员、仲裁人、官署委托之鉴定人、政府翻译，若"以将来采取违背职业义务的行为"来索取和收受好处视情况予以相应处罚，尚未形成违法犯罪事实的，要处3年以下有期徒刑，已出现违法行为的，则要酌情判处5年以下重刑或1个月以上的轻刑；已离职的公务员，其违法行为不会因为其离职而免受处罚，只要其腐败行为被发现，就要承担相应的法律责任。

除此之外，瑞士政府是一个典型的"小政府"，在高薪和严纪的原则下，尽量把人数削减到最低限度。瑞士政府只有7个部，它们包括：外交部、内务部、财政部、经济部、运输能源部、军事部和司法警察部。因为政务繁杂，除外交部外，各部实际主管的业务比其字面意思包含的内容要多得多。例如军事部，除主管国防事务外，还要管理民防和体育两项大事。再比如内务部，它同时要主管文教卫生、妇女儿童、工会社团、福利和社会保障以及建筑等行业。瑞士这个"小政府"，不但可以保证办事效率，更可以有效防止彻底推诿的现象。7位部长各司其职，尽心尽力，又互相配合，通力合作，把瑞士治理得有条不紊，井然有序。[1] 与联邦政府相似，州政府和市镇政府也遵循这一原则，小而精的政府不但保证了效率，也保证了公职人员无法推脱责任，对政府廉洁程度的保持也有一定的促进作用。

4. 廉政文化建设

当廉政建设和反腐败成为整个社会的共识，廉政文化的氛围也就逐渐开始形成了。法律和制度的反腐实际上是一种被动式的反腐，它们的重点在于利用外力来遏制腐败。廉政文化的建设则是一种内在的反腐，官员自觉地抵制腐败，在内心上排斥腐败，廉洁奉公成为追求高尚人格的组成部分已经是廉政建设的最高境界。

高度发达的教育和严格的律己精神使瑞士人拥有把廉洁奉公的精神内化为道德要求的力量。在瑞士，一个人的腐败行为足以说明他人格的不完善，腐败行为不仅仅是一种违反职业道德的行为，更是一种有辱人格的行为。这种文化氛围使得腐败行为无处藏身。在瑞士，给公职人员"送礼"被当作一种侮辱当事人人格的事情。不但社会公众这么看，即使是被送礼的公职人员也相信这是行贿者对自己的不信任，是对自己人格不放心的表现。所以，在瑞士，送礼不仅不能打动公职人员，往往还会起到相反的作用。每一个瑞士人从小就接受了这样的教育：要依靠自己的努力获得自己想要的一切，依靠不正当的手段获取利益被视为卑鄙肮脏的行为，为社会所不齿。一个人一旦有了不良记录，就会跟随其一生，影响其一辈子。[2] 所以，每一个公民从小就在高度廉洁的廉政文化氛围中长大，廉洁奉公，抵制腐败成为每个公民的习惯。一个公职人员一旦被发现有腐败行为，所接受的不仅仅是公众舆论的压力和社会的职责，还要接受自己良心的拷问。在这种廉政成为良知，腐败遭人鄙视的文化环境中，廉政建设自然是事半功倍。

四、现存问题及发展趋势

当然，腐败问题的产生有其复杂性，即使如瑞士这种极度廉政的国家在反腐问题上也不能说没有一点问题。西方式的民主一大核心就在于代议制下的选举制度，基本上所有的重要职位都来源于选举。而西方式的选举最大的一个特

---

① 张志良：《瑞士的小政府》，《世界》2003 年第 5 期。
② 吴明华：《从英国、瑞士的社会管理、教育培训浅议构建和谐社会》，《公安学刊》2006 年第 6 期。

点就是离不开金钱的协助，如果想取得选举的胜利，必要的资本保证是不可或缺的。瑞士联邦议会的议员大多都是金融业的高层，而委员会的成员往往都是经济触角很广泛的商业巨贾。这些人一旦掌握了国家和地方政权，很难保证他们不会为了自己的利益而动用公用权力，而一旦这种设想成真，滥用权力和以权谋私的腐败行为也就在所难免了。

此外，瑞士公职人员的高福利政策也引来了社会一定程度的不满。为了反腐，是否有必要给予公务员如此高的薪酬和待遇也成为社会普遍讨论的问题。

五、小结

从整体来看，瑞士廉政建设的经验和成果是有目共睹的。瑞士廉政建设的措施和构建既有自己区别于其他西方国家的特色，也有很多西方国家廉政建设的共同点。

首先，权力的分立与制衡是西方国家廉政建设的理论基础。行政权、立法权和司法权的分立和相互制约，保证了没有不受监督制衡的权力存在。特别是对于行政权的监督更是廉政建设的重中之重，瑞士的委员会制度可以说在这方面的效率远远要高于其他西方国家。西方国家无论是总统制还是议会制，都会拥有一个总揽行政权力的职位出现，有的国家是总统，有的国家是首相，有的国家是总理。依据中央和地方相统一的原则，地方政府也是这种架构，从架构的本身来看，就无法保证行政首脑在政策制定的过程中绝对的不会以权谋私。但瑞士的委员会制度采取的这种民主决策的方式，使决策权来源于一个团体而不是一个个人，其架构更具科学性。委员会的组织构成与行为方式均体现出权力分享的特征，这一特征成为瑞士"共识民主"的精髓，也成为瑞士政治成功的保障。[①] 当然，效率方面的因素暂时不在考虑之列。

其次，公民和社会对于政府的监督是廉政建设的一个现实基础。相比于其他西方国家只能通过法院来申诉的情况相比，由于瑞士特殊的国情和直接民主的原则，瑞士公民所拥有的公民倡议和公民复决两项权利使他们在行使监督权的时候，更加游刃有余。

最后，在反腐的法律和制度建设、廉政文化建设和多层次政府架构方面，瑞士的廉政建设措施与其他西方国家有着很多的共识和相似之处。一般来说，

---

① 谭融、郝丽芳：《论瑞士"共识民主"模型》，《天津师范大学学报》2006年第6期。

细致透明的法律法规、强有力的公众监督和廉政文化建设的体系化是防治腐败、建设廉洁政府的通行做法。

　　瑞士政府作为世界最廉洁政府的代表，其廉政建设虽然因其具体国情而具有不可复制性，但其中很多理念和可以借鉴的措施对于其他国家还是有着很强的借鉴意义的。

荷兰廉政建设概况

最高贵的心，有着最高贵的满足。

——荷兰著名作家巴鲁赫·斯宾诺莎

一个钉子挤掉另一个钉子，习惯要有习惯来取代。

——荷兰著名哲学家伊拉斯谟

说到荷兰，人们首先想到的一定是漫山遍野的郁金香和海边高大的风车。除了发达的经济和美丽的风光，荷兰的廉政建设的成功同样闻名世界。荷兰现已成为世界上最廉洁的政府之一，在最新的全球清廉指数排行中，荷兰位列第七。反腐的成功必然有着强力的措施作保证，这些经验对于很多受困于腐败的国家来说是极其有意义的参考。

一、历史背景与政治文化

1. 历史背景

荷兰又名尼德兰，全称荷兰王国。荷兰王国的领土构成包括欧洲区和加勒比区两个部分，欧洲区即荷兰，加勒比区包括阿鲁巴、库拉索和荷属圣马丁三个小岛。荷兰的首都是阿姆斯特丹，阿姆斯特丹虽为首都，但主要的国家机关却都在海牙。1648年西班牙国王菲利普四世才签订《明斯特条约》，承认尼德兰七省联合共和国，近代荷兰形成。由于荷兰的工商业十分发达，早期荷兰的市政系统的腐败问题应该是存在的，但由于历史的久远这段历史已经难寻踪迹。

1815年，荷兰摆脱拿破仑法国的控制，取得了独立，领土包括今天的比利时和卢森堡。但比利时和卢森堡在1830年后相继独立，荷兰的领土范围基本确定下来。在第二次世界大战中，荷兰又被法西斯德国占领，直到1945年才重新取得独立。第二次世界大战后的荷兰经济得到高速发展，跻身世界富国行列。由于有着商业治国的传统和宽松的文化氛围，荷兰政府似乎拥有着反腐的天然属性，至今难以找到有关荷兰严重腐败问题的任何踪迹。

2. 政治文化

荷兰的政体为君主立宪制，国家元首为奥兰治·拿骚家族成员担任的世袭君主，像英王一样，荷兰国王也是名义上的国家最高统治者，并没有实权。荷兰的最高行政机关是内阁，并以总理为内阁首长统辖各部会。内阁由首相、大臣和国务秘书所组成，首相为内阁的领导人，12 位到 14 位大臣担任政府各部门的首长。由于相对稳定的国际环境和高度发达的经济，荷兰行政系统的内部氛围是比较宽松的，这也使得廉政问题在官员的人性层面上就得到了控制。虽然没有严厉的反腐措施和强力的反腐运动，但荷兰的廉政文化的作用保证了一切。

荷兰议会由参议院和众议院组成。荷兰议会虽然是立法机关，却与其他西方的议会略有不同。议会参议院有 75 名议员，由 12 个省议会的议员投票选出。参议院主要的职责是立法，但只能投票接受或反对一项法案，没有修正权。众议院有 150 名议员，通过选民直接选举产生，符合条件的公民都有投票权。众议院主要负责监督内阁执政及与参议院一起制定法律或法律修订案。众议院包括以下权力：预算核准权、向内阁质询权、动议提交权、法案初始权、立法修正权等，并负责向政府推荐最高法院法官人选。众议院具有最高权力，当针对某一事项与内阁产生矛盾时，众议院有最终裁决权。这种政治架构使得议会在廉政建设中的作用十分突出，而且由于议员与公民保持着紧密的联系，实际上议会系统起到了辅助公民监督政府的作用。

全国设 1 个最高法院，5 个上诉法院，19 个中级法院和 62 个基层法院。最高法院的管辖权主要集中于民事、刑事及税务相关的案例，而上诉法院有权把诉讼权移交给最高法院，法院系统在司法上给予廉政建设以司法保证。

二、历史上腐败高发期与集中治改

由于荷兰人独特的政治文化和生活理念，公共权力在荷兰人的概念中天生就不是什么特别追求的东西。荷兰有着很强的"重商"传统，在历史上荷兰人就以不关心政治而闻名。

从历史上看，由于荷兰商业发达，在这样的一个国家里，发生腐败问题的几率还是很高的。在英国和荷兰海上争霸期间，荷兰海军就发生过严重的腐败案件，海军的后勤补给领域出现问题，直接影响了荷兰海军的战斗力。

17 世纪，当荷兰还是世界的金融中心的时候，荷兰城市的市政系统就经常有腐败问题产生，但问题并不是很严重。荷兰的政治文化有很好的传承性，所以荷兰也未在历史上有过腐败行为比较集中的时期。当然，从过去到现在，荷兰虽偶尔爆发出腐败丑闻，但也一直保持比较清廉的总体水平。可以说，荷兰的廉政文化是从 17 世纪以后就传承下来的，至今也难以找到荷兰曾经发生过什么重大的腐败案件。

三、现行廉政建设特征

腐败是人类社会共同的敌人，在与腐败做斗争的漫长历程中，国际社会特别是西方发达国家探索形成了一些主要的反腐败理念，并在实践中得到成功运用，取得了反腐倡廉建设的显著成效。[①] 对于欧美国家来说，其反腐廉政建设既有共性也有各自独特的特点。严密的法律法规、权力的分立与制约、透明政府、高薪养廉等都是政府预防和惩治腐败最核心的手段。荷兰既然能取得如此高的廉政建设成就，其采取的反腐措施必然有着与其他成功国家相似的地方。但作为一个很有特色的国家，荷兰的反腐措施也有着自己独特的经验。

1. 严密的监察体制

荷兰虽是君主立宪制国家，但国家权力架构还是按照三权分立的原则来建立的。议会、内阁和法院这三大机构相互补充、相互制约，而荷兰对政府和公务员行为的监察机构在这三大子系统中均有体现。在议会和政府之中，独立的监察机构的存在可以极大地降低腐败发生的风险，而法院本身就可以充分地保障公众监督权的落实。

在荷兰的议会系统中，监察专员和审计院是专门的监察机构。类似西方其他国家的监察专员制度，荷兰的监察专员也是独立于政府之外，对议会负责。监察专员的主要工作就是以客观的角度来评价政府的行为，保证政府的廉洁。监察专员也有义务受理来自民众对于政府部门或者某个政府工作人员的投诉，是议会和民众监督政府的重要保障之一。审计部门是国家对公共部门进行经济审计的专门监督机关，它对于监督公共部门及其领导人正确运用权力，保证国有资产使用的合理性、合法性，促进干部为政廉洁，预防和打击职务腐败行

---

① 熊国建：《国际反腐败主要理念对我国建设廉洁政治的启示》，《领导科学》2013 年第 12 期。

为，起着不可替代的作用。① 荷兰审计院负责对政府的财政行为进行专业的审计，虽然荷兰的议会对政府的财政具有审议和表决权，但毕竟议会不是专门的审计机构，而且也不可能详细地了解政府每笔花销的去向。审计院的工作就是为议会对政府财政的监督提供技术上的保证，审计院对政府的财政进行专业的审计，再将审计之后的数据进行分析，为议会的监督提供技术保障。

行政部门的监察机构是内政部和司法部，而且各部门的部长对于本部门的工作人员的腐败行为负有责任。内政府负责对公务员队伍进行管理，而廉政建设是他们的工作重点之一。司法部则负责对公务员腐败行为的调查，拥有较大的权力。当公务员的腐败行为被发现后，也是由司法部向法院提起公诉。

为了保证腐败行为得到确实的查处，荷兰的法院系统有行政法院这一专门的分类。荷兰的法院包括普通法院和行政法院两类，前者受理一般案件，而行政法院则是专门受理和审判公民或者社会机构对政府侵权行为的起诉。

2. 独具特色的公务员制度

通过各种形式的综合改革，力争使腐败的空间压至最低，是各国反腐的共同选择。② 相比其他西方国家，荷兰的公务员制度虽有着很多的共性，但处处透露出与众不同。当然，每个国家都有着自己独特的历史文化传统和社会通行价值观念，对一个国家制度的复制是不可能取得太大成功的，但一个成功的制度带来的启发往往是另一个成功的起点。

从数量来看，统计数字显示 2012 年荷兰共有 106 万名各级政府公务员，而荷兰人口总数多年来一直保持在 1700 万人左右，也就是说荷兰的公务员人数约占总人口数的 6%，而在这些公务员中近 10% 的人在中央政府直属机构就职。可以说，整个荷兰的公务员数量相对来说还是比较庞大的，因此要管理数量如此庞大的公务员队伍，没有一套标准可行的制度是不行的。

在公务员录用方面，荷兰没有统一的公务员考试，而是采用内部招聘这一独特的方法。对于那些想获得提升或者转换工作的人来说，内部招聘给他们提供了绝佳的机会，这种方式使得公务员在职位流动上获得了一定的自主权，具有很鲜明的特色。对公职招聘采用类似企业招聘的方式，在世界上也属特别。因为一般来说，公职人员工作岗位的变动往往只能依靠奖惩升迁或者社会化考

---

① 张雄飞、赵秋霞：《关于强化反腐监督机制建设的思考》，《学习论坛》2004 年第 4 期。
② 曾亚波：《后危机时代的国际反腐》，《廉政瞭望》2011 年第 1 期。

试的放弃，而荷兰特立独行。如果在规定期限内没找到合适人选，才会采用对外公开招聘的方法。对于招聘进来的工作人员，荷兰的制度也是十分特别的，荷兰的临时性公务员和获得终身签约的公务员在福利和待遇上是没有任何区别的。也就是说，无论你选择签订临时性的合同还是终身合同都不会影响到你的升迁奖惩。

荷兰也对公务员进行制度化的管理。《公务员集体劳动协约》是规定和制约公务员的主要法律法规依据，它对公务员的工作时间、假期、患病、权利与义务以及工资级别等方面有着详尽的规定。对于公务员行为，《公务员集体劳动协约》有着详细的规定，如只有在征得上司许可的情况下，公务员才可以接受价值50欧元以下的礼品，而超过50欧元则是要禁止接受的。其对于公职人员行为的规定，已经具体到详细的数额等这些细微方面，可见规定之细致。

与西方国家奉行的"高薪养廉"不同，荷兰公务员的工资水平不能算作是特别高。在荷兰国内，一般公务员的工资甚至比不上一些基础工作的薪水高，很多公务员甚至把自己的公职当作一项兼职来做。荷兰公务员的工资标准共分18级，而每一级又可细分为10到13阶。就实际运行来看，每级之间的提升幅度都不大。举例来说，第一级工资在1467~1819欧元，第十级提升到2397~3852欧元，最高的18级，已经是高达6530~8541欧元。中低层的荷兰公务员的工资性收入是比较低的，只有较高层的公务员工资收入较高。当然，必须注意的是，荷兰公务员的工资水平相比西方其他国家普遍推行的"高薪养廉"政策所制定的工资水平，并不算高。而实际情况证明，高薪养廉政策是有一定效果，但不能根本解决问题。不少情况是事与愿违，高薪并没有达到养廉的目的。[①] 可以说，荷兰的"低薪养廉"政策带给我们的思考还是很有冲击力的。

从整体来看，荷兰公务员政策强硬的政治手段相对较少，而是一种充满人本主义的架构，处处体现着以人为本主义的国家核心价值理念。近年来，荷兰政府开始尝试把某些私有化企业的竞争机制，逐渐地引入公务员培养和监督过程。但这些竞争机制相对而言也是相当温和的，荷兰民族的温和情调在公务员的制度构建中一直发挥着原则性作用。荷兰拥有极其完善的社会福利制度，这为荷兰独特的公务员廉政制度提供了物质基础。在雄厚的物质保障前提下，荷

---

① 吕鹤云、梁琴：《国际反腐斗争的新趋势》，《国际问题研究》2004年第5期。

兰还以个人为单位，以不同个体的具体需要为切口，从需求满足的角度提供个体性的反腐方案。当然，这一切的基础还是要从公务员的社会职业分类入手，在结合个体的前提下，科学地划定职级种类。把受雇者的受教育背景、职业经历等相关因素同职级岗位需要和收入水平有机地结合起来，实现了社会性的能、劳、绩形式上的统一。[①]

3. 公开透明的政府

在荷兰，公务员的公务支出受到严格的控制，而这种控制甚至已经延伸到小额支出的程度。除去政府全额报销的费用，在荷兰，凡是与公务相关的价值超过 50 欧元的花销其相关公务员都必须申报，包括礼物、宴请等。当然，荷兰也存在公务宴请的情况，但这种支出受到严格的控制。荷兰政府官员可以申请公款宴请，但标准必须低于 50 欧元每人，而且报销的手续十分繁琐，宴请人必须附上原始发票，说明宴请缘由、宾客名单和职务等。

网络作为一个快捷、高效、自由的公共平台，承载了公众对公权力的关注，并以其方便快捷、互动性强、信息容量大、传播速度快、意愿表达自由等特点，在加强公权力监督、促进反腐倡廉建设中日益发挥出犀利而独特的重要作用，成为当前一股新兴的不容忽视的反腐力量。[②] 对政府高官的公务花销，荷兰就充分利用了网络的力量。2013 年 2 月，荷兰政府做出了一项促进"透明执政"的决定，荷兰首相及全部大臣、国务秘书和高级官员的公务开支报销将全部放到网络上，接受民众的监督。

公开透明是为了方便社会的监督，只有对社会的监督具有保障的公开才是有意义的公开。为了充分保障民众的知情权，荷兰在立法等多层次采取措施，如重要的《信息自由法》就在荷兰公民对政府的监督中广泛发挥作用。在荷兰，如果有公民想知道一个官员的相关信息，可以依据这部《信息自由法》，向政府提出相关提请。因为法令明确规定，荷兰的公民、记者和研究人员有权查阅政府文件。在荷兰，媒体曝光和质疑官员的公费支出的情况也是不胜枚举。2013 年 2 月 11 日，荷兰安全与司法部国务秘书特文与两位议员共进晚餐，三人共消费 185 欧元；7 月 4 日，外交大臣提玛曼斯与其他四人共进工作晚餐，五人共消费 425 欧元等这些细致入微的小事都会在社会的监督之下。

---

① 张东升：《荷兰国家公务员政策评析》，《中国公务员》1999 年第 1 期。
② 史永铭、高立龙：《论网络反腐的监督功能》，《行政管理改革》2011 年第 11 期。

4. 自由平等的社会文化

一个国家的社会文化氛围和公民性格往往对廉政文化的形成起到决定性的作用。而荷兰可说是当今世界文化氛围最轻松、最自由的国度之一，这种特有的文化给廉政文化的建设以良好的基础。

以与腐败问题联系密切的"官员特权"为例，"特权"观念在荷兰基本不存在。荷兰宪法的第一条就规定："在荷兰，所有人都应在平等条件下受到平等待遇，不得因宗教、信仰、政治观点、种族、性别的不同或其他任何理由而受歧视。"在社会生活中，你也能体会到这种平等、自由、包容的文化。荷兰人不信任爱表现自我或爱出风头的人。荷兰警察在执法时，一般都会先摘下帽子，因为他们认为那样做可以与对方平等沟通。荷兰人坐出租车时，总是习惯于坐在司机身边，以示尊重。荷兰的很多有钱人则会取下爱车的 Benz 或 BMW 等象征身份和地位的标志，以免过于张扬。在荷兰，有句俗语，"举止正常，就够显眼的了"。的确，无论是政党、宗教、企业，"或者个人，没有谁可以凌驾于别人之上"[1]。

对于每一个踏上荷兰国土的人来说，你都有权利享受这种文化。每个城市政府办公楼都是完全开放的，你可以畅通无阻地走进市长办公室而不必担心安保人员对你的排查；当你在超市排队买东西或者在店铺接受服务时，工作人员根本不会有因为你是高官而允许插队的想法，按顺序排队是通行价值观；普通的百姓受邀参加部门会议的事情更是平常，公民甚至可以直接给该部门的部长提意见。在荷兰，很多人甚至把公务员当作一项兼职来做。因为在荷兰人的眼中，国家公职和公司职位并无不同，都属于契约精神的范畴。即使是担任过首相的人，在离职后，也绝没有任何特权，周围公众也不会因为其做过首相而对他另眼相看。

荷兰的这种崇尚平等、淡化特权的文化氛围本身就是一种良好的廉政文化。在一个公务员眼中，他所作的公职和在公司中的职位并没有本质的不同，都是属于依靠劳动拿取报酬。一个人的社会地位绝不会因为他是公务员而有任何的提高。

---

[1]　戴万稳：《认识荷兰：荷兰社会文化探析》，《中国人力资源开发》2005 年第 5 期。

四、现存问题及发展趋势

当然，荷兰的廉政建设也不是那么的完美，其存在的问题还是比较多的。如政府不当行为和贪腐人员的举报人的安全和权益长期得不到保证，这一问题充分表明了"沉默文化"在荷兰还是很有市场的。所谓"沉默文化"是指因为社会广泛存在因惧怕遭到报复，而对腐败和违法行为视而不见的普遍的社会价值观。强大的公民社会和成熟的公民文化环境是廉政建设的社会基础。在一个民主法治观念淡薄、政治参与冷漠、权利意识空白、自主精神缺乏的臣民文化环境中，不仅不能够对权力形成有效的规范和制约，预防和遏制腐败，而且客观上还成为腐败滋长蔓延的温床。[①] 相比于公民参与度高的国家，荷兰公民的政治参与的积极性显然不是很高。当然，这种"沉默文化"的产生与荷兰政府缺乏相应的制度建设有很大的关系。

而为了解决这一问题，荷兰政府和议会也在采取措施，纠正这一不正确的社会风气。荷兰的社会党就针对这个问题专门提出过议案，希望通过立法的手段保证公民的权利。对于社会党的这一议案，荷兰第二议院的大多数议员都表示了强烈的支持。这项保护黑幕揭发者不受威胁、报复、歧视、停职和解职的法案充分表明"沉默文化"已经引起了荷兰社会的警觉。

公众的参与监督的成本在荷兰也是十分高的，这在无形中减弱了公众对于政府监督的力度。公民固然可以按照《信息自由法》查看政府的行为，但是这个过程却需要付出相当高的经济成本。而某些政府部门也是利用这一点来掩护自己，毕竟，为了监督政府要付出巨大的经济代价，很多人还是无法接受的。

再如，荷兰公务员的低福利和高强度在带来廉政的同时，也引发了一系列的问题。作为社会的管理者和协调者，公务员责任和压力巨大，高素质的公务员是国家高效运转的基石。荷兰出现有公务员将公职作为兼职的现象充分说明，荷兰这种对公务员的低待遇已经影响到公务员的工作效率。如果，一个公职人员的生活都得不到保障，仅把公职当作赚外快的手段，其行政效率可想而知。而且，高素质的人才往往也会因为公务员的低待遇，而不考虑这一工作，这对政府吸引高素质人才损害很大。

---

① 张娟、朱运来：《廉政文化——有效反腐败的社会心理支持》，《理论界》2007年第10期。

五、小结

总体来看，荷兰的廉政建设是十分具有本国特色的。千百年来的反腐历程告诉我们，反腐不是空中楼阁，单靠行政措施的制约，反腐亦要润物细无声，这就是靠文化的力量，传达抵制腐败的声音，孤立腐败者，限制腐败现象的蔓延。[①] 荷兰廉政建设最大的特点是其社会文化对腐败有一种天然的防御力。一般来说，自由平等的文化环境往往使人的道德境界在不自觉中获得提高。

在一个物质和文化需求都容易得到满足的社会，一个公职人员可能根本不会想到去通过贪腐的形式获得物质上的满足。俄罗斯总理梅德韦杰夫曾经表示，在一个年轻人都争当公务员的社会，腐败问题已经很严重了。这句话说得很有道理，公务员受到追捧的根本原因还是在于公务员能带来的高福利和高待遇。如果能从根本上将这一意识改变，使得社会形成公务员是一种"费力不讨好"的工作的意识，那么，我们有理由相信在获得公职岗位之前，这个公务员也不会因为过多的期望而产生腐败的想法了。虽然，荷兰对于公务员待遇处理的方式也带来一系列问题，但相比于新加坡等国家采取的"高薪养廉"政策，荷兰这种淡化公务员特殊地位的做法同样值得人们思考。

[①] 刘海明：《培育反腐的文化土壤》，《检察风云》2013 年第 6 期。

加拿大廉政建设概况

我唯一的希望就是多做贡献。

——加拿大援华医生白求恩

我看，真正干事的倒是些普普通通的人。

——加拿大科学家斯·里柯克

位于北美的加拿大是世界上最宜居的国家之一，加拿大不仅拥有壮丽的风景、丰富充足的资源和高度发达的经济，其高度廉洁的政府也是广受赞誉。在历年"全球清廉指数"报告中，加拿大总是能作为最廉洁政府的代表名列前茅，加拿大连续 7 年位居世界"前十"，稳居美洲国家和七国集团之首。一个廉政建设成功的国家，必然有着一套成功的反腐制度和理念，而加拿大廉政建设的成功完美地诠释了这一点。

一、历史背景与政治文化

1. 历史背景

1867 年，英国政府通过英属北美法令，将加拿大省、新不伦瑞克省和诺瓦斯科舍省合并为一个联邦，加拿大取得自治领地位。此后，西北地区、不列颠哥伦比亚省、爱德华王子岛陆续加入联邦。随着联邦的领土范围的不断扩大，加拿大政府开始逐步加快对西部地区的开发。由于加拿大人口较为稀少，联邦政府掌握的权力也没有那么集中，因而，加拿大早期的政府并没有太多的腐败问题。

1931 年，加拿大成为英联邦成员国，获得了英联邦范围内的国家主权。同时，加拿大议会也获得了立法权，但修改宪法的权力还是由英国议会掌握。直到 1982 年，加拿大通过了一部不再基于英国宪法的本国宪法，并使得英国议会通过决议废止加拿大旧宪法，加拿大最终在事实上取得独立，成为一个权力完整的主权国家。在成为主权国家后，腐败问题开始在加拿大政府内部出现，特别是进入 20 世纪 80 年代后，虽然整体上较为清廉，但腐败问题一刻也没有离开过加拿大。

2. 政治文化

当代加拿大联邦政体是君主立宪制下的三权分立。加拿大的国家元首是英国国王，当今元首是英王伊丽莎白二世，但女王并不会真的到加拿大进行统治，而是选派总督代表自己统治加拿大。国家的最高行政长官是加拿大总理，总理也是内阁的主席，内阁成员是政府各部门的部长，由总理提名，总督委任。内阁成员除了担任政府各部部长外，还有向总理及总督提供有关国家不同事务的意见，以及作为政府和该政府部门的中间人的责任。除了内阁，加拿大总理办公室也是权力较大的行政机构，掌握众多的权力，包括发起立法提案、任命总督、省督、上议院议员、联邦最高法院大法官、国有企业以及政府机构的负责人的权力等。由于总理和内阁掌握较大的权力，一直以来，行政机构就是腐败问题的高发区。

议会掌握立法权，是最高立法机构，由女王（实际由总督代行）、参议院和众议院组成。但在实际的议会工作中，总督并没有实权，主要职责是召集和解散议会，签署议会通过的法案。参议院议员均由总理委任产生，并且有年龄和财产资格的限制。众议院议员由选举产生，总席位不得少于 282 席，具体人数根据总人口数进行推算得出。在大选中获得众议院多数席位的政党组成政府，该党领袖担任总理。与众不同的是加拿大总理和内阁成员也同时是议员，内阁集体向议会负责。加拿大的议员在加拿大实际的政治生活中担负着联系公民和政府的职责，是监督腐败问题的重要力量。

加拿大最高法院拥有全国最高司法管辖权，位于首都渥太华，加拿大刑事和民事案件的终审法庭。和其他西方国家相似，法院系统是加拿大反腐的重要组成力量。

二、历史上腐败高发期与集中治改

作为英联邦国家，加拿大这个国家历史比较短，其先天性的民主特性注定了其政府较高程度的廉洁。但和其他发达的英联邦国家类似，进入 20 世纪 80 年代后，加拿大的腐败问题开始加剧。虽然加拿大制订了大量的反腐败措施，在整体上也取得了较满意的效果，但加拿大的腐败问题还是时常出现。

举例来说，加拿大的保守党政府虽长期执政，但也深受腐败问题的困扰。

为了保证在 1988 年的大选中再度执政，加拿大总理马尔罗尼不得不将那些有腐败问题的部长裁撤下来。在被解职的 8 位部长中，地区工业发展部部长辛克莱·史蒂文斯就先后 14 次违反政府官员的规定，谋取私利。为了保证本党的廉洁性，保守党还限制史蒂文斯参加 1988 年的竞选，以改善保守党在民众中的形象。

20 世纪 90 年代后半期，自由党政府以增强联邦政府在魁北克省的影响力和促进全国团结为名，设立"赞助计划"，总数达 3.5 亿加元"赞助费"中有约 1.5 亿加元最后查不到下落。有证据表明，这些钱绝大部分被政府官员中饱私囊。而 2004 年，自由党政府因为腐败问题而被迫下台的事件进一步坐实了加拿大腐败趋势蔓延的猜测。作为加拿大反腐中流砥柱的皇家骑警也时常爆出丑闻。

2005 年，加拿大自由党政府因为腐败问题垮台。澳大利亚的三大反对派政党在议会推动通过了对政府不信任案，指责自由党政府存在严重的腐败问题，总理马丁（图 7）领导的自由党政府在执政近一年半后下台。2014 年 3 月底，阿尔伯塔省当选仅两年且颇为干练的雷德福德女省长宣布辞职，原因是她在前往参加曼德拉葬

图 7　加拿大前总理保罗·马丁，他的政
府因腐败问题于 2005 年被迫下台。

礼时，乘坐头等舱，花费了纳税人 45000 加元，致使舆论和党内追责，而不得不辞职。

可以说，加拿大的反腐状态就是"整体局面良好，局部问题不断"。

三、现行廉政建设特征

反腐机制决定反腐效率，对于一个国家的廉政建设来说，廉政机制的设计和运行是廉政建设的基础。总体来看，加拿大反腐机制主要由严密的监督体系、反腐败专门机构和完善细致的反腐法律法规组成。

1. 严密的监督体系

对权力的良好监督是西方民主的精髓，不接受监督的权力几乎必然产生腐败行为。加拿大为了防治腐败，所建立的监督网络可谓是十分严密。从议会、政府和最高法院之间的相互监督到政党、利益集团的相互监督，从新闻媒体的监督到普通公民的监督，形成了一套政府内部和政府外部相结合的监督网络。

（1）议会对政府的监督

加拿大国会对于政府的监督主要由两部分组成，一部分是国会及其议员对政府官员的监督；另一部分是国会附属的专门监督机构。加拿大联邦议会对政府的监督主要体现在两大方面：工作监督和法制监督。工作监督主要是针对具体行政行为所进行的经常性的了解、评价、检查与处理；法制监督包括严格依法定程序进行违宪检查和督促执法，目的在于维护法制的统一、促进依法行政。[①] 而国会议员也会在本选区起到监督政府的作用，因为议员想要获得支持就必须倾听民众的声音，争取民众的支持。在这个过程中，民众就可以向议员反映自己遇到的政府腐败行为，议员就会利用自己的政治资源和影响力来惩治这些腐败行为。

审计署是对议会负责、独立于行政机构以外的监督部门，辅助议会监督政府的行为。加拿大审计署是一个全国性的反腐部门。联邦审计署负责对联邦政府各个部门和多数国有企业进行审计，如国家电视台、国家铁路公司、国家电力公司等。其审计工作由财务收支审计和绩效审计两部分组成，这两种分类对应政府的不同工作方案和不同项目。审计工作在反腐过程中占据重要地位，因为审计结果往往成为判断议员是否客观可靠的信息，这些信息保证了监督政府的客观性和效率，进而确保议会对于财政支出的确切掌握。为了确保审计工作的顺利开展，加拿大审计部门有权索取任何信息。审计署对议会负责，议会还有权对审计署的工作进行问责。审计部门主要是向议员提供客观、准确、可靠的信息，由议会行使监督政府的权力。另一方面，审计报告是公开的，民众可以看到，媒体也会报道，就会对政府形成舆论压力。审计报告出来后，提交到众议院公共账务委员会，由他们负责审议。他们举行公开的听证会，邀请审计人员和被审计单位参加。随后，公共账务委员会再向众议院提出报告。这个报

---

① 尤光付：《中外监督制度比较》，商务印书馆 2003 年版，第 64 页。

告提交后，政府必须在150天内做出回应。①

为了保证审计署的高效工作，审计署的工作人员都是由专业的财会和审计人员组成。而为了保证审计署的客观公正，其工作人员不能隶属于任何党派或者利益集团。审计署的最高长官是审计长，为了保证权威，审计长的任命和罢免程序十分严格。审计长拥有调取信息的权力和本署的人事权，有权要求政府提供审计所需的任何信息，而在用人方面，政府无权干涉。审计长的报告直接提交议会。每年审计长可以向议会提交4次常规报告，除此之外，审计长认为有必要，可以在任何时间提交特别报告。②

除了对政府及其相关单位的财政进行监督之外，行政监察专员也是议会专门设立的反腐职位。在加拿大，监察专员的权力十分广泛，可以调查省政府行政部门和公共保险、大学与学院事物、社会救济与社会服务、法人社团、文官委员会、准司法性质的团体部门，主要是监督政府雇员和官员的违法行为、渎职、玩忽职守和官僚主义行为以及不合理的行政程序、行政决定等。监察专员的工作方式除了对申诉案件进行调查，并同有关行政官员讨论如何处理申诉案件之外，还对各种案件写出年度报告和调查报告，向受监督的部门提出批评和建议，督导它们改善不良行为，提出某些法令和规则的修改建议。③

（2）反对党和利益集团的监督

多党制的好处除了保证政府能代表大多数人的利益和意愿外，另一个重要的作用就是各个党派之间的互相监督。这种党派的互相监督往往成为防治腐败的一个有效手段，因为，腐败问题经常成为一个执政党失去执政地位的原因。如果执政党内的官员有腐败行为，就会成为对手攻击的口实。在加拿大，除了下议院多数党的领袖成为政府总理，还有一个重要职位就是加拿大官方反对党主席，这个职位由下议院次多席位政党的领袖来担任。这个设置的最大目的就是保证执政党的权力受到制约，进而保证执政党的廉洁。如，在2005年炒得沸沸扬扬的加拿大自由党政府“赞助丑闻”案，就使得自由党主席保罗·马丁领导政府深陷危机，并最终失去了执政地位。

利益集团是西方政治中不可缺少的一个组成部分。虽然，利益集团的存在不像那些政府机构那么引人注目，但在处处是选举的西方社会，利益集团一直

① 高亮：《加拿大廉政体系建设的经验与启示》，海南大学硕士论文，2013年。
② 屠丽美：《加拿大审计署从不手软》，《环球时报》2004年7月5日。
③ 孙晓莉：《国外廉政文化概略》，中国方正出版社2011年版，第132~133页。

是政府工作的幕后推手。所谓利益集团，就是指有着相同或者相似利益诉求的人组成团体，利用团体的力量向政府施压，进而促使政府做出决策满足自己的利益。其实，西方的选举和利益集团的运作是密不可分的，被选举人要得到民众的支持就要有资金和人气上的保证，而这些是利益集团所拥有的东西。当代表某一个利益集团的议员或者官员上台后，持相反观点的利益集团往往会严密地监视其一举一动。因为，如果对手沾上腐败行为，不但官位不保，还会直接打击其所代表的利益集团的利益。

（3）新闻媒体的监督

媒体的性质决定了它既是啄木鸟，也是放大器。廉政监督既是一个系统内的工程，也是一个系统外的工程。如果只由政府部门间进行监督，很多贪腐案件极有可能容易大事化小，小事化了。或者说，很多人根本就会无视这些案件。而如果通过媒体让事件得以曝光，在全社会的舆论压力之下，这些案件才能真正得以解决。实际上，许多腐败事件正是借助新闻媒体的挖掘和报道，贪腐官员才最终被绳之以法的。

在加拿大，媒体对于政府官员腐败行为的曝光是得到社会支持的行为，新闻媒体的热门新闻也往往是对政府官员腐败行为的揭发。政府对于新闻媒体的管控也被降到最低，政府部门对新闻媒体的过渡干涉被认为是不恰当的行为。

（4）公民的监督

公民自觉地对政府行为进行监督是反腐廉政建设最有效、最基本的手段。加拿大公民对于政府行为的监督源于"人民主权"的思想，公民认为自己是国家的主人，政府是自己选举出来的，而国家运行所需要的财政也是公民纳税得来。因而，政府的行为接受人民的监督是自然而然的事情。

一方面，加拿大的"透明"政府建设充分地保障了公民对于政府的监督权。加拿大对公职人员的财产申报有着严格规定，涵盖范围包括个人、配偶、子女的财产、收入、债务状况。"财产"包括现金、存款、资本投资、股票、房地产、车辆等；"收入"包括工资、股息、银行利息、商贸收益等。从2004年起，加拿大政府就在官网上公布各部长、大使及其他高官的开支明细，接受公众的查阅和监督。[①] 同时，政府十分鼓励公民监督查阅政府公示的官员财产状况和政府的工作行为是否符合法定流程的规定。

---

① 崔向生：《加拿大反腐"透明"为先》，《公民与法制》2013年第6期。

另一方面，加拿大政府为公民监督提供了一整套制度性保障，以加强全社会反腐倡廉环境的构建。比如，加拿大针对重大腐败案件经常要开展"公共调查"，征询公民对于案件的看法并加强反腐的宣传力度。"公共调查"是加拿大民主文化的重要组成部分，也是加拿大反腐败的一项重要制度措施，它通过全面还原事实真相以彻底地揭露腐败，采取严肃的调查程序极大地威慑腐败和教育民众，通过公共调查活动推动法律法规的及时修订与完善，在反腐斗争中发挥着不可替代的重要作用。①

2. 反腐败专门机构

加拿大的反腐机构设置十分完善，可以说做到了面面俱到。对政府机构进行监督的专门机构就有道德专员办公室、廉政专员办公室、游说专员办公室、信息专员办公室、巡视专员办公室等。皇家骑警反贪处则是加拿大警察力量专门负责反腐工作的部门。

加拿大廉政体系建设的特点之一是，每一个廉政机构的设立都是为了执行相关的廉政法案，而每一个廉政机构在廉政建设中的权限、作用以及对谁负责等都是由相关的法案确定的。② 道德专员办公室、廉政专员办公室、巡视专员办公室、信息专员办公室和游说专员办公室一起组成了对政府行为监督的严密网络，它们根据法律法规所规定的职责范围，互相分工，互相补充，在不同的层次和领域监督政府。道德专员办公室主要负责对高官和议会议员的监督，其权力相当大，可以对高级官员直接提出问题并要求他们回答问题，甚至还有搜查高官办公室和文件的权力；游说专员办公室负责监督政府官员、议员的游说行为，因为在西方政治生活中，游说活动可谓无处不在，是监督的重点区域；廉政专员办公室则是预防性的监督部门，主要负责监督公职人员从政道德方面的问题；信息专员办公室负责政府事务信息的公示，公民监督政府的信息来源；巡视专员办公室其职能是受理公众对政府机关不良行政行为的投诉，借由公民的监督提升政府的廉洁程度，进而提高政府的管理水平和服务水平。为了保证监督部门的公正性，这些机构都对议会负责，独立于行政部门之外。

加拿大皇家骑警（骑警标志见图8）针对警察机关内部贪污贿赂犯罪等上升的趋势，于近年成立了反贪处，专门负责调查对本部门雇员贪污的投诉及管

① 陈群民、李显波：《加拿大反腐经验对我国反腐倡廉的启示》，《探索与争鸣》2011年第6期。
② 刘长江：《加拿大的道德专员公署》，《群众》2012年第2期。

理和监控有关情报。反贪处共有 7 位高级调查员，主动关注警方内部有组织犯罪行为。组员对毒品、严重罪案、内务及犯罪情报，均具有一定的调查经验。其调查范围包括：公职人员有违诚信、妨碍司法公正、滥用资料、发放资料作犯罪用途、贪污贿赂、盗窃及与毒品有关的

图 8　加拿大皇家骑警标志。加拿大皇家骑警是加拿大反腐机构的重要组成部分，但近些年其内部也颇受腐败困扰。

罪行。反贪处设有犯罪情报分析员，可以使用警方所拥有的专业追踪技术及卧底资源。[1] 可以说，加拿大皇家骑警是惩治腐败行为的主要力量。

3. 反腐法律法规建设

加拿大的反腐法律法规建设是其廉政建设的依据，细致入微的规定给廉政建设的具体工作提供了指南，既起到了提醒公职人员预防腐败的作用，也是法治理念的体现。联邦之外，一些省议会和政府也根据本省行政官员道德行为的实际状况，制定、颁布了地方性廉政制度。

要理解加拿大的反腐法律法规建设，就必须了解"利益冲突"的概念。所谓利益冲突，指代表公共利益的政府公职人员职责与自身追求的私人利益倾向的冲突。"利益冲突"概念最早就是由加拿大提出的，而据此制定的《利益冲突法》是加拿大反腐法律制度建设的核心法律，该法是一部专门针对公职人员利益冲突行为进行有效防治的法案。加拿大认为，公职人员必须百分之百地为国家利益或公共利益服务，不得以公职谋取个人利益，为此必须防止个人利益与公共利益可能发生的任何实际或潜在的冲突。[2]《利益冲突法》与《公共服务的价值与伦理规范》、《公职机关利益冲突和离职规则》、《外国公职人员腐败法案》、《公共服务雇佣法规》、《检举保护法》、《关于泄露内部信息的错误行为的处理方法》、《公共服务工作人员的关系条例》、《信息公开法》、

---

① 高亮：《加拿大廉政体系建设的经验与启示》，海南大学硕士论文，2013 年。
② 王辛敏：《加拿大政府官员预防腐败观察》，《中国监察》2008 年第 5 期。

《证人保护计划法》等法律法规相配合，共同组成加拿大防止利益冲突的严密的法律体系，有效地预防和控制了加拿大公职人员的腐败。

《利益冲突法》的内容十分丰富，共 68 个法律条文，包括前言和主体两个部分。前言涵盖了术语定义、适用主体、立法目的等内容。主体部分包括利益冲突规则、管理和执行制度、保密报告制度、公开声明制度、公共登记制度、行政货币惩罚制度、对前公职人员离任后的规定；专员的行政管理、立法与权力；通用条款。① 《利益冲突法》对加拿大反腐制度进行了系统而又细致的规定，成为加拿大廉政建设的磐石。

其余的配套法律也发挥着各自的作用，如《利益冲突法》和《公职机关利益冲突和离职规则》明确规定了回避原则和公务员廉政行为准则；《政府监察官法》则赋予监督机构法定的监督权力。在切断权力与利益纽带方面，在促进政府公开透明、保障公民知情权方面，《信息法》赋予公民广泛而自由地获取政府信息的权力。在保障公民检举权、促进社会和群众监督方面，《检举保护法》最大限度地规定了对检举人的安全保障措施。在促进社会与政府沟通方面，《游说法》为社会各界与政府组织对话提供了途径和平台。② 而且这些法律法规都由道德专员办公室、游说专员办公室、廉政专员办公室、信息专员办公室、巡视专员办公室等专门处理，保证了落实。

四、现存问题及发展趋势

再清澈的水也不可能绝对不含有杂质，加拿大的反腐廉政建设虽然成就巨大，但也不是尽善尽美。在实际的政治生活中，加拿大的腐败问题仍然存在。这些腐败问题很多是由加拿大廉政机制的不健全造成的。

首先，皇家骑警负责惩治腐败问题，但是却没有专门监督机构针对皇家骑警腐败问题。皇家骑警的腐败问题主要还是由其内部解决，这就给腐败带来了一定的空间。近几年来，警察内部的腐败案件越来越多，这些案件的处理往往不到位。而且皇家骑警反贪处的工作效率也不高，其调查工作往往进展缓慢，甚至有些案件会出现大事化小，小事化了的情况。再加上反贪处虽然重责在身，但其规模其实并不算太大，这进一步削弱了它的反腐能力。

---

① 廖能婴：《加拿大〈利益冲突法〉研究》，湖南大学硕士毕业论文，2012 年。
② 闵坚学：《加拿大廉政建设注重"三管齐下"》，《中国纪检监察报》2009 年 11 月 26 日。

其次，受制于加拿大反腐机制的特点，监督机构众多而惩治机构相对不足。预防腐败虽然是反腐的最佳方式，但监督机构往往不具有很大的权力，这给实际工作带来了很大的困难。而且由于加拿大联邦制的特点，很多政策和监督不能像单一制国家那样顺利地由上到下施行，再加上加拿大一直存在法裔居民和英裔居民的矛盾和不合，在实际的反腐工作中，反腐效果往往会因具体的困难而大打折扣。

五、小结

从整体来看，虽然存在些许瑕疵，加拿大作为世界上最廉洁政府之一还是极具代表性的。特别是加拿大重视道德反腐、重视对腐败行为的预防，把对政府监督做到了极其严密的程度，给人以很大的思考。加拿大廉政建设的出发点和落脚点是"成全人"，它假设每个人都是好人，都是愿意选择善的，只是因为环境不健康不符合职业道德，才存在"道德的沉默"，因此，做出错误的、不道德的选择并非当事人所愿。廉政建设的宗旨是尽其所能帮助这些好人获得好的、健康的道德环境，获得有益的、富有针对性的指引，以实现他们做正确的事、做好人的本来愿望。① 这种从人文关怀的角度来反腐，是实现"官员不愿意腐败，鄙视腐败"的最好途径。

如果说惩治腐败的强力部门是硬件，那么，设立预防性质的监督部门和实行廉政品德教育就是软件。"强力反腐"和"铁腕反腐"一直是一种"大快人心"的反腐方式。但加拿大却给我们展示出了另一条成功路径，那就是从教育、道德和人性的角度在每个人的"心中"反腐。当然，不同的国家有着自己不同的国情，这种"软件式"的反腐其实并不容易取得成功，它和这个国家固有的政治文化、价值取向、经济发展水平等息息相关。但加拿大给我们展示的这种模式还是值得世界上每一个国家深思的。

---

① 邓名奋：《加拿大廉政建设的特色和启示》，《行政管理改革》2011 年第 12 期。

澳大利亚廉政建设概况

> 在今日的世界，即使大家都十分清楚，物质上的成就并不代表心灵上的满足，但我们仍须一再被提醒：圆满的人生与拥有财物没有关系。
>
> ——澳大利亚科学家力克·胡哲

> 人不是这样，就是那样，人不能既是这样，又是那样。
>
> ——澳大利亚理想主义者格里高利·大卫·罗伯兹

澳大利亚是位于南半球的发达国家，也是世界上唯一独自占有一块大陆的国家。澳大利亚四面环海，景观独特，经济发达，资源丰富，尤其以养羊业和采矿业闻名全球，被称为"骑在羊背上的国家"和"坐在矿车上的国家"。澳大利亚拥有高度廉洁的政府，在全球清廉指数排行中，澳大利亚常年稳居前十名，是全球廉洁政府的杰出代表。澳大利亚廉政建设的相关经验更是给反腐败这一世界性议题以很大的启示。

一、历史背景与政治文化

1. 历史背景

澳大利亚的近现代史开始较晚，属于一个比较年轻的国家，其国家的形成与18世纪英帝国的全球殖民扩张有着直接的联系。17世纪后，伴随着地理大发现，西班牙人、葡萄牙人、荷兰人、法国人为了寻找香料而陆续到达，但最后占有这块大陆的却是英国人。1790年，英国的第一批自由民移民到达澳大利亚，澳大利亚作为因犯流放地的定位被改变，以悉尼为中心，英国殖民地开始迅速发展。在殖民地时期，由于政府的机构设置并不是很正规，再加上公共资源比较稀少，这个时期澳大利亚的腐败问题基本还不明显。

随着殖民地规模的迅速扩大，到了18世纪末，六个较有规模的殖民地最终形成。1931 年，英国议会通过著名的《威斯敏斯特法案》，澳大利亚才开始获得独立自主的外交权力，成为英联邦框架内的一个独立国家。直到 1986 年，经过长时间的努力，澳大利亚政府终于与英国政府签订了《与澳大利亚关系法》，澳大利亚获得了完全的立法权和司法终审权。从 1980 年以后，随着国家机构的不断健全和国有财产的增加，澳大利亚腐败问题开始呈现加剧的趋势。澳大利亚开始进入"贪婪的十年"，腐败问题日趋严重，公职部门的腐败问题持续被社会关注。随后，澳大利亚采取了大规模的治理腐败措施，到 20 世纪 90 年代，腐败问题得到遏制，澳大利亚也成为清廉国家的象征。但进入 21 世纪后，澳大利亚的腐败问题又有所抬头，澳大利亚在反腐败的道路上还有路要走。

2. 政治文化

由于历史的原因，澳大利亚属于君主立宪制政体，国家元首是英国国王，现任国家元首就是英国女王伊丽莎白二世。女王派遣总督为自己的代表，统治国家。当然，这种统治和管辖只是名义上的，女王和总督在实际的政治生活中无权干涉澳大利亚内政。内阁是国家实际的最高行政机关，内阁首长为总理，由议会多数党的领袖担任，是国家的最高行政长官。内阁各部的部长由总理任命，内阁任期一般为三年。由于行政直接掌握国家资源的分配和使用，因而一直是腐败的重灾区。在澳大利亚，反腐败主要针对行政部门，而大部分的腐败案件也多发生在行政机构。

立法机关为澳大利亚国会，由三部分组成，分别是女王（实际是女王派遣的总督）、众议院和参议院。众议院有 150 名议员，按人口比例选举产生，任期 3 年。参议院有 76 名议员，6 个州每州 12 名，两个领地各 2 名。国家的最高司法机关是澳大利亚高等法院，具有最高司法权，共有 7 名法官组成，分别是 1 名首席大法官和 6 名大法官。和其他西方国家相似，议员制度和法院制度是澳大利亚反腐建立的第一道防线。

在行政区划上，现代澳大利亚拥有 6 个州和两个领地，6 个州是在联邦成立之前英国的 6 个殖民地，而其余的没有划入这 6 个殖民地的区域，则被称为领地，由联邦政府直接管辖。实际上，澳大利亚只有北领地和首都领地这两块领地。州政府也沿袭联邦行政权、立法权、司法权分立的原则。州的最高行政长官是州长，州的代表是州总督。领地与州不同，其最高行政长官是联邦派去的官员。除此之外，州的立法权和领地的立法权也有很多大的不同，州具有完全的自主立法权，而领地的立法权则要受到联邦政府的制约。需要注意的是，州总督并不是由联邦政府任命，而是由女王任命的，也就是说，英国女王不但是澳大利亚的国家元首，而且也是各州的国家元首。州设有州议会和州法院，作为州的立法机关和司法机关。总体上来说，澳大利亚是一个联邦制君主立宪制国家。

在澳大利亚，反腐败问题是由各层级的政府自己解决的，上下层之间在反腐治理问题上没有太多的直接管辖权。

二、历史上腐败高发期与集中治改

腐败问题是政府常抓不懈但又难以根绝的问题，即使如澳大利亚廉政指数排名如此之高的国家，腐败问题也是由来已久。而且就澳大利亚目前的政府来说，虽然整体较为清廉，但也不是说绝对没有问题。20世纪80年代后，随着澳大利亚经济的发展尤其是工业化进程的加快，一批公共部门官员逃税、社会保险欺诈、贪污贿赂等职务犯罪案件相继曝光，腐败问题持续引起社会关注。举例来说，澳大利亚北海岸土地开发调查案就引发了澳大利亚对选举资金法案的修改。

20世纪80年代被称为澳大利亚"贪婪的十年"，虽经过治理，澳大利亚达到了反腐的目的，但近些年来，澳大利亚的腐败问题又有抬头的趋势，这一结论的直接证据就是，近几年澳大利亚的清廉指数排名开始下降。2012年，澳大利亚的排名还在第7位，2013年就滑落到第9位。

例如，2011年，澳大利亚新南威尔士"8乘5"腐败窝案就轰动了整个澳大利亚。新南威尔士州反腐败独立调查委员会通过此案揪出新州政府和议会多名显要人士，导致包括州长巴里·奥法雷尔（图9）在内的三名州政府高官和三名州议会议员辞职。

图9 新南威尔士州州长巴里·奥法雷尔，他因为澳大利亚新南威尔士"8乘5"腐败窝案而被迫辞职。

三、现行廉政建设特征

长久以来，腐败问题持续受到关注，成为世界各国政府都不得不面对的一个巨大考验，而一个国家的廉政制度更成为该国政治建设的一个重点。澳大利亚作为发达资本主义国家，为了遏制腐败，保证公职人员为政清廉，不仅制定了一整套严格的廉政法规和条例，而且设立了专门的廉政监督和约束机构，从而形成了比较系统、健全的廉政制度和廉政机制。①

1. 强力的反腐败专门机构

廉政工作是一个世界性的难题，腐败难以治理的一个重要原因就是腐败行为的长期性和广泛性。腐败行为往往从一个政府组建开始就会出现，并一直伴随终身。而且腐败行为几乎无孔不入，上自政府要员，下至一般的办事人员，都有可能产生腐败。所以，各国政府都是把廉政建设当作一项长期不懈的任务来抓，时刻不敢放松。这个时候，专门的反腐廉政机构的建立就显得十分紧迫。澳大利亚专门的反腐机构从上到下，从专职部门到部门内部，分布广泛且十分严密，成为重视这一手段反腐的典型代表。在澳大利亚，众多的机构时刻对政府行为实行严格的管控，这些机构分布广泛，在政府的各个领域，各个层级都占据着重要地位。最为明显的就是议会，作为国家的最高立法机关，澳大利亚议会在反腐领域也发挥着重要作用。而诸如法院、审计署和廉政公署等机构在廉政建设领域也发挥着重要作用。多年来，澳大利亚行政监察的工作重点是警察队伍和建筑、税收等方面。②

审计署作为澳大利亚联邦议会的协助机构有着审核政府各部门、政府相关机构、公司财务收支的权力。审计署对议会负责，其地位独立于内阁存在，虽隶属内阁，却不受内阁的控制。审计署的存在对于监督政府管理好"钱袋子"有着十分重要的意义。议会拥有对政府财政支出的审议权，却不可能时时刻刻地关注政府每一笔钱的去向，这个时候，一个固定的监督机关就显得十分有效。审计署对议会负责，当审计署审查出政府的支出有什么可疑行为时，就可以借助议会的力量实现制衡。

行政监察专员是联邦政府和地方政府设立的专门受理对于政府腐败行为的

---

① 金太军：《澳大利亚的廉政制度》，《当代亚太》1997 年第 6 期。
② 邵景均：《澳大利亚的行政监察与廉政建设》，《中国行政管理》2003 年第 1 期。

投诉的官员。任何公民、团体如果发现政府工作人员出现徇私舞弊、贪污腐化的现象，都可以向行政监察专员投诉。行政监察专员负责向上级政府汇报接受的投诉，由上级政府统一处理。《澳大利亚联邦监察专员法》是规定澳大利亚行政监察专员职责的专门性法律，该法律明确规定澳大利亚监察专员由内阁总理任命，在职务属性上隶属于澳大利亚联邦政府。为了保证行政监察专员工作不受来自垂直方向上的干扰，《澳大利亚联邦监察专员法》规定各州的监察专员署没有组织上的隶属关系，各自为政。

国家罪案调查局是澳大利亚联邦专门为了反腐而设立的机构，主要职责就是调查贪污腐败。作为惩治腐败的专门机关，没有强大的权威就等于一个摆设。为了保证正常工作，机构配置了相当多的高级权限。如，司法调查权、传唤证人、要求被调查人回答问题、拘捕犯罪嫌疑人，甚至还有窃听电话的权力。拥有如此强大和广泛的权力，国家罪案调查局成为澳大利亚反腐廉政建设的重要保障。

在地方，各州和领地也均设有专门的反腐机构。如为了遏制在议会、司法和公共机构中腐败滋长的情况，1988 年 9 月，澳大利亚新南威尔士州借鉴中国香港设立廉政公署的成功经验，通过了澳大利亚版的《廉政公署法案》，成立了澳大利亚新南威尔士州廉政公署（ICAC）。作为一个强力的反腐专门机构，为了保证其工作效率，新南威尔士廉政公署及其工作过程受到该州两个委员会的监督。第一个是新南威尔士州议会联合委员会，这个委员会由州参众两院议会议员组成，主要负责在宏观上监督审查廉政公署员工和该署的工作报告。为了保证廉政公署的工作不受外来干扰，州议会联合委员会虽然可以审查反腐工作的开展动态，但无权对廉政公署的具体行为进行干涉，而廉政公署对具体案件的处理决定，州议会联合委员会也无权要求廉政公署重新调查。第二个是业务审查委员会，这个委员会则主要由政府官员和社会贤达组成，负责对廉署的具体工作和案件进行审查并提供建议，以保证廉署的侦查和处理具有责任性。[①]

总之，澳大利亚廉政建设的一大特色就是大量的反腐败专门机构的设立，这些机构专职于反腐且拥有巨大的权力，保证了公职人员队伍的纯洁。

---

① 张健：《反腐外部监督机制的比较与完善》，《西南政法大学学报》2007 年第 9 卷 6 期。

2. 多层次、全方位的监督体系

不接受监督的权力必然产生腐败，廉政建设的一个重要方面就是建立强大的监督网络，让公务员不敢腐败，甚至不敢有腐败的念头。在澳大利亚，廉政建设的监督网络可谓无处不在，公职人员的每一个细微行动都被严密地监督起来，甚至同一个行政行为要接受来自不同方向的监督。

（1）反对党对执政党的监督

西方民主的多党制一个核心的观念就是各党派之间的相互监督。特别是执政党处于舆论的风口浪尖，任何轻微的失误都可能招致社会，尤其是来自于议会其他政党的猛烈抨击。类似于英国，澳大利亚也具有"影子内阁"的存在。所谓"影子内阁"就是指，在本届政府选举中没有获得执政党地位的政党，他们往往会在私下也成立与执政党对应的"内阁"。而这个"内阁"的工作就是监视执政党的一举一动，只要发现执政党有任何的腐败行为或者纰漏之处，他们就会毫不留情地予以猛烈的谴责，并发动社会舆论对内阁群起而攻之。西方社会的内阁常常有腐败行为被"影子内阁"曝光的事例，一旦腐败行为被曝光，腐败的政客不但会失去自己的职位，更有可能就此葬送政治生命。在这种极度对立的监督之下，内阁官员对于腐败行为自然是避而远之。因为与腐败行为沾上边，就代表着给人以口实，对自己的损害往往是致命的。

（2）新闻媒体的监督

在澳大利亚，媒体是完全独立于政府之外的企业，而不是附属于政府的机构。政府机构不参与媒体的管理，新闻媒体有一套自己的行业规范来确保自己的正常运行。因为，依靠政府和接受政府直接管辖的媒体显然不可能真正尽到监督政府的义务，只有保证媒体的独立地位，才能保证新闻言论的自由真实。

在澳大利亚，新闻媒体对政府工作的监督可谓是不遗余力。新闻媒体对于政府的监督早已深入到政府工作的每一个细节。往往媒体就是通过曝光政府及其官员的贪贿、舞弊丑闻，来吸引有关机关和公众的注意的。[①] 例如，政府要经常召开新闻发布会，面对媒体的质疑；每个政府部门和官员都有义务随时接受来自新闻媒体的采访和质询（图10）；政府机关进行决策的时候，也要对媒体开放，使决策更加的透明化；即使如议会这种立法机关，都要设有专门的记者席；审议某些具有重大意义的法案和政策时，还要通过媒体对社会公开播

① 贾玉林：《澳大利亚行政制度考察》，《行政管理改革》2010 年第 2 期。

放，等等。曾任澳大利亚总理的陆克文就在任期内深陷"犹特门"，他被媒体曝出误导国会并滥用职权协助一名汽车经销商约翰·格兰特取得政府援助项目资金，面临下台呼声，给他的执政带来巨大的困扰。

图 10　澳大利亚政府官员访问后回国接受媒体采访，澳大利亚媒体在澳大利亚反腐机制中占有重要地位。

（3）公民的监督

受启蒙运动的影响，西方人的"契约"精神一向很强。在澳大利亚公民看来，公务员的工作就好像是人民与他们的契约，公民纳税供养政府机关运作，而政府机关则为人民提供服务。在这种契约精神的原则下，腐败行为就显得十分不能接受，因为，公职人员接受纳税人供养的前提是全身心地服务于公民，做好自己的本职工作。接受来自公民的薪酬，却还利用公民给予的权力徇私舞弊、贪污腐化，无论怎么讲都是无法让人接受的。

在澳大利亚，政府机构和议会的工作运行都坚持公开透明的原则，一个具体体现就是澳大利亚公民可以自由旁听参众两院议员的辩论。不能进入议会厅旁听的公民，也可以通过电视和议会网站实况转播，了解议会讨论的情况并进行监督。[①]

（4）议会的监督

议会与政府本来就存在相互制衡的关系，除了掌握立法权以外，议会还掌握着对政府财政收支的审议大权。在澳大利亚，议会都要审议批准该年度政府的预算，政府也有义务就本年度的决算情况向议会报告，接受议会的审查。为了保证监督的专业性，议会会通过审计署及其他有关机构来审核政府的支出是否合理。

腐败行为与金钱总是有着天然的联系，只要保证政府的每一分钱都花得透明合理，就可以在很大程度上预防腐败的发生，也可以将深藏于地下的腐败行

---

① 刘永强：《澳大利亚运用风险管理预防腐败》，《中国监察》2011 年第 18 期。

为曝光于众。

3. 对公务员财产的严密监控

澳大利亚有着专门的《财产申报法》，除去存款、股份和证券这几项，公职人员的其他收益和财产均要申报，并接受有关机构和公众的监督。任何一位公民都拥有查看任一公职人员财产的权力。

除了通行的公务员财产公示制度，澳大利亚政府还在多个领域对经济活动进行严密的监控，进而杜绝腐败现象的发生。1988 年，澳大利亚建立了联邦资金流动制度，这个制度明文规定超过 1 万澳元的资金流动项目都有向国家相关管理机构申报的义务，而公职人员的财产流动更是被当作监督的重中之重。

对公务员进行层级的评定是现代官员制度的一个基础，公务员的工资待遇与其所处的层级挂钩。在澳大利亚，公务员层级结构简单明了，目前有 11 个公务员职级，每个层级的划分标准是其工作性质和价值。为了保证公务员工作的积极性，同时又避免发放管理上的混乱，澳大利亚联邦及大部分的州政府对公务员都采取了绩效薪酬制，对公务员的绩效奖励采取年终一次性发放的政策。澳大利亚政府认为对公务员的绩效评估是一种投资，只要确保绩效考评体系的公开和透明性，它就能够营造公务员队伍的良好文化氛围，培养公务员队伍的优秀组织运作能力。[①]

4. 完善具体的廉政法律法规

制定具体完善的法律法规体系来防治腐败是英美等西方国家的通行做法，同属同一政治文化的澳大利亚自然也不例外。在澳大利亚，为了有效地预防和惩治腐败，相关部门制定了大量的有关廉政的法律法规。如联邦政府制定颁布的《公务员法》、《公务员行为准则》、《禁止秘密佣金法》等都是典型的代表。

澳大利亚的这些廉政法律最大的一个特点就是所规定的条例并不是空洞且不具体的精神性的条文，而是充分考虑到了公职人员在工作中易产生腐败的每个细节，有针对性地加以控制。澳大利亚公务人员条例规定：①公务人员有义务向部长或常任首脑报告任何可能与其公职发生冲突的直接或间接的钱财收益；②公务人员不得从事可能损害或影响其职务的第二职业；③公务人员在履行职务时取得的薪金以外的任何其他报酬均需上缴政府；④除特许外，公务人

---

① 程林：《浅析澳大利亚、新西兰反腐败基本经验与我国反腐保廉实践的比较》，《法制与社会》2014 年第 3 期。

员不得担任公司董事等职务；⑤公务人员不得利用职权范围内掌握的官方信息和文件为自己或他人或任何集团谋取利益，违者处以两年监禁；⑥公务人员私人不得接受馈赠，但不值钱的纪念品，工作午餐款待，或出于不同文化背景拒收则会招致冒犯的情况不在此列；⑦禁止上级向下级借钱；⑧公务人员退休或辞职后，原则上不禁止在企业任职，即使"脱钩"，也不得泄露过去所掌握的文件或事实，否则以犯法论处；不得利用过去的关系谋取优惠；⑨公务人员不得利用官方设备从事非官方的目的；⑩公务人员不得行贿受贿，否则课以刑罚惩戒；⑪公务人员不得为了晋升、调动或其他便利谋求别人的帮助，也不得为其他公务人员提供这种帮助；⑫公务人员在工作中要厉行节约，避免铺张浪费；⑬公务人员要爱护公物，对毁坏公物、盗窃公共财产、伪造篡改账簿、档案和报表者要处以二至七年监禁；⑭公务人员不得冒充别人参加根据法令举行的考试，或在考试前不正当地得到或提供试卷。① 这些详细且具体的规定保证了公职人员在工作中，几乎每一个行为和倾向都可以做到有参照可比和由法规可循，进而使自己在源头上就遏制住腐败的想法。

四、现存问题及发展趋势

当然，腐败问题有其复杂性和顽固性，再完善的制度构建都很难根绝腐败，保证绝对的廉洁。作为全球最清廉国家的代表，澳大利亚虽然采取了种种措施，但仍不能完全避免腐败行为的发生。

虽然法律法规有着明确的规定，但还是有不少的公职人员采用打"擦边球"的方式给自己谋取私利。特别是澳大利亚奉行的"高薪养廉"政策更是加剧了情况的恶化，公务员利用"报销"这一手段，在名目众多的补贴项目中假公济私。如澳大利亚新任总理阿伯特就爆出利用自己的职务便利，报销了很多不应该报销的项目。而基层的公职人员以权谋私的案例更是不在少数，虽然有相关部门的严厉打击，但还是屡禁不止。

而澳大利亚反腐部门的工作也不能说是完全的滴水不漏，虽然有着严密的程序，但反腐部门的工作难免还会考虑一些"人情世故"。"内部调查"现象在澳大利亚反腐部门的工作中屡见不鲜。所谓的"内部调查"就是指当出现涉嫌腐败的行为时，往往反腐部门会让本部门自行处理，并不会在实质意义上

---

① 金太军：《澳大利亚的廉政制度》，《当代亚太》1997 年第 6 期。

真正介入调查。这种"内部调查"的结果往往就是部门内部"官官相护"，最后大事化小，小事化了。而实际情况也表明，在澳大利亚，腐败行为还是有其市场的。由澳大利亚媒体公布的一份报告显示，从 2007 年到 2014 年这段时间内，有大约 20% 的海关工作人员涉及经济问题。而这些工作人员绝大多数仅仅是被施以"内部调查"的处理方式，大多数人没有被追究相关的责任。廉政建设专门机构的工作并不能做到让公民完全放心。

为了政府的更加廉洁，有很多人提出了自己独到的建议。绿党领袖克里斯汀·米尔恩希望建立国家监督系统，雇佣专门的廉政专员，他还称"如果阿伯特拒绝支持绿党的独立监督计划，我们将继续看到这类丑闻"。独立议员色诺芬建议从细节着手，让议员在报销时写出简短报告，注明出行原因，并将低于两小时国内航班的飞行标准降到经济舱；一旦查出"不合适"的报销款项，当事人需两倍偿还。还有人建议将信息更加透明化，设置网络公开日志，记录政客们的开支。矿业巨头克莱夫·帕尔默则建议参照美国参议院，提前设定花费预算，这将有助于节省纳税人的钱，他说，"我不希望媒体总关注于此，而应集中精力面对更严重的问题"[1]。从这些建议来看，澳大利亚的廉政建设虽然成绩斐然，但还需要不断地完善与进步。

五、小结

整体看，澳大利亚的反腐廉政建设最大的特点就是制度反腐。种类繁多的廉政法律法规和机构设置充分表明了这一点，而公务员财产公示制度这一西方国家的通行反腐措施在澳大利亚更是得到了强化。凭借着这些有力的制度和机构建设，澳大利亚成为世界最廉洁政府的代表。这说明，制度反腐这一原则还是十分可行的。

而对权力的监督则很好地补充了制度建设的不足之处，法律法规规定的再好，仅凭政府部门依靠自觉的力量去贯彻实施，难度还是很大的。将公职人员的行为置于社会的监督之下，并相应地规定了公务员什么可以做，什么不能做，这一套完善的逻辑是澳大利亚反腐廉政建设的核心。

廉政建设是一个世界性的难题，每个国家都会根据自己的具体国情来制定自己的廉政规划，澳大利亚的成功虽不能被完全复制，但其成功经验还是值得借鉴和学习的。

中编　世界上比较廉洁的国家

　　本编选取的是世界上比较廉洁的国家，包括欧洲的德国、英国和法国，亚洲的日本，以及美洲的美国和智利。按照透明国际的清廉指数排名，从前到后的顺序依次是德国、英国、日本、美国、智利、法国。法国近几年的世界排名均超出了前20，但它是欧洲大国，源于法国的政治思想和文化不仅影响了欧洲，也影响了世界；智利近几年的清廉指数排名在20左右，虽然中南美洲的巴巴多斯、乌拉圭和巴哈马排名在智利之前，但是智利是中南美洲大国，影响较大。

　　这6个国家历史比较悠久，有着完整的现代化历程。众所周知，现代化是一个漫长的复杂的系统性文明演进过程，它的显著特征是制度化，制度化对于前工业社会的基于直接的人际关系基础上的腐败无疑具有毁灭性的打击作用；但是现代化也包含着一个政府职能扩张的时期，公务员队伍急剧膨胀，国家干预和调节经济和社会，这也意味着腐败的机会和诱惑大大增加。从欧美经济发达国家的廉政建设历史来看，现代化进程中产生的现代腐败基本延续现代化即制度化完善的路径进行治理。

　　这些经历过比较完整的现代化历程的国家，在制度化建设方面都已相当发达和完善，这是它们的共性。但是这6个国家的廉政建设也具有各自的特色。回顾历史，比较当今，每个国家和地区都有其成功和过人之处，虽然腐败问题也不同程度地顽固存在，也暴露出不同的问题。这些都是我们国家廉政建设的宝贵思想资源，值得梳理和思考。

　　德国是最早建立公务员制度的国家之一，德国的公务员管理也比较科学和成功，因而德国有着廉洁高效的官僚机器。德国的教育重视公民素质的提升和优良公民品格的塑造，学校教育中既包括公民素质的课程，也重视宗教道德在个人品质的塑造与自我完善中的作用。这些不仅塑造了德国人严谨守法、一丝不苟的民族性格，还使德国人养成了远离腐败并自觉抵制腐败的意识。

英国最早确立资产阶级民主体制，但是英国两党制的政治腐败也颇具代表性，"一朝天子一朝臣"曾经大行其道。随着现代化和民主化的推进，文官制度、议会制度改革和政党补助制度先后出台和实施，英国式腐败得到实质性的遏制，以至于英国位居西欧国家廉政建设先进之列。但是，当今英国拥有社会地位、荣誉、政治影响力等隐形特权的上层人士的"圈子腐败"成为英国反腐倡廉的难题，也是对现代社会所倚重的制度反腐提出的挑战性难题。

法国最早产生了欧洲廉政建设的理论与思想萌芽，因为早在十七十八世纪法国的启蒙思想家就构想了资产阶级共和国的蓝图，他们倡导的思想与学说成为后世限制与监督权力的理念根基。自大革命以来法国在一腐一治的跌宕起伏中也建立起了比较完善的廉政制度和机构，所以今天法国的官僚机器即公务员队伍还是比较廉洁的。但是政治高层特别是总统"前腐后继"而"臭名昭著"，令人扼腕。

日本的廉政建设兼具中西色彩，既吸收西方先进的政治制度与经验，又保留儒家文化的核心道德与价值观念，比如克己奉公的精神，并发展出本土深重的耻感文化。在西方制度管理和本土传统文化熏染下，日本形成了廉洁高效的公务员队伍，堪称东亚廉洁政府的楷模。但是，日本的政治高层，腐败丑闻接连不绝，暴露出其廉政体系是"管下有余，管上不足"，有严重缺陷。

美国是一个清教伦理精神和不信任政府的理念根深蒂固的国家，所以美国注重对个人道德素质的评价，国家政治的顶层设计强调分权和制衡。但美国曾经也是一个腐败问题严重的国家，只是经过长达两个世纪的反腐斗争，才把腐败程度降到了一个较低水平。美国经历了包括19世纪下半叶的文官制度改革运动和20世纪初的进步运动反腐，迄今已建立起一套相对完善、行之有效的廉政机制，民间监督力量也颇为强大。美国是利益集团比较发达的国家，利益集团通过五花八门的方式影响政治甚至左右政治，造成美国金钱政治的弊端从未得到根治，以至于腐败依然严重困扰着这个大国。

拉美是政局动荡和腐败肆虐的地区，但智利的廉政水平令人刮目。甚至在1973年军政府执政以前的一个半世纪里，智利一直是比较清明的。但是20世纪70—90年代皮诺切特的军事独裁毁掉了智利的民主和廉政，今天智利在致力于恢复宪政民主的传统并推动现代民主政治的进程中，还在努力清除皮诺切特的遗弊。智利的案例再一次提示人们暴力独裁和腐败的难以分割的联系。

德国廉政建设概况

失去信用等于碎了的镜子，不可能修复。

——德国谚语

无限制的君主国乃是无道德的国家。

——德国哲学家费尔巴哈

德国是欧洲经济发达的国家，经济实力居欧洲首位，综合国力在国际上排名第 5，国际影响力不容小觑。德国的政治建设，尤其是在整治腐败推进廉政建设方面虽算不上名列前茅，亦在世界上享誉盛名。从透明国际组织公布的近些年一些国家的廉政指数来看，在全世界 140 多个国家和地区的排名中，德国排在第十三十四位，这已是相当靠前的名次（见表8）。

表 8　　德国最近十年（2004—2013）国际透明组织廉政指数（CPI）

年度	2004	2005	2006	2007	2008	2009	2010	2011	2012	2013
排名	15	16	16	16	14	14	15	14	13	12
得分	8.2	8.2	8.0	7.8	7.9	8.0	7.9	8.0	7.9	7.8

注：表中的数据来源于透明国际组织官网 http://www.transparency.org/。

纵观德国的历史，我们不难发现其中的曲折，如今德国在建设国际大国与政治强国的道路上迈着稳健步伐，并卓有成效。我国在增强综合国力、整治腐败的道路上还有许多困难需要克服，德国之路不失为一个很好的借鉴。

一、历史背景与政治文化

1. 历史背景

在德国的历史中，国家分裂与统一相互交织，政权与教权的斗争此消彼长，腐败与反腐败蕴含其中，共同创造了德国历史的独特性。

德意志民族的祖先是古代日耳曼人，公元 4 世纪至 9 世纪，是日耳曼民族逐渐创建国家的过程。9 世纪神圣罗马帝国前期，各皇帝励精图治，采取了一系列巩固皇权的斗争，通过家族政治与王室联姻的方式来遏制公爵势力的发展，以消除地方势力对中央的威胁。此时，皇权与教权的关系开始变得微妙。奥托大帝将教会"直接处于皇室控制之下，并向教会封授大量土地，以增强教会的物质势力"①，从而为以后教会的腐化埋下了隐患。帝国后期，社会矛盾尖锐，皇权衰落，教会的教职人员生活糜烂。为维持奢靡腐化的生活，教会开始向民众兜售"赎罪券"，引起了民众的强烈不满，从而引发了轰动整个欧洲的宗教改革运动。1871 年普鲁士完成了德国的统一，政权最终战胜了教权。

第一次世界大战以德国的战败投降而结束。随后，德国爆发了"十一月革命"，推翻了帝制，建立了魏玛共和国，这是德国历史上的第一个资产阶级共和国。由于战后对德国的制裁过于苛刻，德国政府采取了"消极抵抗"的政策，引发了严重的通货膨胀。此时的德国经济凋敝，政府为筹措战费欠下巨额债款，各政党之间也钩心斗角，社会陷于动荡的境地。法西斯党随后夺取了政权并于 1939 年发动了第二次世界大战，结果仍以德国的战败而告终。战后，苏、英、美、法四国分区占领了德国及其首都柏林，统一了 78 年的德意志帝国再次走向分裂，国家丧失了主权。1990 年 10 月 3 日，民主德国加入联邦德国，两德正式统一。德国的重新统一是战后欧洲历史上最重大的事件之一，对世界政治经济新格局的形成起了促进作用。统一后的德国在发展经济、加强政治建设等方面做出了卓有成效的努力。

2. 政治文化

德国的政治体制为议会共和制，联邦总统为国家元首。德国受孟德斯鸠"三权分立"思想的影响，实行立法权、行政权和司法权三权分立。议会由联邦议院和联邦参议院组成。联邦议院行使立法权，每四年举行一次，选举中获胜的政党或政党联盟可以有权组建内阁。联邦和州共同拥有立法权，在立法方面有各自的权限，也就是说，"各州对所有在《基本法》中没提到的事务拥有立法权，其次是对那些联邦放弃使用其共同立法权或原则性立法权的事务拥有立法的权力"②。

---

① 孟钟捷：《德国简史》，北京大学出版社 2012 年版，第 24 页。
② 吴志成：《当代各国政治体制·德国》，兰州大学出版社 1998 年版，第 101~102 页。

在德国，联邦政府、联邦总理和联邦总统负责行使行政权。总统拥有巨大权力，是国家的最高代表，"他有权解散帝国议会、任命和罢免总理和部长，有权统帅武装力量，向国防军下达最高命令并颁发重要的紧急命令。在非常时期，他还是立法者。帝国总统直接由人民选举产生，任期 7 年"①。联邦总理由总统提名并任命，如果总理不称职，可由总统罢免。联邦总理主要负责政府日常的工作，对联邦议院有监督权，必要时可向总统提议解散联邦议院。联邦政府是联邦德国最高国家行政机关，由联邦总理和各部部长组成。"联邦政府的任务主要是治理国家，决定整个德国的大政方针，它对外体现着统一的政治意志，联邦政府的任期与联邦议院相同，每届 4 年。"②

德国的政党制度起源较早，早在君主政权时期就已出现，并随着君主权力的变化而变化。德意志帝国时期，政党数目较少，至魏玛共和国时期，党派林立，政党分歧较多，弊端重重，以致希特勒趁机实行一党专制建立法西斯统治，发动战争带来浩劫。第二次世界大战之后，在众多政党中占主要地位的是两大党派，即基督教民主党和社会民主党。联邦德国将政党作为公民与国家机构的桥梁，通过参与选举，体现人民的政治意志。国家对政党给予保护，鼓励政党的发展，同时又对政党加以限制。《基本法》对政党的宪法地位、作用和组织机构等做了规定，以此规范政党政治，使其不超越民主的范围，从而阻止违法政党的发展。

德国的历史复杂曲折，从君主政权的确立到如今的议会共和，德国政治的发展越来越趋向民主化与公平化。今天，社会平等的思想已深入人心，在德国民众看来，政府公职人员与自己一样，并没有什么特权，政府人员违法乱纪同样应当受到法律的制裁。从而有利于民众对政府工作的监督，促进政府的廉政建设。

二、历史上腐败高发期与集中治改

1871 年，普鲁士国王威廉一世加冕称帝，标志着一个统一的德意志帝国最终建立。统一后的德国资本主义经济、政治获得了飞速的发展，在利益的驱使下，商业领域出现了许多腐败行贿的现象。为防止官员腐败，改革文官制度

---

① 吴志成：《当代各国政治体制：德国》，兰州大学出版社 1998 年版，第 67 页。
② 吴志成：《当代各国政治体制：德国》，兰州大学出版社 1998 年版，第 71 页。

的弊端，加强廉政建设，威廉二世于 1873 年颁布了《官员法》和《资历条例》，这是德国历史上第一部有关政府公务人员的法律，从而标志着德国的公务员制度的建立。魏玛共和国时期，政府颁布了《魏玛宪法》，其中明确地规定了公共行政管理的基本原则，即"公开、平等、竞争录用人员，全心全意服务于公众"。从而为德国公务员制度的进一步完善与发展打下了基础。然而，希特勒上台后，将文官制度毁于一旦，纳粹统治的时期成为德国历史上最为专制与黑暗的时期，这一时期腐败也十分猖獗。

两次世界大战后，德国政府深刻地反思了自身的政治建设，希望从战争中吸取教训，加强对行政、立法和司法制度的建设。1949 年 5 月，联邦德国颁布了《德意志联邦共和国基本法》，进一步完善了公务员制度。经过政府的努力，德国的政治生活多年来维持了比较稳定的状态，同时也形成了比较廉洁的政治风气。近些年来，德国的腐败案件少有发生，政府公职人员大体上维持了良好的形象，但也有部分官员禁不住诱惑，收受贿赂，最终受到了法律的惩罚。最为著名的当属"科尔政治献金丑闻案"、"约瑟夫雷策贪污案"、"前总统滥用职权案"等案件。

1999 年，距离德国前任总理科尔与美国前总统布什以及前苏联总统戈尔巴乔夫聚会庆祝柏林墙倒塌 10 周年未及一个月，科尔政治献金的丑闻案曝光，随后的新闻一发不可收拾。这年年底，科尔成了新闻媒体的常客。媒体披露在 8 年前，德国的一家武器公司向当时执政的基督教民主联盟捐赠了 100 万马克，但这笔款项却没有记入基督教民主联盟的正式账本，担任主席的科尔自然摆脱不了干系。随后，科尔承认，他当时曾建立一个秘密的账户用以记录对基督教民主联盟的捐助款项。但是，科尔却不肯透露当时非法捐款者的身份。随后，科尔被迫辞去了基督教民主联盟名誉主席的职务，并被取消了国会议员的"豁免权"，同时还将面临着牢狱之灾。

另一个轰动全德的腐败案件当属"约瑟夫雷策贪污案"。约瑟夫雷策在 2003 年至 2007 年担任巴伐利亚州格雷丁市市长期间，曾先后 30 多次利用公款购置电脑、导航仪、手机和微波炉等物品，并把其中一些东西赠给他的妻子使用，价值将近一万欧元。事情被揭发后，群情激愤，有些人甚至跑到市政厅前抗议。结果是，约瑟夫雷策不但被免职，还被地方法院判了 11 个月的缓刑，每月的退休金也被取消了。尽管 56 岁的约瑟夫雷策认罪态度良好，并及时还了公款，但政府仍旧认为其行为必须受到惩罚。

"前总统滥用职权案"也曾轰动一时。很难想象一国总统在执政仅仅两年后，就因为滥用职权的指控受审以至辞职下台，丢了工作、没了福利、毁了前程。德国前总统克里斯蒂安·武尔夫（图11）就是这么"倒霉"的一个人。武尔夫从2003年起开始担任下萨克森州的州长，于2010年6月当选德

图11　2012年2月，武尔夫宣布辞职，旁边是他的妻子。

国的第十任联邦总统。但从2011年年底开始，德国就有媒体披露武尔夫在担任州长期间曾接受过贿赂，指出一名企业家曾向其提供优惠利率的贷款。之后，又传出武尔夫给德国《图片报》报社打电话，希望不要报道这件事情。更有媒体爆出武尔夫曾让富豪为他休假"买单"的消息。再后来，媒体又指责武尔夫在州长任职期间曾让一名电影制片人为其全家提供在慕尼黑啤酒节期间的食宿等费用753.90欧元。丑闻接踵而至，迫使武尔夫于2012年2月辞职。法院经过调查后排除了前几项指控，于是针对最后的750多欧元的费用进行了开庭审理。750欧元在我们看来是微乎其微的费用，但就是这么一项"小费用"让堂堂的一国总统下了台。

德国政府对腐败的整治不只局限于影响力较大的官员，对于普通的公务人员，政府也严加整治。比如，柏林的一位公务人员在2008年时担任柏林一个区的中心图书馆馆长，在这期间他接受了一个办公用品供货商价值50欧元的优惠券，作为回报，他把一个价值一千多欧元的合同给了那供货商。然而到2011年年底，这名公务人员却因为这张50欧元的优惠券吃了官司，被柏林法院判处了5400欧元的罚款，数额是优惠券的110倍。由此可见，德国政府对公务员违纪犯罪惩罚力度之强。

三、现行廉政建设特征

统一后的德国，经济继续稳定发展，并致力于政治建设，尤其是整治腐

败、加强廉政建设的举措，取得了很大的成效。在德国，上到总理、政党领袖，下到普通的公务人员，触犯了法律一样都要接受惩罚。德国法制体系、监督体系等方面的建设，体现出德国在加强廉政道路上的重大进步。德国整治腐败、加强廉政的举措体现在如下几个方面：

1. 注重法制力量，加强法制建设

德国是注重法制的国家，政府认为法律的制定要以保障民主制和个人自由权利为目的，能够对国家的权力进行有效的制约，以防止各种腐败现象的发生。

德国反腐败的法律主要是《德国刑法典》。《德国刑法典》中制定了将贿赂罪定为腐败行为的法律条文，并对贿赂罪作了明确的规定。

第 247 条　利用行使国家权力或经济领导权力，或滥用明确支付给他的权力机会，违反责任，为他人谋取优惠而收受馈赠，或者为此目的而违反职责索取馈赠的，处 5 年以下有期徒刑或者缓刑考验、罚金，或者公开训诫。

第 248 条　关于本法第 247 条规定的受贿罪，向受贿人提供、许诺或给予馈赠或其他利益的，处 3 年以下有期徒刑，或者缓刑考验、罚金或者公开训诫。[①]

1997 年 8 月 13 日，德国议会通过了《反腐败法》，这并不是一部独立的法律，只是对刑法、法院法、刑事诉讼法、反不正当竞争法、国防罪法、违法行为法、压制竞争法、公务权利法、联邦公务员法、联邦惩戒条例、兵役法、国防纪律法、能源消费标识法等法律的修正案，其中提高了对贿赂罪判处的量刑幅度，并做出了对公职贿赂罪从重处理的规定等。

1998 年，德国政府颁布了《联邦政府关于联邦管理部门反腐败的行政条例》，对联邦公务部门制定反腐败措施做出了指导性的规定。2004 年，联邦内政部又颁布了新的《联邦政府关于在联邦行政机构防范腐败行为的条例》，并在条例的附件中对可能发生的腐败迹象进行了概括，从而对联邦行政机构中可能发生的腐败现象进行判断性的预防，将腐败扼杀在萌芽中。

[①]　最高人民检察院编辑组：《外国有关廉政法规选编》，中国政法大学出版社 1989 年版，第 44 页。

德国联邦政府对腐败的整治采取了防范与严惩相结合的方针，体现了惩治腐败三个"并重"的原则。首先是精神性处罚与经济处罚并重的原则。"法律明确规定对贪污受贿和渎职的腐败者可以判处有期徒刑，并处以罚款或赔偿经济损失；对公务员违反纪律的处分，既给予行政警告或开除处分，又给予罚款和赔偿经济损失的处理。"① 其次是对受贿者和行贿者同样给予处罚。再次针对经济生活中的行贿受贿，做出了对违法企业和违法中介组织同样做出处罚的决定。不管是企业的行贿行为还是中介组织的违法行为，只要违反了法律，除追究其法人代表的刑事责任外，还要将这些企业或者组织向广大民众进行公布，以示警戒，并通过行业协会，对违纪违规的企业或组织给予限期停止业务活动以及罚款等处罚。

2. 严格执法，严惩腐败，加强行政监督

德国人以严谨著称，做事一丝不苟。法律的制定就是为了防患于未然，目的在于规范政府行为。因此，当出现违反法律的情形后，政府采取的措施就是严格执法，毫不留情。除了严格执法外，德国政府也十分注重行政监督的贯彻与执行。在德国，拥有行政监督权的机构有联邦议会、司法部、内政部、财政部、审计署、检察院、法院、内部监督机构等，各个机构的监督职能如表9所示：

表9

机构名称	主 要 职 能
议会	对行政权的监督主要通过其职能来实现，主要有："通过立法为政府依法行政提供法律依据；选举联邦政府总理、组成和推翻政府以及不断地监督政府，其监督权力包括传讯权、质询权、调查权、预算权、收支报告权等。"②
司法部	制定防腐败的法律法规，防止贪污、行贿受贿和营私舞弊的发生，并对其他部门制定的法律法规进行审核
内政部	体现在对公务员的监督管理方面，通过行政法院的判决，对违纪违法的政府公职人员给予处罚

① 孙智敏：《德国廉政建设的启示》，《中国税收》2006 年第 10 期。
② 闫群力：《国（境）外廉政建设与反腐败考察研究》，中国方正出版社 2007 年版，第 73 页。

机构名称	主 要 职 能
财政部	负责财政的监督与执行，对政府各部门的公共财政进行监督，制定相应的经济处罚措施
审计署	负责各行业的审计工作，审计工作以法律为准绳，独立于立法、行政、司法之外，可随时进行审计。对国家财政的运行情况进行审计，从经济学角度分析腐败产生的原因，以此作为审查判断公共项目以及企业运行是否有营私舞弊的标准
检察院	内部设有许多反贪污、反贿赂、反营私舞弊的部门机构，主要是对案件进行审查，以确定是否需要立案，对警察办案过程进行监督，以防止渎职、包庇的情形发生，监督政府的工作等
法院	法院分工较细，除了普通的刑事、民事、行政法院外，还设有财税法院、警察和法官法院等，从而全方位的实行法院的监督职能。行政法院主要负责对政府公职人员进行监督，并判决公务员的违法行为

此外，联邦政府各个部门和各州政府部门内部都设有反腐专员办公室，并设立防腐联系人，人员从一线的业务骨干中选拔，并实行定期轮换等方法，主要负责监督内部工作人员的工作状况，如果发现腐败现象，立即向上级报告，并配合检察院进行调查处理。

3. 完善公务员体制，增强公务员素质

德国是最早建立公务员制度的国家之一，德国的公务员在级别上分为高级职务、上等职务、中等职务和简单职务四类，而无论哪一等级的职务，都需要通过竞争考试，择优录取，从而大大提高了公务员的素质水平。联邦政府和各州政府依据《德意志联邦共和国基本法》和《公务员法》对公务员进行严格管理。"德国基本法和公务员法明确规定了公务员的权利义务、管理办法、福利待遇标准，各级政府严格依法对公务员进行管理。德国把政府机关内部行政也列入行政法院的监督范围之内，公务员认为政府机关对公务员的管理不合法，可以向行政法院起诉。"[1] 公务员在服务期间，每年都要与所在的工作单位签订一份"廉政合约"，并承诺廉洁奉公、认真做好本职工作。

---

[1] 闫群力：《国（境）外廉政建设与反腐败考察研究》，中国方正出版社 2007 年版，第 88 页。

德国政府十分重视对官员进行法律、法规的培训，因而德国公务员都拥有较高的法律知识水平。"在德国无论哪一类官员的培训都以法律为重点。高级职务官员中有2/3是法律系毕业的，其他专业毕业的官员，在就职前必须进入行政管理学院补充学习法律知识。"① 此外，为了防止腐败，德国还实行官员轮岗制度，各部门的政府官员（包括反贪工作人员）5年必须轮岗交流，对容易滋生腐败的建设、规划、医药等部门则将轮岗的间隔缩短为3年，从而有效地降低了贪污腐败的可能性。

德国政府对贪污受贿的规定极为细致。"《联邦政府官员法》对政府官员的升迁、义务、住房、福利等事项有着具体而明确的规定，要求公务员奉公守法、廉洁自律，不得贪赃枉法、以权谋私和营私舞弊，强调所有公职人员包括家属都不得接受来自任何方面、任何形式的馈赠和捐献，不得收受与职务相关的报酬、礼品。"② 不论是在职还是离职的政府公务员都必须上报超过15欧元的礼品；在参加圣诞节等大型活动前，公务员必须得到政府的批准。此外德国政府还针对各部门的实际情况，对官员接受利益的问题做出了专门的规定。如国防部每年会有数百亿马克的军火订货以及科研项目等，极容易滋生腐败。德国政府因此就受礼吃请等问题制定了专门的条例："原则上一切礼品的接受都要由上级批准。只有小礼品如台历、圆珠笔、小本子、普通钢笔、低档打火机等价值在几个马克的物品是允许接受的。"③ 德国前卫生部长乌拉·施密特就比较惨了。国会议会选举之前，施密特因将公车私用，去西班牙度假，被媒体曝光之后，施密特被冠上了"耗费公民纳税钱"的罪名，被迫辞职并黯然地离开了德国政坛，而此时，距离他的任期结束只有两个月的时间。

为维持政府的廉洁，德国实行高薪养廉和公务员终身制，并禁止公务员从事第二职业。高薪加上高福利政策，使得公务员岗位的工资能够维持较高的生活水平，减少了公职人员为追求高收入而受贿贪污的概率；实行公务员终身制，使得公务员一生的生活收入有了保障，只要公务员不犯贪污、受贿、渎职等罪名，可以自任职起，直到退休。也就是说，公务员职务就是铁饭碗，全家生活不用愁，从而对鼓励公务员廉洁奉公，勤恳工作产生了极大的积极影响。同时德国政府采取严厉的措施惩治违法的公务员，一旦公务员贪污受贿，就会

---

① 徐振寰、王晓初主编：《世界各国公务员制度比较》，中国人事出版社1998年版，第233页。

② 孙晓莉编著：《国外廉政文化概略》，中国方正出版社2011年版，第60页。

③ 刘春：《权力的陷阱与制约——西方国家政治腐败透视》，中共中央党校出版社1990年版，第204页。

受到严厉的惩罚，丢工作、丧失福利，甚至还会被亲人朋友们瞧不起，这在人文自律性非常高的德国是件很可怕的事情。

4. 充分利用新闻媒体，加强民众舆论监督

新闻媒体的监督是防止政府腐败的有效形式之一。德国实行新闻自由，政府不能干涉媒体的活动。报刊、电台、电视台可以报道政府、政党内部的情况，只要内容属实，不泄露国家机密，就属于合法，受法律保护，而任何人都不能对消息的来源进行调查。"德国是一个信息社会，有100多个电台、25个电视台、27家通讯社、380多种报纸和9000多种期刊。"[①] 媒体众多的结果是使政府的工作被放置在一个巨大的监督网络中，政府公职人员的一举一动都受到社会的关注。而媒体的众多也使得各媒体之间的竞争力增大，谁拥有读者，谁就是胜者。这就促使媒体想方设法地获取政府官员的新闻，包括贪污受贿、丑闻等，以增加新闻的阅读群体，从而无形之中对政府的工作形成了巨大压力。德国许多政府官员的贪污受贿案件就是由媒体曝光的。因此，一个公务员要想保住饭碗，就要踏踏实实、勤勤恳恳地工作，不能趟贪污受贿的浑水。

民众的监督对政府工作也产生了极大的影响。德国民间的反腐力量十分强大，有许多行业组织、群众组织等自愿参加到国家的防腐治腐工作中去，协助群众举报政府腐败现象，并主动向群众开展廉洁教育，研究分析政府腐败问题并向有关部门提供治腐的意见与建议等。德国政府积极实施政务公开，使政府工作公开透明化，便于民众的监督。公民可以从网上下载或者购买纸质版的年报及月报，以及时获取政府工作的信息。政府还专门开辟了两路专线车，免费搭载参观者到各个政府部门访问。每年的八月中下旬，德国政府各部门会用一个周末的时间举办公众开放日活动，届时百姓可以与政府官员直接接触，向官员提出意见或建议，对政府部门的工作进行监督。

5. 加强文化建设，塑造公民品格

加强政府的廉政建设，治理腐败，除了依靠法律制度规范政府官员行为、建立机制惩治腐败案件外，提升公民素质，加强文化建设亦是重中之重。德国人严谨守法的民族性格、独特的文化特征是许多因素影响的结果。除历史因素外，当今政府的教育举措亦产生了巨大影响。德国教育理论认为，基础教育的目标不仅仅要授予知识，更重要的是塑造品格。品格影响人的一生。因此，德

---

① 陈章联：《遏制腐败关键在机制——德国廉政建设经验借鉴》，《特区理论与实践》2001年第4期。

国各州的学校法都制定了加强德育建设的规定，教育学生要遵守行为规范，要做公正、诚实、有责任心的人，要具有群体精神、注重同伴之间的合作，此外，法律还规定要切实履行国家公民的权利义务等。这种注重廉洁行为的德育建设，使德国人养成了远离腐败并自觉抵制腐败的行为意识。此外，德国政府十分重视宗教在道德教育中的作用，注重个人品质的塑造与自我完善。"在德国学校中，宗教课程实际上承担的就是专门德育课程的任务。……除了正式的宗教课，学校还开展宗教仪式活动，如集体祷告等等，通过宗教教义来潜移默化地塑造人们的心灵中正直善良的一面。"[①]

总之，教育使德国人形成了严谨、认真、守法的良好品格，在一定程度上有利于抑制官员腐败思想的滋长，从而有利于廉政政策的推行。

四、现存问题及发展趋势

德国的廉政建设重视法治，同时与德治相结合，规范公务员行为，严厉惩治贪污受贿等腐败案件，取得了重大的成就。然而在整治腐败、建设廉政的道路上，德国仍有许多不足之处，需要改进。

1982—1986 年审判弗利克康采恩集团行贿案曾轰动一时。长期以来，弗利克康采恩集团向德国的政党要人、上层权贵们大施贿赂，数额之大、涉及的官员人数之多、持续时间之长，在德国史无前例，几十年没有被揭发。而案发之后，审判却草草了事，虎头蛇尾。舆论界认为，这一行贿案之所以难以判决的原因有二：一是涉及的官员人数众多，各政党出于利益的关系，相互包庇，影响了司法裁判的公正执行；二是因为集团强大，负责人"持家有方"，真假账目，鱼目混珠。账目中记载了集团向政界要人的行贿记录，上到政党主席，下到普通官员。因此，当政府上下全都陷入受贿的丑闻中，谁来主持正义的大局？这是需要德国政府所深思、并为之努力解决的问题。

德国实行信息公开化，公民可以通过从网上下载或者购买纸质文本两种方式获取政府最新的政务信息，但是信息的获取要收取一定的费用，因此并没有真正地做到信息完全开放。为了加强政民互动，德国政府部门在每年的八月中下旬，都会在一个周末举办公众开放日活动，目的是促进民众与官员的直接接触，拉近彼此之间的距离，但仅仅一个周末的时间，并不能够使民众完全了解

---

① 孙晓莉编著：《国外廉政文化概略》，中国方正出版社 2011 年版，第 54 页。

政府官员及其工作。虽然有如此的举措，但政府工作对民众的开放程度仍旧较低，民众获取政府的信息更多是通过新闻媒体。因此，加强廉政建设的道路上，扩大民众的知情权与参与权任重而道远。

五、小结

近年来，腐败猖獗，我们通常将原因归因于政治法律制度的不完善以及市场经济管理机制的滞后。我国与德国是不同性质的国家，因此在国家的发展阶段、政治制度与文化背景等方面存在着很大差异，但是德国在反腐倡廉方面的经验教训，对我们党风廉政建设和反腐败斗争有着十分有益的启示。

首先，加强治腐防腐法律体系建设，细化法规制度，以增强制度的可操作性。进一步推进政务公开化，增强政府工作的透明度，自觉接受民众的监督。其次，坚持加大惩处力度，严厉惩处行贿行为，严惩违法犯罪分子，提高治腐反腐的影响力与威慑力。最后，深入推进廉政文化建设，提高社会的文明度，努力营造重诚信、讲廉洁的文化氛围，同时重视新闻舆论媒体的引导作用，同时加强全民教育、廉洁教育、德育建设、加大中小学廉政教育力度，提高民众的反腐意识，以更好地监督政府工作。

英国廉政建设概况

> 权力使人腐败，绝对的权力绝对使人腐败。
>
> ——英国历史学家阿克顿勋爵

> 除了与体制、制度有关外，良好的社会道德以及民族历史文化传统与英国的廉政成果也有着密切的关系。[1]
>
> ——英国著名大法官布莱恩·尼尔爵士

今天的英国，早已没有日不落帝国的风采，但是其政治影响力依然存在，这一方面体现在它最早确立的资产阶级民主体制上；另一方面，它政治上的廉洁也是为外人称道的，而且不同于北欧国家，它呈现出英国式的特点。根据透明国际组织发布的 2013 年"全球清廉指数"报告，英国清廉程度在全球排名中居第 14 的位置，属于腐败程度比较低的国家（见表10）。

表 10　　英国最近十年（2004—2013）国际透明组织廉政指数（CPI）

年度	2004	2005	2006	2007	2008	2009	2010	2011	2012	2013
排名	11	11	11	12	16	17	20	16	17	14
得分	8.6	8.6	8.6	8.4	7.7	7.7	7.6	7.8	7.4	7.6

注：表中的数据来源于透明国际组织官网 http://www.transparency.org/。

英国之所以腐败程度较低，很大程度上得益于完善的反腐立法以及对法律与时俱进的修改和补充，法律成为阻隔腐败之水的一座座"堤坝"。然而回顾历史，英国政治腐败也曾经令人触目惊心，这也成为英国政治民主化的契机。经过近一个世纪的治理，英国最终从高度腐败的国家进入比较廉洁的国家行列。尚且不论可以资以借鉴的经验和教训，就是这一转变也可以坚定我们长期反腐和治理腐败的决心。

---

① 李俊峰：《老牌帝国何以跻身清廉前列》，《检察风云》2010 年第 17 期。

一、历史背景与政治文化

1. 历史背景

英国历史源远流长，但是在中世纪之前的历史中我们很难发现记载腐败的文献，是否存在腐败的传统也不得而知。英国历史上腐败与反腐败的较量真正开始于中世纪，我们可以在国王们的法令与宪章中发现廉政建设的历史痕迹。英王亨利二世是一位伟大的立法者，在其统治时期，进行了司法改革，建立了巡回法官制度，目的之一就是检视地方官员是否存在贪渎行为。1215 年英王约翰签署的《大宪章》中也有禁止王室食品采办官敲诈行为的条文。爱德华一世统治时期，他就曾命令所有的巡回法官对地方官员滥用行政权力行为进行调查。亨利四世则在法令中，对郡守的敲诈勒索行为加以惩处①。十六十七世纪英王还建立了告密制度，1530 年到 1624 年，"告密者是监督实施经济法律的主要群体"②。可以说在封建时代，国王就开始进行廉政建设。不过这是典型的"人治"的做法，由于国王个人的意志和能力参差不齐，因此这些措施多不能持久，收效也甚微。

某种程度上来讲，斯图亚特王朝时期的贵族官员腐败也是英国资产阶级爆发的一个重要原因。革命后英国虽然建立了君主立宪制，但是并没有对腐败进行制度性限制，人们所渴望的政治风气上的改变并没有立即发生。相反，光荣革命后的一百多年里，腐败之风死灰复燃席卷英国政坛，而激烈的党争加剧了这一趋势，英国陷入腐败泥潭，政治危机的警钟敲响。后来在政治家和民众的共同努力下，经过 18 世纪三次议会改革运动和文官制度改革，英国对腐败进行了集中治理，也在反腐败的制度方面取得了成功。19 世纪末英国第一个制定了反腐败法律，政治逐渐走向清明。20 世纪以来，除开两次世界大战的干扰，英国的廉政建设正在有条不紊地进行，虽然也有一些波折，但也取得了累累硕果。

2. 政治文化

政治文化是一种关于政治的精神状态，其中包含了道德观念、情感、传

---

① 参见龚敏：《论近代早期英国政治社会监督机制与社会腐败》，《湖南科技大学学报（社会科学版）》2006 年第 9 卷第 4 期。

② See Peck, Linda Levy, Northampton: Patronage and Policy at the Court of James, George Allen & Unwin Ltd, 1982, P. 143.

统、习俗、经验、价值准则、惯例以及生活方式等。"大量研究结果证明，一个社会腐败现象的发生和存在，同政治文化的作用有直接和间接的关系。"① 英国政府的廉洁正是得益于政治文化的反腐败的因素，它们分别是法治精神、启蒙思想、个人主义。

法治精神是英国政治文化传统重要组成部分。英国的法制传统可以追溯到1215 年的《大宪章》，它初步确立了中世纪英国法律至上的原则，目的是制衡君主的权力，保护民众的自由和权利。这一原则贯穿于英国政治生活的始终，并成为现代廉政建设的有力支撑。由此英国成为第一个以立法的手段来反对和预防腐败的国家。

盛行于十七十八世纪的英国启蒙思想是近代政治文化的重要来源。活跃于18 世纪英国的哲学家和思想家大卫·休谟指出，人性本恶应该是设计任何政府体制的一个初衷，每个成员都是食利之徒，因此制约和监督机构必不可少。与他同一时代的洛克则在其代表作《政府论》中，也重申了限制国家权力和分权的重要性，认为这是防止专权、滥权现象的有效手段。尽管英国没能成为这些理论的试验场，但是他们提出的理念和思想最终被整合进英国的政治体制，成为现代政治建设和廉政文化的源泉。

保守的英国民众总是迷恋于那些他们熟悉的或者是有情感的政治和社会制度，长此下去，这种做法最终发展成为一种行为模式，指导并影响他们的政治行为，这就是我们经常提及的英国个人主义，它是政治稳定运行的一个很重要的心理因素。在英国，公众经常会对只有利于公共整体，而明显对地方或部门利益不利的政策表现出强烈的反抗和抵触情绪，以便引起政府的注意和重视。因而英国政府在制定与国家整体利益有关的社会发展计划时，不得不充分考虑个体和地方的利益。这种个人主义的思维对反腐败和廉政工作的推进大有助益，因为民众相信腐败是不利于其自身和社会公益的，因而他们对政府的廉政制度建设予以支持。而且他们也很乐意以"非政治"的形式参与到对政府的监督中来，通过建立社会组织来维护、行使自己的监督权利。

此外，崇尚诚信、廉洁的民情也可以算作英国政治文化的一部分。"好的民情促生好的政治。"在英国，此言不虚。诚信、廉洁就是英国的民情，它们已经成为政治文化的核心价值，深入人心。这表现为：公职人员严于律己，公

---

① 宋振国、刘长敏：《各国廉政建设比较研究》，知识产权出版社 2006 年版，第 95 页。

民则时刻对腐败保持警惕，对腐败行为有着强烈的斗争自觉意识。以此来讲，英国的文化传统从源头上抑制了腐败滋生的土壤。

二、历史上腐败高发期与集中治改

英国是第一个进入现代化的国家，不幸也称得上是"近代资本主义政治腐败的鼻祖"[①]。政治腐败是与英国的现代化进程相始终的，英国资产阶级革命后，"英国基本上完成了变革传统的政治和经济体制"[②]，但是困扰英国政府已久的政治腐败不仅没有得以有效抑制，反而愈演愈烈，引发了19世纪英国新一轮的政治改革。

十八十九世纪腐败泛滥，究其原因：一方面是封建恩赐的官员任命机制并没有消除。由于"光荣革命"是新兴资产阶级和贵族地主之间的妥协，革命后国王、大臣和贵族议员仍掌握直接任命官员的权力，他们可以把这些官职肆意恩赐给自己的亲信和利益相关者。其结果是任人唯亲现象严重，文官队伍素质低下，无能之辈充斥政府机构。与此同时官商勾结的投机活动也十分频繁，这不仅严重地腐蚀了政府的权力，而且破坏了正常的资本市场秩序。英国历史乃至世界金融史有名的1720年南海公司泡沫丑闻就发生在这一时期，事件的曝光使当时的辉格党内阁信誉扫地，引发了严重的政治危机。亚当·斯密在《国富论》一书中揭露了东印度公司利用特权和垄断权牟取暴利以及官员贪腐的丑行。关于这一时期腐败的"盛况"，1759年在英国考察游历的富兰克林深有体会："绝对的腐败在这个古老国家的所有等级的人们中流行，从头到脚都完全堕落和腐败了！"另一方面是在革命后资产阶级君主立宪制中，议会成了最高权力机关，原先用来消除恩赐官员制引发的政治腐败的"个人推荐制"逐渐为"政党分赃制"取代，后者成为腐败的新源泉。19世纪，随着英国的政党制日趋成熟，两党轮流执政成为常态。重要官吏的任免实权为议会多数党所掌握。因此，政党的交替执政经常引起政府官吏的大变动。"一朝天子一朝臣"，无论哪一个政党在竞选中获胜上台，都会把各种官职作为"胜利果实"，公开进行"肥缺分赃"，卖官鬻爵，盛行一时。[③]

针对18世纪的政治腐败，英国政府也不是坐以待毙，也曾颁布过旨在消

---

① 李秀峰主编：《廉政体系的国际比较》，社会科学文献出版社2007年版，第71页。
② 参见姜跃：《国外廉政建设之经验》，《珠海市行政学院学报》2009年第5期。
③ 杨联华：《英国廉政制度评价》，《现代法学》1991年第5期。

除腐败、维护选举公正的法律法规，但是由于法案自身的弊端，再加上既得利益者之间的相互推诿，取得的效果十分有限。如 1729 年制定的《反贿赂法》，它禁止候选人用金钱贿赂选民，否则取消其候选人资格，并处以 5000 英镑的罚款。但是由于漏洞百出，比如没有明确规定选举令公布之前和以非金钱方式收买选票的行为是否违法等，最终成为一纸空文。结果是贿赂现象不但没有减轻，反而愈演愈烈。

因此规模更大的文官制度和议会制度改革成为英国政府集中整治腐败的重要措施，两者交替进行，也是英国政治民主化的重要推动力量。19 世纪上半期英国率先完成工业革命，国力日趋鼎盛，经济社会的发展也对官员提出了更高的专业要求，改革议会选举也成为工业资产阶级的呼声。于是英国政府开始对文官制度进行比较全面的改革，1852 年阿伯丁政府的屈维廉和诺斯科特爵士奉命调查和研究英国文官制度的状况。1853 年年底，他们提出了关于建立英国文官制度的报告，并附带了一个全面改革的方案，建议经过公开考试公开录取文官，并成立相应的考试管理机构。文官被录取后还要接受专业的培训和严格的考核。但是这个报告在提交议会讨论时遭到贵族院的强烈反对，当时又适逢克里米亚战争爆发，因此就被搁置起来。

克里米亚战争中军事部门的低效和不作为，暴露了英国文官制度的弊端，也为改革提供了新的机会。帕麦斯顿出任首相后，在采纳部分屈氏建议的基础上推出了新的改革方案。1855 年，英国颁布了关于"录用王国文官的第一个正式法令"，并成立了 3 人文官制度委员会来负责文官的考核和选录等事宜。之后议会又通过法律，规定只有具有文官委员会颁发的证书的官员，才可享受年金。这就为经考试录用的公务员提供了一定的经济保障。虽然这场改革从一开始就遭到贵族和部分政客的竭力反对，但是没有就此停顿下来。19 世纪后半期，文官制度改革继续推进。1870 年格莱斯顿政府颁布了第二个改革文官体制的法令。该法令规定，大部分文官必须通过考试，公开竞争，择优录用，这样便剥夺了贵族垄断官职的特权。在格莱斯顿执政时期，议会改革也取得了进展。虽然 1832 年的议会改革废除了腐败选区，但是选举腐败行为依然没有得到有效遏制，而且贵族们对相关改革也是百般阻挠。1872 年格莱斯顿政府向议会提出并通过了《秘密投票法案》，规定各投票站开始采用无记名投票。该方案通过后，买卖选票的行为普遍减少，选举腐败行为也明显收敛。

格莱斯顿政府的改革有着里程碑式的意义，它促成了英国文官制度的最终确立，也标志着英国议会改革的完成。英国也成为世界上第一个建立现代文官制度的国家。新的英国文官制度，在很大程度上消除了吏治混乱的隐患，而且对廉洁奉公、积极工作的公务员具有激励作用。它提高了政府效率，使政府的运作更为规范，徇私舞弊、贪腐渎职等现象也大大减少了。在新的议会中，工业资产阶级占据了主导地位，英国的政治民主化进程也大大加快。

在之后的一百多年里，英国一直保持着稳定和廉洁的局面。但是进入到20世纪末21世纪初，形势发生了变化，英国再次陷入政治腐败的"多事之秋"。20世纪90年代初，有关议员收受商业贿赂的传言引来街谈巷议，《泰晤士报》最终证实了这一说法，并将此事曝光，顿时舆论哗然。此种情况下，英国首相梅杰紧急任命一个由诺兰主持的生活标准委员会展开调查，调查结果令人大跌眼镜，下院竟然有多达三分之一的议员在院外另有工作。出于整治吏治、改善政风的目的，英国首相梅杰发起了一场"道德回归"运动。1995年在梅杰政府的推动下，诺兰委员会提出要严格规范高级官员公务员的行为规范，部长以及特别顾问应遵守国家公务员准则，离职两年后才可进入公司任职。委员会还建议对公共咨询和管理组织的管理人员的人事任免进行公开。这一系列措施的出台大大约束了公职人员的行为，促使他们廉洁自律，从而降低了腐败的风险。

到了21世纪英国政坛也不太平。2007年虚惊一场的"金钱换爵位"[1]丑闻（"金钱换爵位"事件主要当事人迈克尔·利维勋爵照片见图12），再次吸引了民众的注意力。尽管英式腐败[2]的特点使

图12　迈克尔·利维勋爵，前首相布莱尔最重要助手之一，因"金钱换爵位"丑闻被负责调查腐败的英国警方逮捕，但最终免予起诉。

---

① 指前首相布莱尔主持下的工党政府被控以金钱换爵位，为捐款支持工党的富豪封爵。
② 英式腐败是英国人的幽默自嘲，指的是，即便是群体腐败，他们也显然把其视为个案。他们对本国的廉政体制有着过高的估计。参见盛立中：《英国式腐败》，《廉政瞭望》2006年第9期。

案件不了了之，但这也暴露了英国政党政治背后的诸多问题，严重损害了选民对政治家的信任。2008/2009 年"报销门"丑闻的曝光无疑是雪上加霜，并引发巨大的社会风暴。据报道，狗在官员报销款项中，狗食费、法院传票费和烫裤费等不足为道的费用也赫然在列，顿时舆论哗然。政府也不得不出面处理，最终涉事的 27 人引咎辞职，373 人被勒令退还报销资金。但是事件并未就此完结，"报销门"丑闻持续发酵，并再次把政府推向了风口浪尖。

三、现行廉政建设特征

经过几百年风风雨雨，英国在遏制腐败方面已积累了不少经验和教训，逐步摸索并建立了一套预防和惩治腐败的机制。尽管不能根除腐败，但总体上保持了把腐败现象限制在可控制的范围内。仔细审视英国的廉政建设，我们会发现如下特征：

1. 建立统一反腐败立法

英国反腐败的历史悠久，立法繁多，而且对官员的行为规范和腐败行为及其惩罚都作了相关规定（见表 11）。但是这些法律都是各司其职，富有针对性而欠缺统一性。2003 年起，英国政府在整合旧法的基础上，开始进行改革，以便建立统一的反腐败立法。2010 年，英国通过了新的《反贿赂法》，该法案于 2011 年 7 月 1 日正式生效。

表 11　　　　　　　　　　英国反腐败立法一览

名称	性质	颁行时间	备注
《公共机构腐败行为法》	专门法	1889	英国第一部反腐败立法
《防治腐败法》	专门法	1906	将《公共机构腐败行为法》的范围扩大到不仅包括公共机构的工作人员，而且包括公共机构本身
《防止腐败法》	专门法	1916	再次扩大范围，把一切地方性和公共性机构纳入公共机构
《人民代表法》	非专门法	1948	
《北爱选举法》	非专门法	1962	

名称	性质	颁行时间	备注
《许可证法》	非专门法	1964	
《北爱地方政府法》	非专门法	1972	
《犯罪审判法》	非专门法	1988	
《地方政府和住房法》	非专门法	1989	
《反恐、犯罪和安全法》	非专门法	2001	
《犯罪收益法》	非专门法	2001	

新的《反贿赂法》，覆盖范围更为广大，几乎涉及所有国内外贿赂行为的法律都被涵盖在内，堪称最全面的反腐败立法。新法案取代了英国原有的关于反贿赂的条文法和普通法规则，并进一步加强了司法力度。与美国颁布的《反海外贿赂法》相比，英国的《反贿赂法》覆盖面更广，惩治力度更大，对公司的贪腐行为的查处也更为严格。这有助于防止贿赂行为的发生，并对未能防止贿赂等违法行为的公司追究刑事责任。新法还加大了对行贿的打击力度，其适用范围和对象也进行了适度扩大，公营部门和私营部门都被包括在内，而且几乎所有与英国有密切关系的公司和个人都在法案的适用范围中。处罚力度也是空前的，犯有行贿、受贿或贿赂公职人员罪的个人，如果罪行属实，可能要被处以 10 年监禁。公司的罪行如被查实，则要被处以无限额罚款，这对潜在的腐败行为绝对是有力的震慑。

2. 全方位监督机构和监督机制

在英国，由于没有专门的反腐败机构，因此监督机构的设立以及全面的监督机制的建立一直是英国廉政建设的重心。除了借助权力监督机构外，英国政府还赋予一些新设立的监督机构反腐败的功能。英国监督机制包括议会、司法部门、审计部门、公众与新闻媒体舆论监督以及政府部门内部机构监督等。这些机构各有所属，各司其职，组成了严密的监督网络。

（1）议会 作为英国的最高权力机关，它主要负责监察行政工作，监督政府的政治方针、政策和政府成员行为规范。质询权、调查权、弹劾权是它的主要职权。议会还设立了专职的机构或组织履行监督职能，比如负责处理公民对议员投诉的公共专员和对各部部长及有关机构实施监督专门特别委员会。此外还有由特别委员会主席组成标准特别委员会，它有权质询首相。如若没有特殊情况，首相必须到场，对质询的内容做出回答。

（2）审计机构　英国是世界上最早设立审计机构的国家。目前审计机构主要有：国家审计署和公共账目委员会，前者负责对所有政府机构财务开支以及某些国外组织机构的审计；后者的职能是对政府提出报告建议并进行调查；此外还存在一个功能强大的审计委员会，它既负责监督一般性审计问题，在公共审计机构和私人公司之间分配审计任务，又有权监测全国欺诈与腐败行为。

（3）政府部门内部机构　英国多个政府部门设有监督机构，对腐败行为进行直接监督，有的部门内部还设立特别调查组，对本部门出现的腐败行为进行调查、取证，并给出一些指导性建议。它们的职能仅限于政府机构背部的自查和纠错，主要机构有：反欺诈与安全管理处，它是国家保健署的下设机构，负责调查国民保健系统出现的行政管理人员和供应商、医生和患者相互勾结欺诈国家钱财的行为；特别办公室，由国内税收署设立，专门对税收方面的欺诈行为进行调查和起诉；反欺诈小组，设在国防部内，和国防部的内部审计制度一样，调查军备采购中的腐败行为是它的主要任务。

（4）监察专员　英国的监察员分为议会监察专员、地方政府监察专员和国家卫生署监察专员三种。议会监察专员设立于 1967 年，由女王任命，任职终身，主要负责受理公民受到中央行政机关的不良行政侵害的投诉；监督政府机构及其工作人员，保证他们依法行政；保护受到政府不当行为侵害的公民。同时还担负监督政府官员尤其是高级公务员，并向政府提出改进工作的建议和具体措施的职责。监察专员还享有一定的特权，如若相关行政机关不接受建议，他们有权将调查情况公布于众，并提交议会向机关部长提出质询。地方政府监察专员的监管对象主要是地方议会和议员、地方政府机构及官员，其他职能与议会监察专员基本相同。1973 年英国又设立了国家卫生署监察专员，负责对国民保健服务的监察。至此英国独立的监察专员制度初步建立起来，并在监察的实践中不断得以完善。

（5）严重欺诈处理办公室　设立于 1988 年，下设院长 1 人，由总检察长任命。初期编制 63 人，到 1994 年已增加 168 人。它专门负责调查起诉英国境内的严重犯罪①。在侦查过程中，侦查人员还享有一定的书面通知权、必要的搜查权和提起诉讼的权利。严重欺诈处理办公室在英国国家机构中处于中央部级机关的地位，是隶属于总检察长管辖的大部级司法机构之一。

（6）国家稽查委员会　在稽查总长主持下开展工作，专门负责对政府各部门及中央其他机构的财务开支、办事效率以及准确性进行主动核查，并根据需要和工作安排对各相关政府机构的财政收支情况、职责履行情况以及官员个人行为进行考核和稽查。在稽查过程中，稽查人员有权获取与被稽查单位相关的书面材料，也可以要求被查人员对相关问题做出解释，但不得收集与之相关的任何证据。

（7）资产追缴局　2002年依据《犯罪收益法》成立，专门负责追缴超过1万英镑以上的非法所得，追缴期限长达32年之久。它的特别之处在于，即使在追缴对象从来没有受到过犯罪起诉的情况下，它也可以通过普通民事法院将资产追缴到手，这有助于挽救国家的财产损失。

此外一些非政府组织或半官方组织也是英国监督机制的重要组成部分，它们主要负责监督检查政策的合法性以及处理与不合法行为有关的诉讼，诉讼范围几乎涵盖了涉及个人利益的多数公共领域，而且这些机构的开支和人员雇佣都由政府一手操作，它们的主要任务就是行使监督政府的职能。还有就是舆论和媒体的监督功能也是不可忽视的。在英国，法律保护新闻媒体的独立性以及对政府进行监督和批评的权利，而且新闻媒体确实在反腐败方面发挥了重要作用，前面提及的"金钱换爵位"的丑闻和"报销门"丑闻都是媒体率先曝光的。

3. 完善而行之有效的廉政制度

制度是廉政建设的基础，英国政府历来就重视反腐的制度建设。到目前为止，比较完善的廉政制度已经初步建立起来。

（1）现代公务员制度　英国的公务员制度历史悠久，英国虽然也是高薪养廉的国家之一，但是与新加坡等国家又存在不同。总体而言，英国文官收入并不高，具体表现为：待遇相对较高的高级公务员，与私营公司经理们的收入相比，还有很大差距；低级和中级文官的薪水基本与普通公司职员持平。所以

---

① 所谓严重犯罪，是指涉案金额在100万英镑以上，或有国际背景，或与公共利益紧密相关，涉及面广、影响大，或专业性极强领域的犯罪。

英国的廉洁并不是靠高薪养出来的，公务员之所以比较廉洁，乃是在于英国建立了一套较为完善的公务员招聘、培训、任用、管理和监督的制度，要求公务员强制遵循诚实、负责、客观、政治中立、保密和公平六原则，并对公务员的职业保障、权利保障、行为规则等都做出了详细规定。关于公务员的道德规范，英国文官守则的总纲规定得也非常明确。忠于国家是基本要求，公正诚实是主要原则，个人主义和以权谋私则是绝对被禁止的。而且这些要求还见诸许多具体规定之中，例如，公务员任职期间不得利用职权内的信息进行金融活动。礼品、馈赠、酬金和宴请的接受都是有严格规定的。公职人员也是绝对不允许从事职务外兼职的，违者必将予以惩处。同时在"无私、正直、客观、责任感、公开、诚信、领导才能"七原则的指导下，公务员的行为得到进一步的规范。

（2）财产申报制度　英国最早的关于财产申报的法律是1883年英国议会通过的《净化选举、防止腐败法》，此后的相关法律都是在其基础上进一步完善而成。它的主要内容是议会中议员选举费用的限额和对选举舞弊的刑罚，而且还规定官员财产的相关事宜。比如官员必须对不正常收入做出解释和说明，如不能提供令人信服和有效的证据，将被依法论处，严重者还要接受刑事处罚。1973年瑞德克里夫—莫德委员建议，对议员的佣金、从公司获得的利益和从地方政府的土地获得的利益进行强制登记，将其作为财产申报的新内容。此后英国的财产申报制度逐步建立起来。值得一提的是，英国所有部门的官员财产申报制度也不是同一的。由于有议员和公务员之分，他们的财产申报当区别对待。在英国，议会议员的财产申报相对而言比较繁琐，所有相关收入都必须申报。不仅工资、奖金、津贴、补贴要申报，各种收入、福利和可能的好处也都要向社会公开，接受监督，而且议员和官员通过写作和讲学获得的经营性收入也不得有所隐瞒，必须逐一申报。英国普通公务员财产申报就比较简单，仅限于公务员本身，家人与亲属的收入和财产都无需申报。

（3）政党补助制度　为了有效地防止有人借政治捐款的名义腐蚀政党，进而消除由此而产生的腐败现象，英国建立了政党补助制度。补助形式有两种：一种是服务性补助，即参加竞选的政党和候选人可以获得特定项目的免费服务，主要包括邮费、场租和广播服务。邮寄费用由财政部负担，英国政府每年在这方面的费用支出都是不菲的。据统计，1983年的邮寄费用补贴几乎是1979年的两倍，达到780万英镑。场租补助是指候选人以免费使用公立学校的教室和会议室来举行竞选集会。租用场地的经费也是公费支出。在竞选期间，英国广播公司 BBC 均会免费为保守党和工党提供时长不等的广播节目和电视节目。各地电台也会向候选人提供免费的广播节目。但是候选人不足 50 人的政党，是享受不到免费广播节目的。如果把以免费广播的方式对政党的补助折算成现金，仅 1979 年一年，就达 510 万英镑之巨。而若按商业广告付费，政党在不接受任何政治捐助的情况下，是很难负担得起的。通过这一举措，政党的筹款压力降低，一些潜在的腐败行为也被抑制。

另一种补助形式为现金资助，主要是指反对党资助金和欧洲议会选举补助。反对党资助金就是国家财政拿一笔钱来付给各反对党，来补贴其活动开支。资金的使用权掌握在反对党手中，它们可以自行决定其用途。例如工党会把这笔钱用于领袖办公室开支等方面。欧洲议会选举补助由欧洲议会从自己的预算中拿出，主要用于补贴各政党在宣传、集会等方面的开支①。

4. 发达的道德教育体系

从历史来看，腐败问题在英国得到了较好的控制，一定程度上得益于道德教育②。众所周知，英国人的绅士范，除了与传统文化息息相关外，惠及终身的道德教育更是功不可没，正是它保证了公民较高的道德水平。尊重生命、公平、诚实和守信是英国的核心道德观念，英国人从小学生起就开始接受此类教育，目的就是要让学生从小就懂得做人的基本道理，掌握处理人与人、人与社会关系的能力。此外，学校还坚持推行守法教育，目的之一就是让学生们意识到法律和道德之间的互利关系。

英国学校对小学生的道德教育主要通过以下几种方式得以实现：（1）把道德教育纳入宗教教育之中。1944 年教育法规定：所有郡学校和民办学校均开设宗教教育课；1988 年的教育改革法也规定，为所有在校注册的学生开设宗教教育课。宗教教育注重向学生介绍宗教和精神领域的历史、内容和观点，尤其是对英国文化有深远影响的宗教传统知识以及关于个人和社会价值观念的内容，目的在于使学生能够用传统宗教的观念理解现代社会中宗教和文化的多样性，确立个体价值观。（2）开设道德教育课程。20 世纪 70 年代以来，英国学校普遍使用《生命线》系列教科书，着重培养学生气质修养、行为举止以

---

① 宋振国、刘长敏等著：《各国廉政建设比较研究（修订版）》，知识产权出版社 2013 年版，第 194~195 页。
② 《英国：制度+舆论有效控制腐败》，《政府采购信息报》2014 年 1 月 20 日。

及道德判断力，旨在创造一种充满人文关怀的课堂环境、学校环境和社会环境。（3）注重礼仪、仪表和品行的教育。这和英国社会、家庭的传统有关。英国人历来偏爱绅士风度，注重从小教育并培养学生的良好礼仪和品行。例如，英国小学教育的目的就是鼓励儿童兴趣发展，帮助儿童树立责任感，启发他们树立理想和培养他们的情操。（4）辅以其他学科和活动。老师们通常把道德素质教育寓于文学、艺术、历史及家庭生活等课程中。此外，英国德育教育是不可或缺的，它通常体现在一系列的课外活动中，因此在英国学校，你会看到学生们经常被要求参加集会、教会活动、俱乐部活动和学生会活动等各种形式的集体活动。

各类形式的道德教育在高等教育中同样存在，但主要是通过增加人文学科在高等院校课程中的比重来实现，尤其是增加与爱国精神和守法精神教育相关的课程。此外，英国的一些高校，如牛津大学、爱丁堡大学，还成立了道德研究机构和实验机构来推动学校道德教育的进一步发展。在这种教育氛围下，再加上长期的历史文化传统，诸如正直、诚实、公正、守法等价值观逐渐深入人心。

走上工作岗位的英国人也不能懈怠，政府会继续对他们进行道德教育，公务员尤其如此。1995年公共生活标准委员会提出了"公共生活七原则"以规范国家公职人员的职业道德，主要内容为：无私，公职人员应该谨守公共利益采取行动，不得以权谋私；正直，履行公务时，不以外界的意志为转移，秉公办事，依法行政；客观，在履行职责时应根据是非曲直做出选择，不得偏听偏信，以偏概全；负责，公职人员应对自己的决定和行动向公众负责，并接受公众的检查和考验；公开，公职人员尽可能把自己的决定和行动向社会公开，并做出解释；诚实，公职人员有责任说明与公务有关的私人利益，并站在保护公共利益的立场，来解决已经发生的利益冲突，并对潜在的利益冲突进行防范；表率，公职人员应该以身作则，在履行公务中起模范带头作用。

5. 深入贯彻预防理念

反腐多为事后追惩，无疑是亡羊补牢；防腐则是事前预防，可以防患于未然。因此英国政府历来重视预防反腐的理念，认为治理腐败，应先下手为强，与其被动应付，不如主动积极出击。

风险管理是英国预防理念的集中体现，由于风险管理是良好内部控制的关键，因此英国公、私部门都重视采取风险管理的办法来预防腐败。通常的做法就是，首先要确立目标，即要把腐败现象控制在怎样的一个水平，从而方便接下来工作的开展及具体措施的制定。其次是鉴定风险，具体讲就是分析腐败风险的分布区域，以便重点布控。然后是评估风险，主要内容就是对风险发生的概率以及可能产生的影响进行估测，并根据评估结果对风险从高到低进行排序。接着是控制风险，这也是风险管理的目的。有关部门应及时根据各个环节腐败风险的大小制定降低风险的措施和反腐败控制计划。再就是责任分配，即明确每个风险的责任和责任部门，这是风险管理的关键。因为这关系到风险控制措施能不能落实。最后就是监测审查，主要任务就是建立彻底的审查机制，随时跟踪管理中的风险，并建立风险档案，以便定期回顾。

四、现存问题及发展趋势

英国的廉政建设虽然成果卓著，但是腐败的丑闻仍不时爆出，一些存在的问题也没有得到解决，英国的反腐败工作显然任重道远。

在腐败存在的问题上，英国和法国是有相似之处的。英国的腐败集中在上层，是典型的圈子腐败。其根源并不在总的制度和体制，腐败的原因则是圈中人拥有诸如社会地位、荣誉、政治影响力等"金钱难买"的隐形特权。这些小圈子门槛很高，一般人很难进入。这看起来有点类似于中世纪的贵族腐败，它比单纯的经济腐败更难治理。所以在以后的反腐败中有必要加强对高级官员的监督和约束。

反贪腐机构的层次性欠缺，如上文所述，英国的反重大欺诈局只负责重大贪腐的惩治，而对普通的或小型的腐败犯罪行为鞭长莫及。虽然"大老虎"得到惩处，在社会上起到了威慑作用，但是"苍蝇们"的腐败行为仍然没有专门的机构来负责，这始终是个隐患。而这同时又暴露出另一个问题——英国缺乏一个统一的反腐机构。英国目前的反腐机构虽然众多，但是在反腐败工作中，它们之间的联系并不紧密，分工亦不明确，在腐败案件的管理权限上也存在重叠，这些都是英国今后的廉政工作中亟待解决的。至于有没有建立统一反腐机构的必要，这还需要深入的探讨和论证。

还有就是，政党的筹款体系也是腐败的潜在威胁。政党筹款问题已多次被公共生活标准委员会提及，委员会主席克里斯托弗·凯利爵士曾建议由纳税人来承担各政党费用，以减少各党对少数巨额捐赠者的依赖，但这并未得到纳税人的积极响应。卡梅伦"豪宴门"事件敲响了政党筹款体系的警钟：在不改革政党筹资体系情况下，筹款丑闻将会不断发生，权钱交易的腐败行为也不可避免。因此，无论是对保守党还是工党，从长远来看，这都是它们要破解的一大难题。至于如何破解，这要依靠它们的政治智慧。即便不采纳凯利爵士的建议，设立专门的政党基金还是值得考虑的。

五、小结

作为全球比较廉洁的国家之一，英国已经建立起来比较成熟的廉政体系。尽管仍然存在一些缺陷，它的成绩也是有目共睹的。虽然中英两国在国体、政体、意识形态和法律体系等方面存在本质的区别，廉政建设所根植和依赖的国情、文化、习惯也不同，但是英国的廉政建设中的一些具体制度、措施和经验，如加强对国民的道德教育并提高其道德素质、完善和强化监督制约机制等，确实反映了公共生活领域反腐败内在规律的要求，有些也是我们正在面临的问题。这就为我们打开了求同存异的大门，我们可以把这些成功经验和举措经过消化和吸收后，运用到我国的廉政建设中来，对我们今后的反腐败工作应该是有帮助的。

法国廉政建设概况

政治自由只有在温和的政体里存在。但是，它并不总是存在于政治上温和的国家里，而是只有那里的国家权力不被滥用的时候才存在。不过一切有权力的人都容易走向滥用权力，这是一条千古不变的经验。

——法国启蒙思想家孟德斯鸠

人类也需要梦想者，这种人醉心于一种事业的大公无私的发展，因而不会注意自身的物质利益。

——法国科学家居里夫人

法国位于欧洲西部，历史悠久。人们津津乐道的是巴黎的时尚品位和卢浮宫的艺术瑰宝，还有曾经一统欧洲的英雄拿破仑。说起近代法国的政治，就有些"大煞风景"了。法国政治的腐败，至少在欧洲发达国家来讲是"臭名昭著"的。上网输入法国腐败关键词，就可以看到高官腐败的诸多案例。对数据的检视也佐证了这一点，依据国际透明组织的最近几年排名，法国位列 22 左右（详见表 12），就全球范围来讲是较为廉洁的国家之一，但是在发达国家中排名倒数。

表 12　　法国最近十年（2004—2013）国际透明组织廉政指数（CPI）

年度	2004	2005	2006	2007	2008	2009	2010	2011	2012	2013
排名	22	18	18	19	23	24	25	25	22	22
得分	7.1	7.5	7.4	7.3	6.9	6.9	6.8	7.0	7.1	7.1

注：表中的数据来源于透明国际组织官网 http://www.transparency.org/。

不过实事求是地讲，"一叶障目，泰山犹在"，法国政治的基本面还是廉洁的，反腐败工作也取得了一定的成绩。为了打击腐败法国政府也是煞费苦心，建立了严格的自查和外部监督机制，实施了严厉的法律制裁措施，有效地控制和打击了腐败行为。但是腐败治理的艰难是有目共睹的，一些遗留的问题依然没有得到解决。因此在反腐败问题上，法国正反面的经验对我们都有启示意义。

一、历史背景与政治文化

1. 历史背景

纵观法国历史，可以说法国的政治腐败与反腐败如影随形，并且有着深刻的历史根源。法国腐败的萌芽最早可以追溯到法兰克人统治时期，当时就有酋长首领接受民众馈赠礼物（即民众向国王送礼）的习俗，但是这在当时来看，并不是腐败行为，也不存在所谓腐败的词汇与概念。到了封建时代，国王的宠臣们成为新的礼物接受者，他们利用手中的权力贪赃枉法，谋取私利。法国国王圣路易在位时颁布过敕令，推行过一些廉政措施，如禁止官员在任职的地方购置不动产、官职不得出售和离任官员 40 天的监察期等①，但是效果并不明显。到了路易十六时期，由于措施不力，腐败问题引发财政危机，进而促成大革命的爆发。大革命之后法国虽然建立了共和国但是政局一直动荡起伏，先后经历了拿破仑帝国、法兰西第二共和国、法兰西第二帝国，法兰西第三共和国。而在法兰西第三共和国时期，经济与社会问题与早就存在的政治弊端交织在一起，促成了 19 世纪末 20 世纪初政治腐败的大爆发，这一时期发生了巴拿马运河工程贪腐案，震惊了整个法国政坛。20 世纪三四十年代的经济大危机和第二次世界大战暂时转移了人们的注意力，腐败问题也不再是政治的中心议题。到了第二次世界大战后的第四共和国时期，尽管权力斗争激烈，但是政治腐败的事件并不多见。20 世纪 60 年代后期法国通过了 1958 年宪法，确立了总统共和制，这标志着第五共和国的成立。在戴高乐的带领下，法国进入到发展的新时期，国际地位也不断提高，政府还是比较廉洁的。戴高乐之后蓬皮杜、德斯坦、密特朗、希拉克先后出任总统，也正是在他们统治时期腐败之风死灰复燃，总统们的受贿案更是令法国的政治形象一落千丈。

2. 政治文化

富有戏剧性的是，也正是在腐败盛行的法国，却最早出现了廉政建设理论与思想的萌芽。十七十八世纪的启蒙思想家构想了资产阶级共和国的蓝图，他

---

① ［法］雅克·勒高夫著，许明龙译：《圣路易》，商务印书馆 2002 年版，第 219 页。

们倡导的思想与学说成为后世限权与监督权力的理念的源泉。稍后的资产阶级政治家对它加以补充和完善，进而形成比较完善的廉政理论体系。

孟德斯鸠的"三权分立"学说应该是最重要的，它为限权思想及其实践提供了理论依据与合法性来源。他认为一切有权力的人都有滥用权力的可能，以权力约束权力是防止滥用权力的有效举措。所谓"以权力制约权力"，就是实现立法、行政、司法这三种权力的互相制衡。他还阐释了权力失衡后的后果，提出了权力制衡的具体措施，即立法机关由选举产生，国王掌握行政权和司法完全独立。他的这一思想经过历史的演变最终成为现代国家重要的组织原则，并由此发展出了近代的议会监督制度。

人民主权论深植于法国的文化土壤。法国思想家拉博埃西在《反暴君论》一书中提出，国王是人民的公仆，人民有权选立自己的君主。法国启蒙思想家卢梭更进一步，将权力的所在从君主或议会转移到人民手中。他认为人民主权是至高无上的且不允侵犯，强调"行政权力的受任者绝不是人民的主人，而只是人民的官吏，只要人民愿意就可以委托他们，也可撤换他们"①。卢梭的观点后来成为资产阶级建立民主共和国和主张公民参与的理论基础，对法国政治产生了深远影响。人民主权理论要求政府的行为必须符合人民的要求，赋予民众监督政府天然的合法性，这成为近现代民众监督的理论来源。

法国政治思想家托克维尔在美国之行后提出的社会监督理论是对法国廉政理论的一大补充。他认为三权分立体系并不是万能的，要想实现政治的清明，需要一个由各种独立的、自主的社团组成的多元社会对权力构成有效的制衡。而结社自由可以防止政党专制或大人物专权，是社会监督、防止腐败的手段，报刊和出版自由则是必要的补充。同时他还强调人民广泛参与的重要性，认为人民的政治参与有助于人民养成权利观念和监督意识。但是遗憾的是在现实的法国政治中，这一理论并未得到足够的重视，民众的监督作用对反腐败工作的帮助十分有限。

二、历史上腐败高发期与集中治改时期

如同大革命后的法国政治一样，法国的腐败也是此起彼伏，或许两者之间还存在某种联系。总的来说，自大革命以来，法国历史腐败严重的时期主要有

---

① ［法］卢梭著，何兆武译：《社会契约论》，商务印书馆1962年版，第123~124页。

三次，法国的廉政体系也得以在一腐一治的跌宕起伏中建立和完善起来。

法国历史上的第一次腐败高发期出现于 19 世纪末 20 世纪初。此时第二次工业革命正在如火如荼地进行，法国社会处于自由资本主义向垄断资本主义的过渡阶段，官商勾结牟取暴利的案子屡见不鲜，而法国帝国主义的高利贷色彩使得金融领域成了腐败的重灾区，工程建设中的受贿行贿问题比比皆是。此时发生了共和国历史上最大的政治经济丑闻——巴拿马运河工程丑闻。① 该案牵涉了数百名部长和议员，他们被称为"拿支票者"，投票支持一项有利于大量借贷资金支持巴拿马运河计划的法律。此丑闻一出，全国哗然。最终温和派通过高压政策暂时稳定了局势，此案最终不了了之。

第二次发生在 20 世纪七八十年代，这一时期法国腐败现象严重，官商勾结谋取私利，在各种腐败现象中，制造假发票是极为常见的手段②，因为假发票可以带来巨额收入，围绕于此发生了 1982 年骇人听闻的"公司发票丑闻"。对于腐败造成的不良影响，我们不妨回头看看当时的民意调查，1987 年、1988 年的民意调查结果显示：民众对政治家极不信任，由此可以想见政治的糟糕透顶和民众的无比失望。

面对蔓延的腐败，为了挽回政治形象与声誉，法国政府对腐败的集中治理也在这时开始，具体来讲就是 1988 年和 1992 年。第一个时期着重解决的是政党经费透明度问题和官员财产问题，经过议会斗争和政党之间的讨价还价，最终于 1988 年通过了财政法修正案，即后来"政治生活中的财政收入透明度"法案③，并在法国《政府公报》上刊登。第二个时期主要针对的是假发票案和一系列政治丑闻，牵头人是 1992 年出任法国总理的贝雷戈瓦。他上台后以"防患于未然"和"消灭腐败祸根"为指导思想，先后设立了预防腐败委员会和反腐败斗争中央局两大反腐新机构，掀起了以"财政公开化"为中心的廉政风波。主要内容有：加强立法，制定和实施《道德总法则》和《专门的道德法规》，两者相互配合，为法国公务员的反腐败提供了法律依据。增加政治生活透明度，法国总统密特朗建议扩大公开财产申报的范围，社会党也在着手制定财产申报的新法案。尽管最终没能施行，但是为未来的财产公开打下了基

---

① 案件的大致内容是在法国外交家费尔南·德莱塞普斯（1805—1894）主持开凿巴拿马运河期间，法国上百名议员因收受大量贿赂而投票通过费尔南·德莱塞普斯领导的巴拿马公司的贷款，给政府留下了巨大的财政亏空。

② 张成德主编：《反腐他山石：美·英·法·日·新·菲·港·台廉政概览》，山西人民出版社 1993 年版，第 75 页。

③ 又称关于政治生活财务透明度的第 88—226 号法案。

础。加强监督职能，扩大对地方财政的审计权，加大对国有企业、公私合营企业以及拥有公共基金的机构的调查权。强化反腐败的侦查手段，鼓励媒体参与到反腐败中来；通过修改行政法和刑法中的某些条款，严厉打击和惩处腐败分子。经过这一时期的集中整治，腐败现象有所收敛，但并没有得到根本改善，总理本人最终也成为腐败的受害者。

好景不长，20世纪90年代以来，法国的政治腐败又进入一个小高潮，而且高层腐败愈发严重，"首先它不是单个的而是系统的行为；其次，腐败牵涉的资金已不再是小数目，相反，这些非法流动的资金已经严重威胁到了我们的政治"①。同时法国政坛的"监守自盗"现象日益频繁，"有法不依"的情况肆无忌惮地蔓延开来。许多高官虽然拿着厚禄，却仍无法抵御金钱的诱惑，纷纷铤而走险，踏上以身试法的不归路。据统计，进入90年代以来，法国已有至少30位部长和大城市市长因被控腐败而下台。这一时期相继发生了前总理朱佩政治献金案，埃尔夫石油贪污腐败案，巴黎大区公共工程腐败案、希拉克受贿案等重大腐败案件，而其中影响最大的当属埃尔夫石油公司贪腐案②，它可以说是震动了欧洲整个政坛，法国的政治形象也因此一落千丈。

20世纪末对腐败大案的审理未能掀起法国治理腐败的第三次浪潮，而且审判过程中也是阻力重重。以埃尔夫石油贪腐案的审理为例，审案中的凶险，主审此案的大法官埃娃·若利（图13）是深有体会。在她的回忆录里，她重点讲述了审判的艰辛和层层阻力。因为案情复杂、金额巨大、涉案官员众多，对埃尔夫石油贪腐案的审理被认为是法国的"世纪之审"。进过马拉松式的调查取证，最终得以立案判决，但是结果并不令人满意。因为本案的"大老虎"迪马（图14）——法国政坛的重量级人物，前外交部长、最高宪法委员会主席——被宣布无罪。即便如此，案件的审理还是推动了廉政建设的进程。因为此案后在舆论的压力下，法国最高法院通过法律废除了高层官员的政治豁免权——这就像是中世纪贵族的特权，它始终是法国反腐败的一个重要障碍。这一举动为后来审理前法国总统希拉克打开了便利之门。

---

① ［法］埃娃·若利著，陆遥译：《我的反腐败经历》，中国方正出版社2005年版，第172、173页。

② 关于埃尔夫石油公司贪腐案的始末，参见埃娃·若利所著《我的反腐败经历》，作为主审此案的大法官，她在书中有详细的记录。

图 13 《我的反腐败经历》一 书，是法国畅销书之 一，著者为主审埃尔 夫石油贪腐案的大法 官埃娃·若利。

图 14 法国前外交部长和最高宪法委员会主席罗兰·迪 马出席法庭审判。他是埃尔夫石油贪腐案元凶巨 恶之一。

三、现行廉政建设特征

法国的腐败问题虽然在发达国家比较严重，但是其治理腐败的廉政体系还是很有特点的，对我国的反腐败也有一定的借鉴意义。法国现行的廉政体系是在以往的反腐与治腐的经验与教训的基础上逐步改进和完善起来的，主要特征体现在以下四个方面：

1. 完善的廉政法律体系和反腐机构

就专门性的立法而言，它们几乎囊括了所有涉及腐败的主体和领域，极具针对性。法国政府于 1988 年制定的《政治生活资金透明法》，是针对公职人员腐败的，在此基础上，公职人员财产申报制度得以建立，政治生活资金透明委员会是负责实施的机构。而且《政治生活资金透明法》及其修正案规定了法国高级公务人员的财产申报，申报对象主要包括总统候选人、国民议会和参议院的议员、中央政府成员、大区区长、海外省议会议长和较大城市市长。同时为了消除长期以来党务中的暗箱操作，议会又完善了《政治资金生活透明法》，于 1993 年限定了法人对政党和议员候选人捐赠的种类与数额，继而又于 1995 年彻底禁止了法人向候选人捐赠这一传统，同时将申报财产的人员扩大到地方议会主席、当选议员、居民达 3 万人以上城市的市长等政府公职人员以及经营规模较大的企业负责人。针对最容易滋生腐败现象的一些行业和部门，法国于 1993 年制定了《预防腐败和经济生活与公共程序透明法》（即《反贪法》）。1990 年的《限制选举经费法》和 1995 年的《政治生活资助法》及修正案则是关于政党活动经费的重要立法。前一部法律严格限制法人向政党和议员候选人进行捐赠；后一部则进一步规定，法人向候选人捐赠（包括以低于市场价提供优惠的间接赠与）的行为是被彻底禁止的，这应当是对之前法律的重申和巩固。为进一步规范公务员的活动，法国的《公务员总法》明令禁止任何公务员从事兼职等职务外的私人活动。任何公务员都不得以个人名义或以中间人的身份，在与己相关的行政部门或公共事业有关的企业中，谋求职务外利益。为了彻查公务人员财产，有效预防腐败行为，法国在关于公务员权利和义务的《第 83—634 号法》的基础上于 1988 年制定了关于公务员财产透明度的《第 88—226 号法》、《第 88—227 号法》，以及禁止公务员利用职权获取利益的法规等，以作为对《政治资金生活透明法》的补充。

此外还有一些零散性立法作为补充。对于公务员尤其是一些行政机关的工作人员，法国刑法明确规定，他们有权凭所担任的职务对私人企业进行监督、管制，或代表国家与私人企业签订契约等。但是在其停职的 5 年内，不得参与该企业事务，否则将被剥夺公职，并处以罚金。此举的目的就是为了防止公务员和企业之间的不正当交易，因为很多在职人员以这种方式，在其离职后进入企业任职。《刑法典》对贪腐的规定也是很详细的，盗用公款、滥用职权、内部交易、收受贿赂、非法占有财务、渎职等各种被动和主动的腐败犯罪行为都赫然在列。关于代理或委托、反对不平等竞争等条款中出现的贪污贿赂行为，民法中的《劳动法典》则做出了严厉的惩处规定。《公务员总法》详细规定了预防公务员利用职务之便贪污腐败条目，如公务员诈取罪、盗用公款罪、从事与职务不相容之商事罪、一般受贿罪、滥用职权受贿罪等。制裁一般分为精神性的和实质性的两类，申诫、警告、记过是主要的精神性制裁方式，实质性制裁则主要包括取消一次晋升资格、减薪、降职、调职、降级、临时解除职务（不超过 6 个月）、强制退休直至撤职，它与公务人员的经济收入和前途密切挂钩。两者并举，使得公职人员不敢轻易越雷池。此外对于情节严重、触犯《刑法典》的，则要按相关规定追究其法律责任。2007 年法国国民议会又通过反腐法案，进一步加大了对贪腐公务员的惩处力度，规定情节严重者判处 5—

10 年监禁和 7.5 万~15 万欧元的罚款。

法国反腐机构详见表 13。

表 13 　　　　　　　　　　　　　**法国反腐机构一览表**

机构名称	设立时间与组织结构	主要职权
议会	法国现代议会萌芽于大革命时期，至今趋于完善，由国民议会和参政院组成	通过法律案审议权、每周一次专门质询权监督政府；通过弹劾案监督总统和政府成员；审查行政部门的预决算方案等
行政法院	1800 年拿破仑重建。它设有四个咨询厅、一个司法厅。人员组成是双重的，一部分是专职公务人员，一部分是参事	监督政府及其首脑的工作，主要负责处理所有涉及政治问题的案件，有权废除高级官员做出的与法律相抵触的决定，甚至可以阻止总统和总理的违法行为；处理公民和政府之间的法律纠纷，并为社会提供财政、法律、国内政务和社会公务等方面的咨询
审计法院	由院长、庭长、审计官、一级审计官、二级审计官、一级助理审计、二级助理审计组成。设九个法庭、各庭分别负责不同的任务	院长全面负责审计法院各项工作，主持案件的审理，负责任命审计法院官员和签署审计法院的决定和命令，并向有关部门通报审计法院的意见。审计官享有账目审查权、调查权、索取资料权和处罚权
监察部门①	主要有国民教育监察总局和社会事务监察司等	各尽其职，每 3—4 年对工作进行一次系统检查，并向有关部门提出工作改进意见；在发生重大问题或事故后，进行专门检查，并对相关责任人做出处分，甚至可以开除其公职
预防贪污腐败中心	1993 年成立，隶属于法国司法部，受法国总理直接领导，成员由来自税收、警察、宪兵、海关等多个部门的专家组成，每 4 年更换一次	收集行政管理和经济部门的贪腐信息、对腐败案件进行分析归类、总结已有的反腐败经验、研究社会上潜在的高新科犯罪；对国家机关、公私企业的监督人员进行培训，以及协助有关部门侦破贪污腐败案件

---

① 法国没有总的专门内部监察机关，但在政府的每个部，都有一个专门的监察机构。

机构名称	设立时间与组织结构	主要职权
政治生活资金透明委员会	成立于 1988 年，成员由法国行政法院、审计院和高等法院的工作人员组成，每 4 年更换一次	落实《政治生活资金透明法》中的财产申报制度，按照法律规定审查政府成员、议员和企业负责人的财产状况，并对来历不明的财产进行调查
国家稽查特派员	建立于 20 世纪 50 年代初期，特派员一般是有财政工作经历、管理经验丰富的资深官员，任期 5—6 年。受经济财政部部长的直接领导，管理机构为国家稽查特派员办公室	主要对拥有半数以上股份的国有企业总公司及其子公司、社会保障机构和获得国家财政支持的机构进行监督

资料来源：阎群力主编：《国（境）外廉政建设与反腐败考察研究》，中国方正出版社 2007 年版，第 48~52 页。

2. 透明的廉政制度

暗箱操作、秘密交易是法国腐败案频发的症结之一。[①] 基于此法国建立了廉政制度，它主要由财产申报制度、政府采购制度、政务公开制度和公务员制度组成。它们共同构成法国廉政体系的重要支柱。

法国财产申报制度的透明化是比较早实现的，1988 年的《政治生活资金透明法》奠定了财产申报制度的框架。但是在实际操作中，财产申报制度的实施则很大程度上依赖于健全完善的税收体系所提供的技术支持。法国建立了统一的税收体系，中央政府对税务机关进行直接管理。税收机关按区分设 4 级机构，共有近 9 万工作人员。税务局系统负责税率制定和征税，公共会计系统的主要职能则是收税和退税，二者互相独立又相互监督。法国经济财政工业部还下设财政总监，专职监督国家、地方和企业个人的公共会计事务。此外，议会授权设立的审计法院也是重要的监督机构，它独立于行政权力之外，负责审查政府部门的财政账目和国有企业等公共机构的财务账目。至此，严密的监督机制建立起来，它可以随时对税务、会计、国库收支等容易出现腐败的经济账

---

① 孔祥仁：《国际反腐败随笔》，中国方正出版社 2007 年版，第 81 页。

目进行监控。此外，信用实名制的采用也是一个重要因素。在法国，公民必须出示身份证，方可在银行开户并办理业务，其姓名、地址等个人信息必须与警察局里的个人档案一致，而这些信息也与租房、购车等个人商业活动联系在一起。就这样，信息共享资源系统逐渐在欧洲国家的税务、金融、公安和社会保障等机构中普遍建立起来，个人账单一旦出问题，很容易被察觉和识破。纳税人的所得税申报资料建档以后，其纸质文件享有短则 3 年、长则 12 年的保存年限，以方便相关人员查阅。对于政治人物、大企业总裁、演艺界高收入人士等人群，法国政府特地将他们的税务文件列为重要或敏感文件，集中加以保存。通过这些文件，政府可以随时对他们的非正常收入进行跟踪，从而及时发现其腐败行为。

法国的政府采购制度在 2004 年新的采购法实施后得以完善。新法在旧法的基础上重申了公众有权进行投标，投标人享有平等权利。同时还采用了更严格的公布制度，法定公布投标额由过去的 9 万欧元大幅下降到 1 万欧元。另外还增加了保证透明度的措施，如要求公共购买商包括地方政府必须公布上一年度所有合同的细节，包括合同商的名字等。如果不遵循这些规定，法院就有权宣布这些合同无效。那些没有赢得合同的投标人有权知道竞标失败的原因，而且如果他们觉得程序不当的话，可以向法庭提起诉讼。根据数据统计，法国的最高行政法院 2004 年受理的此类投诉上升了 35%。其中 180 宗案件正式立案，而在 2003 年此类案件只有 133 宗。而且新的采购法还强化了监督体制，这些有助于遏制新的腐败行为的发生。

公共会计制度是法国监督机制的一大特色。在法国，公共会计部门是公共会计制度的执行机构，是对公共财政管理进行强有力的监控的重要部门。公共会计具有代表国家、公共团体或公共机构执行预算的法定权限。行政事业单位的会计核算业务主要交由公共会计来完成，无需再内部另设会计机构，国有企业经营业务核算则由单独设立的会计机构进行。而且在审计过程中，公共会计只负责监督其核算的真实性、合法性、征收税款和国有资产的保值增值，无权也不得干预企业的日常经营业务。这种制约制度的核心和基石是，公共会计和决策人员职权分离，公共会计高度独立，且与其任职的公共机构决策层分别隶属于不同机关，这一体制有力地保证了公共会计职责的履行。

此外法国还从现代公务员制度中收益良多。在法国政治中，政务官和事务官是两个不同的官职，它们彼此分离，相互独立。政务官由选举产生。事务官的升迁则通过考绩制来进行，执政党是无权干预事务官任命的，而且政务官和事务官无过不得被解职。为规范公务员的公务行为，法国制定《道义法规》，核心内容就是预防腐败。同时有关部门和公务员工会组织还在政府的要求下共同签订《道义总法规》，并根据自身情况制定各部门的《道义法规》。这些法规同时着眼于防止公务员通过配偶或其他中间人利用其职权获取非法利益。

3. 多元化的监督机制

腐败总是和权力如影随形，因此对权力的监督不仅必要，而且是廉政建设的重要保障。法国的监督体系颇为发达，不仅有行政监督、司法监督、国会监督，还有社会舆论监督。它们自成系统，又相互协作，形成了严密的监督网络。其中法国的行政监督和舆论监督较为著名。

法国的行政监督自成一体，相关机构主要有中央廉政署以及经济犯罪和金融专门法庭、国家稽查特派员等，它们互不统属，各自在规定的职权范围内行使监督职能。而且它们不仅监督，还要汇报监督的具体情况以及出现的问题，并将之向社会公布。这就避免了监督中的形式主义，同时也提高了监督的效率。

舆论监督是法国最有效的外部监督机制。在法国，舆论监督主要指的是媒体的监督，它们是不受政府控制的。而且在法国言论和新闻自由是不容侵犯的，法律赋予媒体监督和批评国家权力的权利并加以保护。法国《出版自由法》规定：一切报纸或期刊，无须获得预先许可，均可发行。媒体的独立性和记者的权利也是有法律保障的。从反腐败的实践来看，媒体监督在揭露腐败方面发挥了重要作用。巴黎大区公共工程腐败案的曝光正是得益于媒体的揭露，进而导致司法的介入，最终案件得以水落石出。最近的法国前总统希拉克受贿案和萨科齐执政时涉嫌逃税的丑闻，也都是由法国媒体率先曝光的。可以毫不夸张地说，媒体就是高官腐败的杀手锏，其作用是无可替代的。

4. 完善的反腐教育体系

教育是反腐治腐的根本之策，对民众和公务员实施反腐败教育是预防和防止腐败的重要手段。法国政府对民众的反腐教育是在透明国际法国分部的帮助下实施的，现在已经在法国民间大规模开展。年轻人、大学生、企业管理人员和行政管理人员是主要教育对象，在大学和某些职业培训中心（如警察学习与培训中心）开设专门课程则是反腐教育的主要方式。2003年11月还专门出版了一本以大学生为主要教育对象的反腐败教材——《面对腐败》。而且为了扩大教育对象，法国教育部门也正尝试把中学生甚至小学生逐步纳入教育范围。经过反腐教育，法国公众认识到了腐败行为的危害性，一改以往对政治的冷漠态度，反腐败意识大大提高。

法国还重视对公务员队伍进行职业道德和操守的教育，并制定了《公务员伦理道德手册》，以备公务员们随时查阅，规范自身行为。这都有助于提高公共生活的透明度，而且在一定程度上也起到了预防腐败的作用。同时法国政府还十分重视公务员的培训，20世纪90年代后期，法国提出"培训工程"，主要内容是，职业生涯中，公务员至少每三年要接受一次强制性培训，来丰富知识和提高能力，同时公务员还可以自己主动申请参加培训和进修。此外公务员被要求定期参加"预防贪污腐败中心"组织的反腐专业技能培训，目的就是提高公务员的反腐败意识，并对腐败案件的侦破起到帮助。总之，这些措施内外兼顾，既提高了公务员的道德素质，也增强了预防腐败的意识，可谓是防微杜渐，把腐败的苗头扼杀在萌芽状态。

5. 积极的国际反腐败合作

法国在反腐败的国际合作方面是十分积极的，也始终走在前列。早在1997年，法国就加入了经济合作组织反腐败公约，并响应公约的号召，同时在公共部门和私营部门落实腐败制裁措施。在埃尔夫石油公司案后，为了提高打击腐败的力度，加强反腐败国家的合作与团结，2003年来自世界各国的法官和检察官在法国政府的邀请下齐聚巴黎，他们在惩处高官和取消其司法豁免权达成共识，并发布了著名的《巴黎宣言》。这一盛举被视为法国在国际反腐败合作方面迈出的重要一步。之后法国又于2005年批准了《联合国反腐败条约》，成为其成员国之一。2011年12月法国预防腐败局又与喀麦隆反腐败委员会签署了合作协议，决定在反腐败领域开展合作。

此外作为欧盟的重要成员国，法国也比较重视欧盟内部的反腐合作。1996年接到欧盟关于G20集团、经合组织明确要求严厉打击避税天堂的指令后，法国成立了反洗钱机构，加大了打击洗黑钱的力度，并对流入本国的外国资金进行监控和调查，以打击逃税行为。法国还先后批准了欧盟通过的《保护欧洲共同体金融利益条约》、《打击涉及欧盟官员或欧洲联盟成员国官员腐败行为的公约》、《反腐败刑法条约》、《反腐败民法公约》和《打击私营部门腐败的框架决定》等规约，更为重要的法国还将欧盟理事会2003年关于私营部门反腐败的框架决定转换为本国法律，做到了内外一致。

四、现存问题及发展趋势

尽管已经建立了完善的监督体系，但是法国的腐败问题依然没有得到解决，一方面是政治高层的腐败趋势依旧没有得到有效的遏制。尽管希拉克总统受贿案刚刚尘埃落定①，然而又据最新消息，2014年7月1日法国前总统萨科齐因涉嫌腐败被法国警方拘留讯问，成为法国历史上第一位因涉嫌腐败遭警方拘留的前总统，总统们的"前腐后继"成了法国政坛挥之不去的阴影，也成了反腐败工作人员的心头大患。

还有一个问题就是，对高层官员来说，真正的政治腐败永远"查无实据"，最终不了了之，这也是法国式腐败的一大特点。很多案件在初审时被判有罪，但一旦上诉，总是无罪。如前面提到的法国前外交部长迪马、前司法部长巴斯瓜等都有类似的经历，这给人一种"刑不上大夫"的感觉。同时司法豁免权的废除并不意味着廉政之路的畅通无阻，想要从根本上消除高层腐败，法国政府还有很多工作要做，至少要进一步加强对总统等高级官员的监督、约束和问责，这应该是今后反腐败工作的一个重点。

此外全国性负责反腐败的统一机构欠缺、各反腐败部门之间信息沟通不畅、协调不力，功利主义的政党政治斗争等问题也应加以解决。也许在今后的廉政建设中，通过适度的集权来协调反腐败部门或机构之间的工作会成为反腐的新着力点，而进一步完善政党政治，消除不必要的派系斗争也应该是法国今后廉政建设的重点。

五、小结

在法国，我们看到了腐败与廉洁的"冰火两重天"，但是不管怎么说，法国还是在艰难的腐败治理过程中，建立了法国特色的廉政体系。虽然法国的廉洁度不是很高，但是它在廉政建设中积累的经验仍有其他国家可以借鉴的地方。

从历史上看，我国和法国都深受腐败之苦，而且在政治、文化上有许多相同之处，因此在加强廉政立法、设立预防腐败机构、加强制度创新和完善廉政制度等细节方面，法国的经验是值得我们学习的。

---

① 2011年12月15日，巴黎轻罪法庭就希拉克所涉及两件在他担任巴黎市长期间设立虚假公职以帮助政治盟友谋求不当经济利益案件进行宣判。法庭认为，希拉克在这两桩案件中犯有"挪用公款"、"滥用职权"和"谋取非法利益"罪，因此判处他两年有期徒刑、缓期执行。

日本廉政建设概况

世上没有像模子刻出来一样的恶人。平时大家都是善人，至少大家都是普通人。然而正因为一到紧要关头就会突然变成恶人，所以才可怕，所以才不能大意。

——日本近代作家夏目漱石

鹰宁愿饿死也不会碰一下谷粒。

——日本民间谚语

日本位于亚洲东部，是个历史悠久的岛国。谈及日本，我们有着太多的爱恨交织和历史纠葛。从近现代来看，客观地讲，就政府的廉洁而论，我们与这位近邻还真是差上一截。据透明国际组织最近几年排名，日本的廉政指数位居18，而且一直比较稳定，始终处于中上游的水平（详见表14）。

表14　　日本最近十年（2004—2013）国际透明组织廉政指数（CPI）

年度	2004	2005	2006	2007	2008	2009	2010	2011	2012	2013
排名	24	21	17	17	18	17	17	14	17	18
得分	6.9	7.3	7.6	7.5	7.3	7.1	7.3	8.0	7.4	7.4

注：表中的数据来源于透明国际组织官网 http：//www. transparency. org/。

作为东亚比较廉洁国家的楷模，日本的廉政体系呈现明显的二元色彩。它既借鉴吸收了西方先进的政治制度与经验，同时又融合进了儒家文化的核心道德与价值观念，也无怪乎一些学者称赞日本的廉政体系是中西合璧的产物。但是从日本的反腐败实践来看，日本的廉政之路并不是一帆风顺的，它是后天努力的结果。纵观历史，日本原本是官员腐败问题严重的国家，第二次世界大战后曝光的一系列政治腐败大案更是令人触目惊心。然而经过战后五十多年的全面治理，日本如今形成较为完善的廉政制度，在确保公务员行政行为廉洁高效方面发挥了重要作用，成为发达资本主义国家中廉政制度建设理论较为成熟、实践较为成功的范例。"他山之石，可以攻玉"，日本与中国同属儒家文化圈，历史、文化背景存在相似之处，因此全面、系统、深入地考察日本廉政制度建设理论和实践，对我们今后的反腐工作的开展与深化是十分必要和大有裨益的。

一、历史背景与政治文化

1. 历史背景

日本的廉政建设历史久远。早在封建时代，日本就已开始进行非制度性的反腐工作，在大化改新之后的延历年间，日本设立"勘解由使"监督官员，以敦促其廉洁奉公，依法执事。室町幕府①时代，政府颁行的 17 条《建武式目》中，就有"止贿赂"一条，明令禁止官员的腐败行为。但是这些反腐举措的实施效果很大程度上取决于皇帝的意志和能力，在历史记载中我们也很少见到治理腐败的成功案例。之后日本进入到了长达二百多年的闭关锁国时期。

明治维新拉开了日本近代廉政建设的帷幕，日本参照普鲁士的国家体制，初步形成了自己的文官系统。随后又在 1871 年岩仓具视遍访欧美和 1881 年伊藤博文欧洲考察的基础上，对封建官僚体制做了进一步的改革。1885 年日本创设近代内阁制度，第一届内阁上台后就着手颁布了《官吏纲要》，规定以后通过考试录取官员。1887 年政府又颁布了《文官考试试补及见习规则》，规定文官考试分为两等，国立帝国大学毕业生可免试进入文官队伍。1893 年政府指定的《文官任用令》和《文官考试规则》则标志着日本近代官僚体制的基本确立。到了 20 世纪初日本进入政党内阁时期，文官制度也发生了变化。枢密院于 1913 年实施了新的法令，修正以前法令中规定的最高级文职官员也要通过考试的原则，改为内阁首相可以自由任命最高级官员，包括各部次官与参事官，他们与内阁共进退，至此政务官员和事务官的任用与管理方式得以明确，日本的文官系统也最终形成。② 第二次世界大战后在美国的扶植和监督下，日本进行了民主改革，对旧有的文官制度进行了修订，于 1946 年 4 月公布了《官吏任用定级令》、《官吏俸给令》和《各官厅职员通则》，创立了公务

---

① 1336 年足利尊氏在日本建立的武家政权，统治时间为 1336 年至 1573 年。
② 参见宋振国、刘长敏：《各国廉政建设比较研究》，知识产权出版社 2006 年版，第 224 页。

员制度。之后新颁布的《日本国宪法》确立了"人民主权"的原则，经过一系列的立法，日本的公务员制度趋于完善，成为廉政建设的重要保障，一直沿用至今。

2. 政治文化

日本在廉政建设方面的成功，不单是因为它完善的公务员制度和细密的反腐败法律法规，很大程度上也在于它从传统政治文化资源汲取营养，进而建立起与现代政治制度相匹配的核心价值体系。也就是说日本的廉政建设是与其政治文化密切相关的。正是得益于此，日本的廉政建设才取得今天的成果。

（1）克己奉公的精神　风靡于中国、辐射东亚地区的儒家文化，倡导集体本位，强调在社会关系的整合中实现个人的价值，最终形成了儒家"修身、齐家、治国、平天下"的社会理想。日本社会上层对传播到日本的儒家文化进行了本土化的改造，把儒家文化与自身文化进行了融合，从中衍生出一种独特的"克己奉公"精神。它很快为日本社会普遍接受，并逐渐成为影响日本社会生活的重要精神力量，同时也是促使人们廉洁正直的内在动力。也正是在这种精神的影响下，日本人形成了强烈的国家和民族的责任感和使命感，他们把"国家利益优先"观念和"产业报国"精神铭记于心，并在生活和工作中认真践行。在今天的日本，团体义务感和责任感已渗入到日本人的灵魂深处。日本社会中，充斥着形形色色的团体和协会，"重团体，轻个人"的观念成为社会的主流价值取向，反映在实际生活中就是特别重视约束个人行为，维护集体利益，从而抑制了人们的损公肥私的贪腐之念。

（2）深重的耻感文化　日本吸收儒家文化的核心理念，结合自身的社会实际，形成了一种与中国"悦感文化"截然相反的"耻感文化"。日本将"耻"发展为了自己的文化内核。在这种文化的影响下，名誉和尊严重于生命成为大多数日本人的共识，因此美国著名文化人类学家鲁思·本尼迪克特在她著名的《菊与刀》一书中将日本文化称作是"耻"的文化。而在日本文化中，"耻辱"主要源于对社会主流价值的背离和反叛，从而变得为世人所不容。日本文化意义上所谓的"雪耻"，指的是外在地清除身上的污点。如果他犯下罪行，使他难以承受和痛苦不堪的不是由罪恶引起的自责，而是罪行带来的耻辱。因此我们不难在报道日本政治的新闻中，频频看到政府官员因腐败而自杀谢罪的内容。在日本对"耻"的畏惧则远远超过对"罪"的恐惧，它就像套在日本人头上的"紧箍咒"，严厉地制约着日本人的思考与行动，也使得官员们在把贪念付诸行动时慎之又慎。[①]

（3）精神洁癖　除了强调个人价值的社会实现，儒家文化还十分重视个人内在的心性修养。培养"轻物质、重精神"的人格品质是儒家文化教化的目的之一。儒家文化所倡导的这种人生观和价值观对日本文化产生了非常深远的影响。在日本的主流价值观中，"心"与"物"是完全对立的，日本人追求一种绝对的清净，并将其视为人生的目的和意义所在。毋庸置疑他们有着严重的精神洁癖，正因为如此，日本的武士把名誉和尊严看得极重，毁家纾难的行为则为人们交口称赞，成为学习的榜样。正如一句日本谚语所说："鹰宁可饿死也不会碰一下谷粒。"自古及今，犯罪在日本看来都是污秽、肮脏的行为，必须采取措施加以惩治，而归入犯罪之列的腐败自然是不能容忍的。纯洁道德的追求一定程度上也起到了遏制腐败的作用。[②]

二、历史上腐败高发期与集中治改

在日本，第二次世界大战后迎来了第一个腐败高发期，20世纪五六十年代日本政治家腐败丑闻相对较少，虽然出现了1954年造船丑闻事件，但并没有发生大的窝案。20世纪七八十年代是日本腐败最严重时期，相继曝光的政治家腐败丑闻让日本民主"颜面尽失"。70年代的洛克希德案和80年代的里库路特案在当时影响很大，田中角荣、竹下登、中曾根康弘等多位首相均被爆出腐败丑闻，政府高级官员涉嫌贪腐的更是不计其数。

这也暴露出了这一时期的政治腐败的两个特点：一是日本的腐败比较独特，它是在绝大多数公务员成日间克勤克俭、兢兢业业、拼命工作的情况下出现的，是典型的行政腐败[③]和高层腐败。二是"金权政治"[④]是政治腐败的根源，究其原因主要有以下几点：首先、日本的经济发展模式本身就有问题，这

[①] 曹文泽、祝和军：《廉政文化的有效建构——日本的经验》，《中国青年研究》2012年第12期。

[②] 曹文泽、祝和军：《廉政文化的有效建构——日本的经验》，《中国青年研究》2012年第12期。

[③] 李广民、秦汉：《战后日本反腐败司法措施探析》，《太平洋学报》2007年第7期。

[④] 金权政治，通俗地讲，就是我们通常所说的"官商勾结"。它是日本的一个历史顽疾，严重地威胁到日本的政治生态，政党内阁时期就已出现，主要指财界向政治家和实权党派提供政治资金，同时提出利益要求，而政治家和实权党派再利用职权为财界提供关照，实现财界利益目标。这种利益群体的权力关系结构，在日本社会根深蒂固，使金权政治的出现成为必然。

也是"金权政治"存续的根源所在。在这种模式下，政府的行政权力很大，它可以在公利的引导下，以官商合作或对其企业提供财政补贴的方式，来促进企业、经济和社会的共同发展与繁荣，也可能在私利的诱惑下，陷入官商勾结的漩涡。一些企业家深知其中利弊，所以经常会金钱开路，通过贿赂政府官员、国会议员来获得相关的补贴和特别政策。与此同理，政治家为竞选筹款也往往会把一些著名的企业或公司作为自己的合作伙伴，借此为自己拉票、造势。由之双方结成"一荣俱荣、一损俱损"的利益共同体。其次，第二次世界大战后日本的政治生态也比较恶劣，由于自民党长期执政，形成"一党独大"的局面，从而使多党制徒有虚名，在此情况下，在野党很难发挥监督与制衡作用。同时在自民党内派系斗争激烈的情况下，幕后交易不可避免地成为分配内阁职位的重要手段。密室政治①成为日本政治的一大特征，同时也是产生腐败交易的温床。② 最后，不得不说选举法律规范的问题，在制定时它们就存在诸多的不完善，也没有对竞选资金的筹集和使用做出具体详细的规定。就拿最为著名的《政治资金法》来说，它是自民党一党专政的结果。看看内容就可以知道它是如何为金权政治提供方便的。该法规定，企业或个人均可以直接向政客提供一定限额内的捐款，这些捐款不必课税。此外，"送礼文化"也在日本很流行。作为群体中重要的人际交往方式，政治家经常采用送礼送钱的办法来拉选票，并借此形成"同化意识"，进而建立和维系自己的势力圈子。但是送礼需要大量的金钱。由于公务人员的收入水平并不一致，因此这笔支出，显然并不是每个人都能承受得起的，所以不免有些一些公务人员铤而走险，以挪用公款或开假发票的形式蒙混过关。

和法国一样，日本对腐败的集中治理体现在 20 世纪七八十年代对重大丑闻案件的审理和事后立法方面。经过 19 年马拉松式的审判，洛克希德案的最大涉案者田中角荣首相最终伏法（见图 15）。里库路特案的曝光则直接导致竹下登首相的辞职，其他涉案人员也得到惩处。田中首相受贿案案发后，财产公开被提上政治议程，到了 80 年代议员公开财产成为惯例。如果说 20 世纪七八十年代的审判是矫正的话，90 年代以后的立法则是未雨绸缪。进入 20 世纪 90 年代国会颁布了《国会议员资产公开法》，议员公开财

---

① 密室政治流行于日本政坛，有时称作"密室谈合"。所谓"密室政治"主要体现在人事问题上，比如重大人事安排由几个政坛大佬私下商定，不经过任何民主程序，至于协商地点，倒也不一定真是在"密室"中。

② 孙晓莉编著：《国外廉政文化概略（第三辑）》，中国方正出版社 2007 年版，第 239 页。

图 15 日本前首相田中角荣出席地方法院的审判。因为在 1976 年洛克希德案中收受巨额贿赂，田中角荣最终被判处 4 年有期徒刑，开了"刑上首相"的先例。

产成为法律规定，同时也规范竞选资金的筹集和使用。《政治资金限制法》的出台则进一步规定了政治献金的使用明细，提高了其透明度，从而有助于遏制腐败行为的发生。

20 世纪 90 年代至今，日本政坛也不太平，除了频繁的内阁更迭，政治家们谋取利益的丑闻亦层出不穷，出现了佐川急便案和前原诚司政治献金案等一系列重大腐败案件。为提高政府公信力，增加政治透明度，日本政府严厉查处了一些腐败行为。根据日本总务省公布的资料，2002 年，日本共查处了地方公共团体受贿、渎职腐败案件 147 起，涉案人员 163 人，其中 71 人被判刑并处以罚金。此外，为打击经济腐败犯罪行为，仅在 2005 年一年，日本证券交易监委会就查处了嘉奈宝案、活力门案、日本放送案等 11 件特大恶性金融证券腐败案件，在日本证券界乃至整个社会都产生了巨大反响。日本战后高官贪腐情况详见表 15。

表 15 　　　　　　　　　　日本战后高官贪腐案

时间	姓名	职位	涉及案件	结果
20 世纪 40—60 年代	芦田均	日本第 47 届首相（1948. 3.10—1948.10.5）	1948 年昭和电工事件①	接受昭和电气公司巨额贿赂，被迫辞职旋即被捕
	佐藤荣作	自民党干事长，后任日本第 61、62、63 届首相（1964.11.9—1972.7.6）	1954 年造船丑闻事件	受贿 2000 万日元，因为首相吉田茂保护，未予追究

① 1948 年昭和电工事件、1954 年造船丑闻事件、1976 年洛克希德事件和 1988 年里库路特事件合称日本战后四大丑闻事件，在日本政坛造成了极为恶劣的影响，是研究日本廉政建设的经典案例。

时间	姓名	职位	涉及案件	结果
七八十年代	田中角荣	日本第 64、65 届首相（1972.7.7—1974.12.9）	1976 年洛克希德案	收受洛克希德公司 5 亿日元巨额贿赂，被判处 4 年有期徒刑，罚金 5 亿日元
	中曾根康弘	日本第 71、72、73 届首相1982.11.27—1987.11.6）	1988 年里库路特案	未予追究
	竹下登	日本第 74 届首相（1987—1989）		作为直接当事人，被迫辞职
90 年代	森喜朗	日本第 96 届首相（2000.4.5—2001.4.26）		未予追究
	金丸信	前自民党副总裁	1991 年东京佐川急便案	收受贿赂 5 亿日元，丢掉众议员职务并接受调查
	冈光序志	事务次官（副部级）	1996 年特别养护敬老院贪污事件	被判刑两年，并被追讨不当收入 6963 万日元（折合 382 万元人民币）
21 世纪初	村上邦	劳动大臣	2001 年 KSD 贿赂丑闻	被迫辞去参议院会长一职
	额贺福志郎	财政经济大臣		被迫辞职
	守屋武昌	防卫厅前事务次官	2010 年军需品供应商贿赂案	收取 363 万日元（约合 22 万人民币）贿赂，被送进监狱
	前原诚司	前日本外务大臣	2011 年政治献金案	收受 5 万日元（约合 333 人民币）贿赂，辞职

注：表中换算出的人民币和日元数目，因时间和汇率的变动，仅供参考。

三、现行廉政建设特征

日本今天的廉政业绩是日本政府顺应民意坚定不移、锲而不舍推进改革的结果，也是成千上万日本国民不懈努力的结果。正是在这一过程中，日本建立了比较完善的廉政体系。虽然百密难免一疏，尽管当前的廉政工作还存在漏洞与不足，近来频发的腐败也不能完全归咎于廉政体系。客观地讲，日本的廉政体系虽不尽善尽美，但也有着自己的特点：

1. 比较健全的反腐败法律体系和反腐机构

首先，日本的反腐败法律体系，不仅可操作性强，而且非常具有针对性。在刑法典中，日本政府不仅对反贪污贿赂罪作了专项规定，还制定了专门的惩治贿赂犯罪的法律——《关于整顿经济关系罪责的法律》——作为补充。惩治贪污贿罪的专项条款也明确地见诸日本政府制定的《公司更生法》等其他部门法中。政府还在《商法》、《证券交易法》、《破产法》和《保险业法》等法律中，规定了关于行贿受贿的刑事责任条款，大大减少了各个领域发生贿赂犯罪的机会。[①] 而且在识别和认定一些腐败犯罪行为时，我们可以很快找到与之对应的法律，切实做到有法可依。比如，日本制定了组织选举法律来防止政党腐败。为惩治官员职务腐败，公务行政法规则得以出台。对于商业贿赂腐败，不但在刑法中有完整的条文，日本政府还颁布了财务审计监督法令。日本刑法中的"单纯受贿罪"，则是针对官商勾结的。它规定，只要有公职，拿了和公职有关的对方的钱，或者开口要求对方给钱，就是犯罪；而是否给对方办事，则另当别论。日本还专门制定有"公共工程公平竞标妨害罪"，来处理政府工程竞标中存在的犯罪现象。为了明确公务员的职务伦理规则和从程序设计上对实体法的漏洞进行补救，政府先后颁布了《国家公务员伦理法》和《行政程序法》。《信息公开法》则是为了防止阳光政府建设可能出现的腐败问题的。可以说，日本反腐败相关立法的涉及面已经涵盖了政治、经济、文化、教育等各个领域，对腐败行为是严阵以待。

日本主要的反腐机构详见表16。

表 16　　　　　　　　　　　**日本主要的反腐机构**

机构名称	组织构成	主要职能	备注
法官弹劾起诉委员会	直属于国会	主要负责起诉和审判有违法行为的法官	在一般情况下，法官的判决不妥是不能成为被罢免的理由的

---

① 陈诚：《美国、日本和新加坡反腐败机制对我国的启示》，《金华职业技术学院学报》2013 年第 13 卷第 4 期。

机构名称	组织构成	主要职能	备注
内阁行政监察局	前身为行政管理厅的监察部，现为设在总理府内的最高行政监察机关。下设计划调查、行政对话两个部门，成员为 10 名高级监察官	负责推进政府行政、决策、组织和运行等方面的全面改善工作；了解和听取各行政监察区内的居民的呼声，监督政府在行政管理过程中发现的各类问题的改进情况；组织行政对话活动，以促进解决由于不良行政对国民所造成的危害	只有建议权，没有处分权。与直属于内阁或相关部门的邮政监察局、人事行政监察局、邮政监察局和预算执行监察局共同对整个文官系统进行监督
国家会计检察院	日本最高审计机构，隶属于国家行政序列，但独立于内阁	专门负责对国家的收入和支出进行检查和对国家会计进行监督，具体任务是审计中央政府和中央下拨给地方政府的资金，同时也负责对法律上规定的国家资产、债权、国家出资法人企业等会计事项的检查	对于国会在制定、修改和废止财会法律时，有权表示意见，并提供法律咨询；对审计过程中发现的违法、失职和腐败行为，可以提请相关的权力机关依法处置
人事院	日本总的人事机关，由 3 名人学官组成，其中 1 人为总裁	负责公务员选拔、任用、考核、晋升和奖惩等行政工作，监督和制约公务人员经营或参与经营私人企业	
公务员伦理审查委员会	由会长和 4 名委员组成，会长由内阁加以任命，但需经两院批准。会长和委员的任期均为 4 年，可以连选连任	提出制定、修改国家公务员伦理规程的意见；制定和修改违反伦理法的惩处标准；制订和调整公务人员伦理道德研修计划；为各省厅负责人提供完善伦理规程和体制的建议；审查各种报告；调查和惩罚违反伦理法的行为等	以惩罚为主，处理的一般是不太严重的违法案件，目的是迫使公务员秉公执法，预防职务腐败

机构名称	组织构成	主要职能	备注
东京地方检察厅特别搜查本部	成立于 1949 年，下设部长 1 人，副部长 3 人，由 5 个部门组成。部长之下设 30 名检察官，4 名副检察官和 72 名检察事务官	成立伊始主要处理贪污受贿案件和公安案件，后来由于检察厅内新设了公安部，便将有关的公安案件移交出去，主要集中查国会议员、内阁大臣以及都、道、府、县知事等政治家和官员的重大经济犯罪案件	检察官对警察拥有指示权和指挥权

资料来源：孙晓莉编著：《国外廉政文化概略（第 3 辑）》，中国方正出版社 2007 年版，第 244~252 页。

特别值得提及的是特别搜查本部，这是日本独有的机构。就日本而言，它并没有一个隶属中央的全国性的统一反腐机构，而是在东京的地方检察厅里，设置了一个专职部门，叫"特别搜查本部"①。这个特别搜查本部相当于中国的"中纪委"或"反贪局"，抑或是中国香港的"廉政公署"，主要负责监察高官的贪腐行为，并享有独自的逮捕权和搜查权、公诉权。特别搜查本部的一个厉害之处在于，被"特别搜查本部"叫去谈话的人，即便最终证据不足未能立案，也要受好一番"折磨"。截至目前，特别搜查本部先后逮捕过日本前首相田中角荣、自民党前副总裁金丸信等政府高级官员。最近几年日本"政坛枭雄"小泽一郎也受到过特别搜查本部的司法传讯。一旦被特别搜查本部盯上，很少有人能够全身而退，因此政府高官对特别搜查本部十分忌惮，视其为"眼中钉"。

为了便于查察大案要案，特别搜查本部被赋予极高的独立性，并享有便宜之权，因此首相的权威也不好使。如果行为失当，首相说情也可能背上"妨碍公务"罪名而遭到起诉。独立的地位确保了特别搜查本部可以放手大胆地彻查高官们的贪腐行为，并在证据确凿的前提下将他们绳之以法。

---

① 这里主要介绍东京地方检察厅特别搜查本部，事实上大阪地方检察厅和名古屋地方检察厅分别于 1957 年、1996 年设立了特别搜查本部。各个特别搜查本部在机构设置和职权方面大同小异。参见侯志山编著《外国行政监督制度与著名反腐机构》，北京大学出版社 2004 年版，第 222 页。

其次，实用主义和科学性也是日本反腐败立法的一个重要特征。例如，为加强对公务员群体的监督，日本除在《国家公务员法》中明确规定了廉洁自律条款之外，还针对公务员的工作特性，制定了专门的廉政法规——《国家公务员伦理法》。而且《行政程序法》与《国家公务员法》还统一规定了对公务员不当处分的救济程序。再如，就受贿行为的形式判定，日本法律的厘定十分细致，它把贿赂罪分为 8 种，分别是单纯收贿罪、受托收贿罪、事前收贿罪、第三者供贿罪、加重收贿罪、事后收贿罪、斡旋受贿罪、赠贿罪，并规定了配套的刑事处罚，这有助于未来对腐败分子的定罪和审判。

再次，这些法律法规始终在与时俱进。为解决反腐败过程中不断出现的新情况，几乎日本每届议会都会讨论并制定与反腐内容相关的法案或修正案。1996 年 12 月，为了解决反腐过程中遇到的新问题，进一步健全反腐机制，桥本内阁刚刚上台执政便通过了《行政改革推进方案》，实施著名的"桥本行政改革"。此次改革对日本行政体系进行了全面的审查，11 个改革项目中涉及反腐败的内容竟多达 8 项。尤其是加强了对政府以及官员的监督，强化了司法独立、议会质询、政府审计、公文广报、服务承诺、财产申报、招投标等一系列反腐制度，建立完善了一套全面详尽的反腐法律体系。

最后，日本法律对渎职、贪污、贿赂等腐败行为的处罚非常严厉。依据相关规定，对索贿、受贿、行贿等行为除没收其非法所得以及处以罚款之外，还要视情节轻重判处最多长达 7 年的监禁。同时，为了防微杜渐，把腐败问题的发生消除在萌芽状态，日本还制定了近乎苛刻的腐败认定标准。如在《国家公务员伦理法》中规定，副科长级别以上职员，只要有 5000 日元（约合人民币 320 元）以上馈赠情况发生，就必须及时上报。日本的法律明确规定，凡是以权谋私、接受利益和好处以及高规格的宴请和接待的公务员，必须承担相应的刑事责任。而且在日本刑法中行贿罪和受贿罪合二为一，统称商业贿赂。无论在商业方面还是其他方面，具有行贿或者受贿行为的公职人员必须承担相同的法律责任。哪怕只是口头接受，偶尔参加一次高级宴请，或送点礼品都会被定性为腐败犯罪。这些严格的认定标准和处罚措施，对腐败隐形犯罪和预谋犯罪起到极大的震慑和警示作用。

2. 完善的现代公务员制度

公务员制度是日本廉政体系取得成功的一大保证，它主要由三部分组成：一是健全的公务员法律体系，其中最重要的是《国家公务员法》，它确立了公务员的各项根本准则，规定：所有公务员的任用，都应该遵循公务员法和人事院规则，按照应试者的成绩、工作成果和能力，经过考试，择优录用。他们每年要接受一定的考核和一些测试，合格者将会按阶晋升，不合格者将会被淘汰。针对公务员腐败的高发部位，该法规也做出了明确具体的规定。诸如公务员不得损害职务信用，或者进行玷污全体官职名誉的行为；不得泄露工作上所知的秘密，退职后也不得泄密；不得为政党或者政治目的谋求或接受捐款及其他利益，不得以任何方式参与这些行为；不得兼任商业、工业、金融业等以营利为目的的私营企业、公司和其他团体的负责人、顾问或评议员，也不得自办营利企业；离职后两年不得担任与其离职前五年期间任职的国家机关有密切关系的职务等。《国家公务员惩戒规则》的要求更为严格。它规定，公务员日常行为包括兼职和离职后再就业等必须被严格限制在一定的范围内。如果超出这个界限，等待他们的将是严厉的处罚。出于强化对公务员的伦理约束的考虑，日本还在 20 世纪 90 年代末通过了《国家公务员伦理法》和《国家公务员伦理规程》，具体详细地规定了公务员违反职业伦理的行为及其惩戒措施。如接受来自利害关系人①的金钱、物品、不动产、未公开发行的股票等行为都是被禁止的，接受利害关系人请求做有报酬的演讲等行为更是与公务员职业伦理行为格格不入，违者将受到免职、停职、降薪或警告等处分。2000 年 4 月日本正式实施的《国家公务员伦理法》再次重申了相关规定。如有上述行为，公务人员要向伦理检察官报告，经许可才可接受。如若"违反规定要接受处分，上级若隐瞒下级的违法行为，一起受处分"②。

　　二是科学合理的激励机制和高薪养廉政策。为了防止公职人员腐败，除了加强监督和预防外，日本的法律维权和科学的竞争激励机制也是很到位的。日本公务员法明确规定，除一般公民的权利，就职平等权、合理报酬权和申诉权等特殊权利也是公务员享有的，且是不能无故被侵犯和剥夺的，日本政府有专门机构受理侵犯公务员权利的事宜。此外，为了提高公务员的工作积极性，培养他们勤业和廉洁的作风，"后期选拔晋升模式"的激励机制也在政府部门普遍实施起来。如果说法律的约束是为了防止公务员们腐败，那么高薪养廉则是

---

　　① 利害关系者指的是公务员参与处理 8 种公务时的对象，包括要申请许可证等证件的人、正在申请和接到许可证开展业务的人；要申请补助、正在申请补助和收到补助的人；正在执行监察工作和受到监察的人；应该受到处罚的人；在所管业界经营业务的企业；要申请合同、正在申请合同及缔结合同后有债权债务关系的人；受预算、级别定额和定员审查的国家机构。

　　② 《日韩印三国反腐败法规与措施一览》，《中国党政干部论坛》2005 年第 12 期。

着眼于更高的廉洁要求。日本的公务员工资福利待遇还是比较优厚的，这从日本公务员工资标准制定原则可以看出，这一原则就是：公务员的工资要高于民间企业职工的工资，并保持稳定性和一定的灵活性。一般情况下，公务员的工资要比大部分企业职工高出10%左右。但是工资标准并不是一成不变的，灵活的工资标准可以激发公务员的积极性，也有助于提高政府机构的效率和保障公务员的权益。2013年，日本人事院就向国会与内阁建议，要给公务员涨工资，计划将2014年度国家普通公务员的月薪平均上调0.27%，奖金则平均上调0.15个月。同时主张从2015年度起给在各地派驻机构工作的国家公务员加薪，理由是他们的收入被认为低于民企。除此之外，公务员的待遇也是比较优厚的。公务员除享有国家提供的廉租金住宅外，还可以享受到诸如交通补贴、单身赴任补贴等多种津贴，退休金和养老金也是数额不菲的。因此他们不会受困于基本的温饱，还可以得到更多更好的发展机会。这就解决了公务员的后顾之忧，在"轻装上阵"的情况下，公务员才会更倾向于保持公正和廉洁。

三是公务员轮岗制度。这是避免公职人员职务腐败的重要措施。日本政府每年都会在政府某一部门内或部门与部门之间进行轮岗，轮岗时间和频率依据职务级别而定。一般情况是，课（处）级两年轮岗一次，课级以下的一般是3年轮岗一次。总之是公务员级别越高，轮岗越频繁。轮岗制度提高了公务员的岗位适应能力和工作能力，对遏制腐败也是很有帮助的。即使是有贪污、渎职等不廉洁行为，由于制度健全，下一任也会马上发现。[①]

3. 无处不在的舆论监督

作为社会监督必不可少的组成部分，日本的新闻媒体在反腐败方面取得的成绩是可以与美国的媒体相媲美的，而且它们都是无可替代的。几起涉及首相的腐败大案都是在媒体的深入调查下才取得突破性进展的。而且日本法律明文保护新闻记者采访、报道和批评的权利。利用媒体对已经发生或正在发生的腐败行为进行曝光已经成为反腐败的惯例。与此同时日本新闻界"狗仔队"的传统精神也是家喻户晓的，记者们几乎是全天候跟踪公众人物、首相或高官。如果发现他们有失检点或行为不端，马上就会见诸报端。更为重要的是舆论的监督也直接或间接地推动了新政策的出台，如高级官员的财产公开制度就是在舆论的压力下实施的，而且公开的资产的真实性都会受到相关部门的核实和媒

---

① 严维耀：《日本廉政制度建设理论与实践》，中国方正出版社2004年版，第52页。

体的监督。可以说日本的新闻媒体客观上承担了日本反腐败的"警犬"角色，利用其灵敏的嗅觉和专业特殊性，充当了反腐败工作急先锋。①

日本民众的监督意识也是非常强烈的，这源于日本民众对政治的心理和感情。由于民众痛恨贪贿行为，因此他们十分重视对政府的监督。因为东方式官员的特点②，日本的家族性腐败案屡见不鲜，所以民众对官员有极大的不信任感，认为他们存在以权谋私的可能。1994 年以后，民间行政观察员制度在日本全国各地陆续建立起来，"全国公民权利代言人联络会议"成为民众监督政府日常行政的重要武器，对于政府部门的滥用职权行为民间行政观察员随时可以向有关部门举报，也可以示威游行的方式向政府提出抗议。在《公益举报人保护法》的保护下，民众也不用担心自己的举报行为遭到打击报复。因为该法明确规定，举报人在向接受举报的部门举报不法行为时，接受举报的部门要对举报人真实身份和信息进行严格保密。如果出现举报人身份泄露的情况，乃至因此受到被举报者的打击报复，接受举报的部门要承担相应的法律责任。此外日本的反腐败监察机构设立免费的"公益举报窗口"也是很重要的，它主要负责接受对政府不法行为的检举，和上访等传统的举报方式一起成为举报、揭发腐败行为的重要工具。而且从举报的途径可以看出，在日本举报的门槛和成本都是比较低的，这有助于提高民众监督的积极性。

4. 反腐的国际合作

腐败是一个世界性的政治顽疾。全球化的深入，不仅加强了国与国之间的政治、经济和文化联系，也使得合作反腐成了必然趋势。日本政府很早就意识到了国际合作反腐的重要性。2003 年，在八国首脑会议（G8 峰会）埃维昂峰会上，日本联合其他主要国家共同通过了《打击腐败提高透明度》宣言。同年 12 月，日本率先在《联合国反腐败公约》上签字，成为重要的成员国。2004 年 APEC 会议期间日本又和中国、美国、澳大利亚、加拿大、智利及韩国联合发起《反腐败与保证透明度能力建设项目》，同时还重新修订了国内反腐适用法规，以与《联合国反腐败公约》接轨，从而为今后反腐败国际合作工作的开展扫除障碍。

此外日本积极与经济合作与发展组织（OECD）、国际刑警组织（ICPO）

---

① 萨苏：《菊与刀：日本社会的贪污与反贪污》，《检察日报》2009 年 7 月 31 日。
② 美国学者本尼迪克特在其研究日本民族文化心理的名著《菊与刀》中，称"东方的官员有贪污的传统"。

等机构以及世界许多国家联手，共同打击跨国腐败犯罪行为。例如日本政府与联合国共同成立了"亚洲远东防止犯罪研修所（UNAFEI）"，通过接收中国、泰国等亚洲国家反腐高级官员定期进修，召开国际反腐学术研讨会，交流反腐败成果，进行反腐理论研究等多种形式积极加强与亚洲远东地区各国在反腐败方面的国际合作。

四、现存问题及发展趋势

然而在今天的日本政治生活中，尽管有特别搜查本部的威慑，但是日本廉政体系是"管上不足，管下有余"，公务员形象廉洁，高级官员不断东窗事发的奇特现象仍然存在，这与日本政界"官"与"吏"严格分开的现实有着密切联系。所谓官吏分开，也就是说掌管权力的高级官员和执行行政职能的普通公务员的地位与待遇是有所区别的。掌管权力的高级官员尽管也受制于普通公务员的法律规定，然而由于地位不同，受到的约束相对有限。因此我们今天提及的所谓日本的廉洁通常指的是公务员们，高级官员就另当别论了，他们往往是贪腐大案的幕后黑手。因为有秘书做替罪羊，所以他们常常能逍遥法外，司法界也无可奈何①。因此要消除高级官员贪腐的恶疾，在今后的廉政建设中，日本政府不能光打"老虎"，还要把老虎关进制度的笼子里，打破等级观念，实现官吏的一视同仁。

五、小结

对任何一个国家而言，腐败问题都难以根除。即便是建立了完善的廉政体系的日本，腐败仍然不同程度地存在。但是日本最终通过司法、行政和人事等方式对腐败加以制度性限制，成为全球比较廉洁的国家之一。

日本的反腐败经验告诉我们，在今后预防和惩治腐败的斗争中，要建立和健全公务员制度、坚定不移地推进和完善反腐败立法，积极开展国际合作。此外日本对举报人实施的保护举措也是值得我们借鉴和学习的，对今后的国家信访制度的建设、民间或社会监督的改进以及自上而下的监督机制的建立都是很有帮助的。

---

① 参见萨苏：《菊与刀：日本社会的贪污与反贪污》，《检察日报》2009 年 7 月 31 日。

美国廉政建设概况

如果由天使来治理凡人的话，政府就无需内在的或者外界的制约。在规划一个凡人来管理凡人的政府时，老大难的问题在于：你必须首先设法让政府能够控制被统治者，然后又强制政府去控制它自己。[①]

——美国宪法之父詹姆斯·麦迪逊

现代化剧烈进行的时期往往是腐败现象最为猖獗的时期，处于社会转型时期的国家更容易滋生和蔓延腐败。[②]

——美国学者、政治学家萨缪尔·亨廷顿

作为全球头号发达资本主义国家，美国有着成熟和稳定的经济模式、政治制度和文化体制，拥有令人称羡的高科技体系和文化输出渠道。同时美国的民主政治也是为人称道的，廉政建设也走在世界的前列。参照近年来透明国际组织廉政指数排名，美国排名一直稳定在 19 位左右，是世界上比较廉洁的国家之一（参见表 17）。

表 17   美国最近十年（2004—2013 年）国际透明组织廉政指数（CPI）

年度	2004	2005	2006	2007	2008	2009	2010	2011	2012	2013
排名	17	17	20	20	18	19	22	24	19	19
得分	7.5	7.6	7.3	7.2	7.3	7.5	7.1	7.1	7.3	7.3

注：表中的数据来源于透明国际组织官网 http://www.transparency.org/。

然而回顾历史，我们不难发现，美国作为一个廉洁共和国的历史实际上也仅是始于现代。[③] 美国曾经也是一个腐败问题严重的国家，正是在长达两个世

[①] 马国泉：《美国公务员制度和道德规范》，清华大学出版社 1999 年版，第 77 页。
[②] [美] 亨廷顿：《变化社会中的政治秩序》，上海三联书店 1989 年版，第 63~64 页。
[③] [美] 爱德华·L. 格莱泽、克劳迪娅、戈尔丁著，胡兆斌、王家勇译：《腐败与改革：美国历史上的经验教训》，商务印书馆 2012 年版，第 4 页。

纪的反腐斗争中，美国逐渐形成了一套相对完善、行之有效的廉政建设机制，这才把腐败程度降到了一个较低水平。但是廉洁并不意味着没有腐败，在腐败日益严重的今天，美国亦不能独善其身。近年来美国腐败案件频发，腐败现象仍然存在。尽管如此，就廉政建设的措施和制度方面而言，美国的经验教训仍然值得我们关注和学习。

一、历史背景与政治文化

1. 历史背景

众所周知，美国是个移民社会。最早的定居者是为了逃避欧洲大陆政治与宗教压迫的清教徒。1620 年 11 月，第一批清教徒乘坐"五月花"号抵达北美大陆，并按照事先在船上起草好的《五月花公约》（the May Flower Compact），开始了在新大陆创建自治政府的实践。在这之后的许多年内，一批接一批的移民不断涌入，形成了早期 13 块殖民地的雏形。这一时期最早的廉政斗争开始于以马萨诸塞殖民地移民对马萨诸塞海湾公司的抗议，他们要求在公共事务上有发言权，最终他们取得了胜利，移民们选举出来的代表掌握了管理地方事务的权力。在那以后其他殖民地也都建立了类似的自治政府。尽管不时地受到英国政府的干预，殖民地人民还是在新教伦理的指导下，利用带来的欧洲大陆的新思想新制度，开始最早期的廉政建设。

1776 年 7 月 4 日在费城通过《独立宣言》标志着美利坚合众国的建立。这一宣言不仅宣告了北美殖民地的独立，而且表达了殖民地人民建立一个廉洁为民的自治政府的基本思想。[①] 早期的政府由于规模小，事务简单，工作人员又具有较高的道德和素质，因此贪腐行为很少发生，政府也比较廉洁。

镀金时代是美国历史上腐败最严重的时期。官员贪污受贿成风，社会政治生活黑暗，官匪一家、警匪一窝，构成了美国当时社会生活的一道"风景线"。联邦和地方政府通过实施文官制度改革、推进进步运动等"重拳"措施，才得以医治好腐败造成的社会创伤。

20 世纪 20 年代后期迅速席卷美国的经济危机和 30 年代后期开始波及全球的世界大战使广大美国人民对政府官员无暇顾及，不过进入 20 世纪六七十年代，美国的腐败问题再次成为社会热议的话题，政治丑闻频频曝光，最令人

---

① 何家弘：《美国反腐败法律制度》，《外国法译评》1998 年第 4 期。

震惊的当属"水门事件"。同时这一时期美国公司在对外经济活动中的腐败案也开始引起美国社会的关注，麦道公司行贿案①是当时的一个典型案例，轰动一时。正是这些贪腐行为的曝光，美国政府才在 70 年代相继颁布了系列重要的反腐法律，如 1970 年的《勒索影响与贪污贿赂组织法》、1977 年的《对外贿赂行为法》、1978 年的《文官制度改革法》。水门事件则直接促成了特别检察官设立，这些法律与机构的制定和设立完善了美国的廉政体系。

2. 政治文化

廉政体系的建设总是根植于特定的政治文化土壤的，美国亦不例外。众所周知，美国是个移民社会，其政治文化经过漫长的演变，形成今天丰富多元的格局。在对美国政治文化的审视中，我们可以发现一些有助于廉政建设的文化因子。

首先是新教伦理精神，它最早可以追溯到殖民地时期，是逃离欧洲大陆政治和宗教压迫的清教徒，定居北美大陆以后遗留下的宝贵政治遗产，它的核心内容是公职的任命。新教伦理认为管理者应当从具备更高的道德水准和管理素质的绅士阶层选出，最初的 13 个殖民地民众也是如此践行的。后来这一观念发展成为"政府应当由那些具有财富和地位的人来管理"。建国初期国父们人事任免时采用的选贤任能和适合的原则就是从这一理念衍生出来的，它在当时的条件下维持了政府的廉洁。即便是今天，受新教伦理的影响，美国人和我们一样特别强调对正面典型的弘扬，对于道德模范和时代先锋也是积极宣传。在美国人看来，提高个人的道德素质是防止腐败的重要措施。通过多年持续的努力，在美国全社会已经初步形成一种以廉洁从政为荣的文化氛围。

其次是不信任政府的理念。美国政治文化中一个核心的价值就是对政府与官员的不信任，处处对政府的行为设防。汲取欧洲暴君统治的历史经验，早期的移民们在创立新政府时，谨慎地限制政治权力的运用。殖民地人民相信，所有的人有自治的权利，任何政府都不能在未得到被统治者同意的情况下进行统治，这一基本原则在《独立宣言》中得到充分体现。而且美国的国父在机构和制度的创制中完美地贯彻了孟德斯鸠"权力制衡"的理念，后来演变为如

---

① 麦道公司为了开拓巴基斯坦的飞机市场，与波音公司相竞争，通过关系找到了巴基斯坦总统布托的堂弟阿什奇·阿里·布托和总统办公厅主任拉菲·拉扎，表示巴基斯坦国际航空公司每购买一架麦道飞机，麦道公司就将向他们支付 50 万美元的"好处费"。1976 年，巴基斯坦国际航空公司购买了 4 架麦道飞机，麦道公司便如约支付了 200 万美元的"好处费"。

今的宪政民主主义。所以从那时起一直到现在，"政府是人民的公仆"始终是一条主要的政治原则，任何危害民众利益的行为都逃不过民众的法眼，这也有助于公务人员形成廉洁自律的官风，从而抑制腐败行为的发生。

二、历史上腐败高发期与集中治改

在美国300多年的历史长河中，腐败与反腐败的斗争史可谓波澜壮阔。总体来看，美国大约经历了两次严重的腐败时期，波澜壮阔的反腐运动也在美国的历史上留下了浓墨重彩的一笔。美国的廉政体系也是在持久的反腐败斗争中逐步建立和完善起来的。

美国历史上第一个腐败高发期出现在19世纪中后期到20世纪初，这一时期也被称作"镀金时代"，可以说这一时期的腐败是社会性、全方位的腐败，几乎侵蚀到政治生活的每一个角落①。单就行政方面而言，"镀金时代"联邦、州和地方政府的官员以权谋私、中饱私囊的现象很普遍；私人利益集团大肆行贿政府公共官员；南北战争之后买卖联邦官职变得司空见惯；各级政府寻租成风，大小城市政府基本上被所谓城市老板的职业政客及其帮派势力把持，他们腐败和无能的程度令人发指。因此也无怪乎当时舆论评价说："美国的城市政府是基督教世界中最糟糕的政府——最奢侈、最腐败、最无能。"

而这一时期的腐败是经济、政治和社会发展的产物。首先经济高速增长和政府规模的急剧膨胀增强了政府特别是地方政府支配公共资源的能力。工业革命期间，美国的经济总量迅猛增长，1870—1913年，美国GDP总量增长了2.4倍，人均GDP也大幅提高。与此同时政府由于大量发行国债，财力也大大提升，掌控的公共资源越来越多，政府公职人员在资源的分配问题上拥有或大或小的自由裁量权；同时由于存在严重的信息不对称，监管十分困难，这就为权钱交易提供了巨大的预期收益和操作空间。如"镀金时代"各级政府对铁路、市政等基础设施的大规模投资就为公职人员创造了大量以权谋私的机会。其次，政党分肥制"难辞其咎"。政党分肥制的特点是获得大选胜利的政党候选人作为报偿把政府官职分配给那些曾帮助其在选举中获胜的人，而不论他们的品格和能力如何，这导致任人唯亲大行其道。后来随着经济社会的发展，政党分肥制诸多弊端逐渐暴露出来，其所引起的政风败坏、效率低下、任

---

① 张准、周密、宗建亮：《美国"镀金时代"的腐败问题研究》，《生产力研究》2008年第15期。

人唯亲、官员素质甚低等问题也愈发严重，其自身成为腐败丛生的一个重要原因。最后，拜金主义、极端利己主义和社会达尔文主义也起到了推波助澜的作用。"镀金时代"的美国社会，拜金主义、极端利己主义和社会达尔文主义甚嚣尘上，人们的价值观普遍扭曲，极端利己主义思想盛行，腐败成为人们的普遍追求。改革者则被孤立，再加上社会制度的不健全，这一切都为腐败横行创造了条件。

　　针对镀金时代的腐败问题，美国推行了一系列富有针对性的改革运动。最早实施的是取代政党分肥制的文官制度改革。1865 年国会议员托马斯·艾伦·詹姆斯正式向国会提出了有关改革议案，由此引发了一场声势浩大的文官制度改革运动。1883 年颁布的《彭德尔顿法》标志着美国文官制度的正式形成。该法对联邦政府文官的招聘、考试以及考试作弊和受贿行贿的惩处作了规定，结束了"政党分肥制"，开创了以"功绩制"为主要内容的现代文官制度[1]。此后政府又成立了专门的文官委员会，主要负责拟定人事法规和文官道德法规，查办和惩处与之相关的违法违纪行为，防止政治腐败的发生。文官制度的推行虽然一波三折，但是效果明显，不仅政府的办事效率得以提高，腐败之风也得以遏制。美国第 22 任总统克利夫兰（图 16）在任期内，大力推行了文官制度改革。

　　紧接着美国又开始了规模宏大的进步运动（时间大致为 20 世纪初到 20 世纪 20 年代）。它涉及的范围更广，持续的时间更长。其主要目的就是消除行政、立法和司法领域的腐败现象，净化社会风气，重振美国精神。治腐行动主要分为四大举措：首先，改革选举制度，洗刷

图 16　美国第 22 任总统格罗弗·克利夫兰（Stephen Grover Cleveland, 1837—1908）。他在任职期间大力改革文官制度，为现代文官制度的实施做出了重大贡献。

①　李秀峰主编：《廉政体系的国际比较》，社会科学文献出版社 2007 年版，第 65 页。

"城市之耻"。通过扩大公民权利的方式加强对政府的监督，如实行无记名投票制，保证选民的投票自由；改变过去参议员由各州议会选举的旧制，实行民选参议员的直接选举制，这一规定最终成为了1913年宪法第17条修正案；赋予妇女选举权，扩大选民人数。其次，整顿市政，核心是改革市政领导体制。一些城市结合自身实际废除了疑弊丛生的市长—市政议会制，而代之以市政委员会制度。一些城市则因地制宜建立了完善的城市经理制。由于经理和委员都由市民直接选举产生，因此城市管理权力集中于少数几个人之手的问题就得以解决，这提高了管理效率，又一定程度上遏制了官商勾结带来的腐败问题。再次，加强对政治资金的控制与管理。美国政府通过立法加强了对竞选经费尤其是大财团政治献金的管理。许多州纷纷做出表率制订了反腐败立法。1907年国会通过了《提尔曼法案》，这是美国历史上第一个限制筹资的法案，它明令禁止公司和全国性银行向竞选公职的候选人提供捐款。此后颁布的类似立法，进一步加强了对政治性捐款和院外活动的管理，大公司对地方政府的政治影响被限制，大财团对政治的控制也得以削弱，权钱交易的成本提高，最终导致腐败行为大大减少。最后充分利用媒体的力量。进步运动就肇始于"扒粪者"对腐败行为的揭露和政治黑幕的曝光。这一时期的新闻监督，不仅对社会良心和公民道德、政治意识的觉醒贡献颇多，而且还推动了政府反腐败立法进程，同时也起到了震慑腐败分子的作用。至少在媒体的严密监视下，政府官员不得不认真考虑腐败的成本，不敢轻易走上腐败的不归路。

经历了20世纪30年代的大危机和第二次世界大战后，美国于20世纪六七十年代再次进入腐败高发时期。这一时期的腐败呈现出新的特点，如利用公共机构谋取或扩大权力，这集中表现为行政权力的滥用（尤其是总统的自由裁量权）和竞选资金的非法募集。同时一系列贪腐丑闻的发生，使政府道德声誉一落千丈。影响较大的当属1970年的"朝鲜门"事件[①]、1972年的"水门事件"和1973年美国副总统阿格纽营私舞弊案，它们引发了政府道德危机。

为了改善政府形象，挽回政府声誉，提高官员素质，19世纪70年代美国开始推行政府道德革新运动，规范官员从政行为，完善法律来约束公职人员。

---

① 1970年，尼克松政府准备从南朝鲜撤走两万名美军，这一计划遭到南朝鲜总统朴正熙的强烈反对。为阻止美国撤军，朴正熙便策划通过南朝鲜商人朴东善对华盛顿政界进行大规模的贿赂活动。

国会分别于 1974 年、1976 年和 1979 年对《联邦选举法案》进行了修订。在 1925 年法律的基础上，对公开竞选捐款的数额与来源进行限制。修订法案的通过，使美国有史以来第一次建立起一种综合控制竞选财政的制度，在一定程度上减少了富人控制竞选财政的机会。

20 世纪八九十年代以来，美国在修订旧法的同时又新增了反腐法律。1989 年美国政府修订的《道德改革法》，进一步加强了政府官员的道德约束。1992 年联邦政府道德署颁布的《行政部门雇员道德行为准则》，则详细规定了公务人员在礼品、利益冲突和兼职等多方面的行为规范，加强了对公务人员的道德要求。而且美国还进一步加强了监察机构的独立性和权威性，如联邦政府道德规范机构从联邦人事局独立出来，升格为独立的副部级单位，独立性和权威性也更大了；监察和立法也趋于严格和严密，如《政府道德法》规定的官员财产申报制度，在这 20 多年内修改了数次，加之联邦道德规范局制定了一系列配套法规，使这一制度逐步完善起来。这些举措都有助于培养公务员的廉洁自律意识，有效地限制了腐败行为的发生。

然而进入到 21 世纪，政府反腐形势又紧张起来，联邦与地方发生了一系列腐败案件与政治丑闻（见表 18），尤其是 2009 年发生的新泽西贪腐窝案，可以说使地方政府颜面扫地。高官贪污数额之巨"即使不是在全国来说最恶劣的一次，也是最严重的一次！"反腐败似乎又变得迫切起来。

表 18 　　　　　　　　　　**21 世纪以来美国重大腐败案件或丑闻一览**

时间	案件或丑闻	涉案官员及罪名	结果
2006 年	纽约州审计长私用公车案	纽约州审计长阿伦·赫维斯，被指控让他的一个手下工作人员长期为其夫人开车	先是主动道歉，并向政府赔偿八万多美元后被纽约州廉洁署以"明知故犯，利用职权为自己和妻子谋求特权待遇"对他提出指控。因此案，赫维斯不得不宣布辞职，接受司法裁决
2008 年	巴尔的摩黑人女市长礼品卡案	巴尔的摩市市长希拉·狄克逊，贪污价值 1500 美元的礼品卡。还贪污了 600 美元	法官判处捐献 45000 美元给一个慈善基金会，当社会义工 500 小时。狄克逊表示认罪，辞去市长职务

时间	案件或丑闻	涉案官员及罪名	结果
2008年	州参议员夏普·詹姆斯案	新泽西州参议员夏普·詹姆斯,将市府资产以4.6万美元的低价售予其情妇,并从情妇的转卖中牟取暴利	被判入狱10个月,罚款10万美元
2008年	州长罗德·布拉戈耶维奇卖官未遂案	伊利诺伊州州长罗德·布拉戈耶维奇,涉嫌买卖参议院职位	2011年,布拉戈耶维奇"兜售"空缺伊利诺伊州联邦参议院议员位置,贪污事实成立,判处14年监禁和两万美元罚款
2008年	拜登超额政治献金丑闻	美国副总统乔治·拜登,他在2008年的总统大选中接受了超额的政治献金,又虚报了在选举期间搭乘私人飞机的相关费用	美国联邦选举委员会(FEC)经过调查做出处罚决定,拜登要上缴超额收取的106216美元,同时将支付85900美元的罚款
2009年	纽约州州长球票案	纽约州州长帕特森,接受纽约扬基队赠送的5张门票,每张价格是425美元,总价值为2125美元	纽约州"公职人员廉洁署"认为这5张门票就是变相的受贿,于2010年2月对帕特森进行了调查。2010年12月,帕特森因为这5张免费的比赛门票,被判罚款62125美元
2009年	新泽西州腐败窝案	霍波肯市市长卡马拉诺三世,收受发展商25000美元贿赂;锡考克斯市市长埃尔维尔,接受10000美元贿赂;里奇菲尔德市市长苏亚雷斯,非法收受10000美元现金	2010年8月5日新泽西州霍波肯市市长卡马拉诺三世因受贿25000美元被判处2年徒刑

三、现行廉政建设特征

反腐败是一场持久战,因此廉政建设既不是一帆风顺的也不是一蹴而就的。在长期的反腐实践中,美国政府摸索并建立了一套符合自己国情的廉政体系,其特点如下:

1. 预防为主，防患于未然

美国整个反腐机制中都体现出了这种预防性。宏观而言，就是美国建立了许多具体的防腐制度，比较典型的有财产申报制度、收受礼品制度、游说制度和竞选募捐制度，四项制度环环相扣，和反腐立法一道，形成了坚固的防腐败链条。财产申报制度是《政府道德法》的产物，通过对总统、副总统等高级官员收入状况的追踪，可以及时有效地发现贪腐踪迹，防止腐败的发生。收受礼品制度是针对政府高级官员的，他们接受外国要人礼品的行为必须符合美国法律规定，总统、副总统也不例外，一旦他们接受价值超过 30 美元的礼品，就要做出说明，并将礼品交公，这就一定程度上防止了变相受贿的发生。游说制度承认游说是合法行为，但也不是无条件的。在经常涉及数额巨大的政府采购物资如军用品、器材、武器的采购和工程承包如国防工程的承包等领域，游说会导致官商勾结、营私舞弊等腐败丑闻的出现。而美国从法律上对游说活动的限制则降低了游说过程中腐败的可能性：不准现职官员和国会议员接受游说者；已经下台的政府官员在离职后一年内不得回原工作部门为别人从事游说活动，违者要受刑事追究。里根政府时的原白宫办公厅副主任迪弗就因违反这些规定而遭起诉，最后被判了刑。竞选募捐制度是和选举紧密联系在一起的，选举因为金钱政治必然会引起政治腐败。美国的竞选费用立法以及对竞选经费来源、用途和数额的规定抑制了腐败的可能性，增加了腐败的成本，因为违反上述规定者都将被追究刑事责任。[①]

微观上来看，联邦调查局有一绝招叫"sting"（音译为"死盯"）。"死盯"战术是一种新的反腐手段，目的是用模拟犯罪的方式来考验和诱惑有嫌疑的政府官员。从反馈的新消息和数据来看，这一招在反腐败的实践中屡试不爽。而且据了解，反腐的预防和主动调查工作已经引起越来越多的国家和地区的注意和重视。在"偷师"美国后，中国香港廉政公署已经陆续培养了 50 多名出色的"卧底"人员。近几年来他们进行了多次"卧底行动"，几乎没有失过手。为此不少东南亚国家如新加坡、马来西亚的反贪机构纷纷派出精英到中国香港参加培训，以便为各国的反腐败工作服务。

2. 反腐机构较强的独立性、权威性和制衡性

美国反腐机构的独立性是不言而喻的。以独立检察官制度为例，它依据

---

① 张敏谦：《试论美国的廉政建设及其借鉴意义》，《世界经济与政治》1994 年第 8 期。

1970 年美国国会通过的《独立调查委员会法》而设立，专职调查美国政府舞弊案。独立检察官享有极大的权限，可以指挥联邦调查局办案、组织大陪审团、传唤证人、给予豁免权等。调查经费几乎没有限制，由司法部全额支付。独立检察官只要不犯明显的重大过失，任何人无权罢免。而且独立检察官办案没有时间的限制，便于他们全力以赴地彻查案件。尼克松总统"水门事件"，里根总统任期内的"伊朗门事件"，克林顿总统与莱温斯基不正当关系案件的查处，都是独立检查制度的功劳。由于其在独立查处腐败案件中地位和作用明显，因此越来越受到美国民众关注。

说到权威性，具体体现在两个方面。一方面是指反腐机构的职能、权限和工作程序在法律上都有明确规定，必须照章办事。例如根据 1978 年《监察长法》，政府各部都设立监察长，主要负责审计和调查本部工作计划执行情况，以提高工作效率，防止和消除舞弊。另一方面，反腐败机构的级别高，"所谓官大一级压死人"，如按照 1978 年出台的《政府廉政法案》设立的政府廉政办公室，是行政系统级别最高的反腐机构。1989 年议会又通过立法将其升格为一个独立部门。其官员的任免也是高级别的，如廉政办公室主任是经参议院建议和同意，由总统任命的，任期 5 年，负责协调、指导全国范围内的廉政工作。

制衡性是美国分权的政治体制的集中体现，这一特点也贯穿反腐败工作的全过程。美国各个州都设有调查腐败的专职机构，都有各自的管辖权限。如联邦调查局只负责腐败案件的调查取证工作，调查结束后，将结果送司法部门或其他部门处理，司法部再负责将案件起诉到法院。在通常情况下，联邦政府、州政府反腐败机构各自查处发生在所管辖范围内的腐败案件，但州长腐败案件，由联邦政府反腐败机构负责调查；有些涉及外国案件、跨州案件由联邦政府查处或与州政府联合查处。这种机构之间的相互制衡既防止了腐败行为的发生，也可以确保已发生了的腐败行为得到有力的查处。[①]

美国主要反腐机构如表 19 所示。

---

① 梅河清（2006 年广州市纪检监察领导干部赴美培训班成员）：《美国反腐败工作的启示和借鉴》，http：//www.360doc.com/content/12/1206/08/7544182_252401470.shtml。

表 19　　　　　　　　　　　　　　　美国主要的反腐机构

		组 织 构 成	职　　权
检察机构	联邦检察长	下属机构为与检察职能有直接主要联系的刑事处	负责指导美国各地的检查工作，在一些重大案件中，也经常协助各地的联邦检察长进行调查和起诉
	州检察长	下辖州检察长办事处，其司法管辖权一般以县为单位，又称县检察长	监督指导权
	市镇检察官	最低一级的监察机构，有些没有自己的市镇检察官	无权起诉违反州法律的犯罪行为，只能起诉违反市镇法令的犯罪行为，在刑事诉讼中只起辅助作用
	独立检察官	前身是为水门事件设立的特别检察官，是专门对某一高级行政官员的贪腐失职行为进行调查起诉的临时性官员	人事权、调查权、传讯权、汇报权和起诉权
监察机构	监察处（或称监察长办事处）	依据 1978 年《监察长法》设立。目前联邦政府内部设有 69 个督察长办公室，驻联邦政府内阁各部以及一些主要的部属机构的监察长由总统任命，并经参议院确认，且只能够由总统罢免。驻独立的政府部门、公司和某些联邦实体的监察长则由这些实体的负责人任命或解职	一方面对部委的财政支出和财政行为进行审查，并对发现涉及贪腐的违规活动进行调查；另一方面对部委的规章制度和工作程序进行审查，并对存在的问题提出改进建议。具体任务为制定监察计划、项目跟踪检查、审查承包商、接受举报或控告、调查取证、协助调查、提交报告、提出建议、移送处理等
政府道德规范机构	政府道德署	依据 1978 年的道德法设立，现已脱离人事管理局，是联邦政府的一个独立机构，在联邦各部门没有派驻机构，在联邦主要部委下设道德准则办公室。最高长官为总监，总监由总统经过议会同意任命，未经议会许可总统无权罢免总监	主要负责《政府道德法》以及其他规范公务员行为的行政法规的贯彻、宣传和执行；组织和审查财产报告。其他职责有：审查财产申报，建立档案；拟定和解释相关规章规则等
国会调查机构	特别委员会		为专门目的的设立，主要任务是调查高级官员的行为表现，包括有无贪腐行为和为弹劾搜集证据。拥有可以强迫不愿作证的人出席听证会并提供证言的特别调查权力
	各种常设委员会	联合委员会隶属于参议两院	
	联合委员会		

		组织构成	职　权
审计机构	审计总署	又称会计总署，根据 1921 年《预算和会计法》成立，是独立管制机构，也是国会的调查机关。审计总长经参议院提名和同意，由总统任命，下设总署办公室、法律司、债款司、审计司等部门	完成国会及其委员会要求完成的调查工作，并提交工作调查报告
特别律师办公室		依据 1978 年《文职改革法》设立，办公室人员由人事管理专家、调查人员和律师组成	负责受理、调查和起诉有关对政府部门非法行为的指控，重点是保护联邦政府内举报人免受打击报复，后来又负责《举报人保护法》的实施
议员操守委员会		参议两院都设有该机构，这里以参议院的操守委员会为例，它于 1964 年通过投票成立，1968 年通过行为准则	对参议员提出建议和忠告；教育培训新的参议员；调查出现的问题。

资料来源：孙晓莉编著：《国外廉政文化概略（第 3 辑）》，中国方正出版社 2007 年版，第 116~124 页。

3. 民间监督力量

在国家机器之外，民间机构成为自下而上地实施监督的重要力量。民间机构代表公众利益向政府提出建议，对政商界进行监督和制衡。民间机构参与监督的重要方式是通过舆论，舆论监督权也被公认为是美国的第四权，这其中尤以新闻媒体的监督最为有效。在美国，新闻界可谓"无冕之王"，其监督作用和效能在进步运动时期就展现无遗。和许多发达国家一样，美国的新闻媒体具有批判的功能，其独立性和权利受到法律的规定和保护。美国诸多腐败丑闻都是因为新闻媒体的揭露而受到法律制裁的，家喻户晓的便是《华盛顿邮报》记者对水门事件的揭露（图 17）。

而且美国新闻媒体监督的范围十分广泛，并不仅限于在职官员，下野官员也不例外。如里根政府的白宫办公厅副主任迈克尔·迪弗下野之后，利用其影响向美国政府和议员进行游说，谋取暴利。其行为被《时代》周刊冠以"在华府贩卖影响"的大标题进行报道，引起了社会广泛关注。最终迪弗于 1986 年受到司法部起诉，并于 1988 年被判 15 年徒刑。

此外利益集团的作用也是不可小觑的。尽管美国的宪法和法律规定了游说

图17 《华盛顿邮报》记者鲍勃·伍德沃德（Bob Woodward）和卡尔·伯恩斯坦（Carl Bernstein）。正是由于他们对内幕消息的一系列报道，才揭露了白宫与水门事件之间的联系，从而最终促使了尼克松总统的辞职。

合法，但是也规定了与之相关的其他一些内容，以限制游说中的不法行为。1995年美国议会出台了《游说公开法案》，要求对议会和行政部门进行游说的人员实行登记制度，并报告他们的客户、游说内容和接受金额的情况。这样利益集团和外国机构不仅可以通过游说实现他们在美国的利益，还能起到监督政府的行政行为的作用。利益集团一旦发现他们有索贿的迹象，可以随时向有关部门举报。

4. 反腐败的国际化合作

随着全球经济一体化的发展，国家之间经济联系日益密切，反腐败逐渐成为外交和安全问题，加强国际反腐合作变得很有必要。比如针对美国高官们由贪腐所得而存于国外的非法收入，必须通过外交途径才能加以追缴。而且在实际的反腐工作中，反腐机构的手段和权限已经超越了国界的限制，越来越趋于国际化。美国频频曝光的跨国公司腐败案件，使美国反腐机构的权限得以扩大，因此美国法院也被授予了治外法权，有权审判涉及外国公司的腐败行为。1975年美国出台了《外事法案》，禁止美国公司因公务活动而对外国官员进行行贿活动。该法案适用于美国海外公司和国内任何公司以及为公司效力的人员。如果违反法律并被定罪，将会给予相应的处罚。在美国推动下，反腐败行为已经从单边行动转向多边合作。1997年5月，33个国家在世界经济合作与发展组织出台的共同反对国际贸易中的行贿条约上签字，由此限制企业行贿成为共同遵守的国际惯例。又如在反对洗黑钱问题上，美国于1979年通过了《银行秘密法案》，要求银行必须向政府汇报可疑的资金周转。911事件后美国又通过了《爱国者法案》，进一步加强政府对银行及公民存款情况的监控。因为恐怖分子、犯罪分子可以把资金存入其他国家，其他国家的贪腐高官可以通过洗黑钱的方式把钱合法存入美国的银行，就需要多国加强合作。如乌克兰前副总理拉斯兰科从国库窃取了1.2亿美元，并通过美国洗黑钱，美国反腐机构发现后拟对其进行审判，同时，乌克兰也想引渡其回国接受审判，这就要求两国加强配合，携手办案。

四、现存问题及发展趋势

就最近的美国国内报道来看，美国的反腐形势并不乐观。据美国司法部公布的消息，在过去20年内美国有将近2万多人因腐败被判有罪或入狱，其中最近10年与前10年相比更是有增无减。2012年7月全球著名调查公司盖洛普公布的民意调查结果显示，过半数的受访者认为解决腐败是联邦政府的当务之急，美国民众对腐败问题的关注度首次超过反恐和社保医疗等热门议题。由此可见，美国的反腐败工作还是存在疏漏。在分权的体制下，地方比联邦有更多的贪腐机会，因此在美国有必要对反腐工作进行统一的部署，尤其是要加强对地方政府的监督。

此外还应该注意的是，近年来日益膨胀的总统权力可能会成为诱发腐败的一个潜在隐患。相比其他国家，美国总统涉及贪腐的丑闻（尼克松总统和克林顿总统涉及的都是道德丑闻）还是比较少的，这得益于三权分立的政治体制，但是在现实生活中，随着反恐和社会安全问题的日益突出，总统的行政权力开始逐步扩大和提升，未来势必会在一些利益分配方面出现腐败行为，这都是需要提前加以预防的。

五、小结

腐败是一个困扰各国政府已久的难题，即便发达如美国，腐败也只是暂时被边缘化了，腐败的动机和风险依然存在，因此我们仍然能时不时听到或看到美国爆出的政治丑闻或腐败报道。不能否认的是美国确实建立起了一套完善的廉政机制，也从制度上进行了查漏补缺。然而"从体制上根除腐败滋生的源泉，并不等于说能够完全消除现实政治生活中的腐败现象"①。在具体的实践中，政治家的个人行为往往会违背体制设计的初衷，而产生一系列的贪腐行为。因此在现实的反腐斗争中，加强对政治家的个人行为的法律约束还是很有必要的。只有立法和司法手段并举，才能做到预防腐败和惩治腐败行为的

---

① 张敏谦：《试论美国的廉政建设及其借鉴意义》，《世界经济与政治》1994年第8期。

统一。

　　美国的反腐败经历了一个长期的历史过程，它的反腐经验表明廉政建设是一项涉及全局、需要配套改革的系统工程。在实际反腐工作中体制上对权力的制衡、法制精神、有效的社会监督机制三者缺一不可。在实践中不断进行改革和完善已有的机制和制度，正是美国廉政建设的宝贵经验，也是我们需要借鉴和学习的地方。

智利廉政建设概况

我这里不用侍候，干你们的事去吧！害怕民众的总统不是人民的勤务员。

——智利前总统阿历山德里

我想要一个阳光政府，政府所有行为透明是一个社会能够反对腐败的最好的预防措施之一。

——智利现任总统巴切莱特

智利位于南美洲西南部，是一个历史悠久的文明古国。在政府廉洁程度方面，智利一直是拉美地区的"领头羊"。近年来，智利在透明国际廉政指数排行榜上的排名一直稳居在 20 位左右（见表 20）。世界银行发布的报告也表明，就政治廉洁度和全球治理指数而言，智利已经走在了意大利等一些发达国家的前面。

表 20　　智利最近十年（2004—2013）国际透明组织廉政指数（CPI）

年度	2004	2005	2006	2007	2008	2009	2010	2011	2012	2013
排名	20	21	20	22	23	25	21	22	20	22
得分	7.4	7.3	7.3	7.0	6.9	6.7	7.2	7.2	7.2	7.2

注：表中的数据来源于透明国际组织官网 http：//www.transparency.org／。

智利的清廉古已有之，但是自 20 世纪 70 年代初期皮诺切特军政府执政以来，轻微零星的腐败现象曾逐渐发展成一个相对普遍的制度性问题[1]。在文官政府的努力下，尤其是在拉戈斯总统执政时期，智利的腐败治理才初见成效。尽管就廉洁程度而言，智利无法和北欧国家一较高低，而且在反腐制度建设和法律规范方面还存在一些疏漏和不足，但是它在预防和遏制腐败方面的经验和

---

[1]　闵勤勤：《智利的腐败问题与反腐败制度体系探析》，《拉丁美洲研究》2005 年第 27 卷第 6 期。

成功举措，还是可以为世界尤其是发展中国家的廉政建设提供借鉴和启示的。

一、历史背景与政治文化

1. 历史背景

智利历史上曾是西班牙的殖民地，1810 年圣地亚哥的土生白人推翻了殖民政权，成立独立政府。1818 年智利民族英雄奥希金斯正式宣布智利独立，成立共和国。1833 年智利制定宪法，宪法承认天主教为国教，赋予总统以极大权力，这奠定了此后 30 年比较稳定的政治局面。在 1891 年到 1920 年的近 30 年中，国家权力重心发生转移，"全能的议会"代替了"全能的总统"①。同时也出现了一些新的腐败问题，不过最终都得到了治理。而且智利总统的廉洁奉公是出了名的，从下台时两袖清风的最后一任总督马里奥·德尔朋特，到卸任时身无分文的佩德罗·阿吉雷总统，无一不是为政廉洁的表率，他们开启了廉洁智利的传统。因此也无怪乎学者赞叹道："从 1810 年独立到 1973 年皮诺切特上台的 160 多年间，翻开可以查阅到的资料，几乎找不到一位在任期间发财致富的总统，这与其他拉美国家很多总统卸职后拥有大笔国外银行存款形成鲜明对照。"② 1973 年 9 月的军事政变，改变了政治建设的历史，智利开始了从清廉到腐败的倒转。奥古斯托·皮诺切特开了总统及高官腐败的先例，在其长达 16 年的军政府统治时期，腐败成为社会的毒瘤，新自由主义经济政策的实施一定程度上是罪魁祸首。1989 年智利迎来变局，智利诞生了独裁后的第一位民选总统帕特里西奥·埃尔文，他与后来的总统——爱德华多·弗雷、里卡多·拉戈斯·埃斯科瓦尔、米歇尔·巴切莱特——开始了对腐败前赴后继的治理，智利的国家运行机制逐渐走向了正轨。就目前来讲，智利社会治安较为稳定，已经成为南美洲最繁荣稳定的国家之一。虽然在各个历史时期面临种种危机，不过智利的社会经济在最近几年已经有了显著和持续增长。稳定的政治环境、全球化的、自由的经济体制以及较低的腐败感知和相对较低的贫困率已成为新智利的标签。在新闻自由、人类发展指数、民主发展等方面智利也获得了很高的排名，智利正在成为南美洲一颗冉冉上升的新星。

2. 政治文化

智利的清廉政风与其民主宪政传统密不可分。智利很早确立了资产阶级民

① 王晓燕：《智利》，社会科学文献出版社 2004 年版，第 94 页。
② 闵勤勤：《智利的腐败问题与反腐败制度体系探析》，《拉丁美洲研究》2005 年第 27 卷第 6 期。

主体制。现行宪法为 1981 年宪法，宪法规定，智利总统为国家元首和政府首脑，由普选产生，任期 4 年，不得连选连任。总统有权任命各部部长、最高法院法官、驻外使节；有权宣布国家进入紧急状态。智利内阁为最高国家行政机关，由 20 名部长组成。[①] 2005 年智利修宪，改总统任期为 4 年，并取消了终身参议员和指定参议员的职务。国民议会为智利最高立法机关，分为参、众两院。1973 年军事政变后议会被解散，1990 年 3 月才得以恢复。智利最近的议会成立于 2010 年 3 月。现任参议长为社会党人卡米洛·埃斯卡洛纳，众议长为民族革新党人尼古拉斯·蒙克贝格。智利最高法院为最高司法机关，设在首都圣地亚哥，由 12 名法官组成。最高法院法官 5 名候选人，由总统选定后任命。此外，智利还有 10 个上诉法院；各省、市均设有初级法院。

智利的民主传统相当悠久，期间虽有或长或短的动荡和混乱，但是政局一直较为稳定，而且经过长期努力，比较完善的民主制度得以最终确立，这在根本制度上限制了腐败的发生。[②] 而且智利的民主宪政有着深厚的社会基础，"主权在民"、分权制衡、人权至上和保护私有财产等基本原则根深蒂固，并成为不可悖逆的社会共识和政治信仰。

独裁统治结束后，智利恢复了多党制。智利的主要政党有民族革新党、独立民主联盟（议会第一大党）、基督教民主党（在野的中左翼联盟第一大党）、社会党（在野的中左翼联盟成员）、争取民主党（在野的中左翼联盟成员）、社会民主激进党（在野的中左翼联盟成员）、共产党（在野党）。为了争夺政治权力，实现自己的政治主张，执政党与在野党展开激烈角逐，最终形成良性的竞争性政治文化。在这种情况下，政治家都愿意加强对本党成员的监督，以便增强政党的凝聚力和廉洁度，从而在政治斗争中赢得优势或是在总统选举中占得先机。"意识形态和竞争也会相互推动，从而共同形成更显著的反腐效果。"[③] 而且不管是何党胜出，其执政者都是民主宪政的坚定拥护者，在推进廉政建设方面，他们是不遗余力的。

---

① 梁国庆主编：《国际反贪污贿赂理论与司法实践》，人民法院出版社 2000 年版，第 688 页。
② 摘自光明网：《发展中国家反腐　智利何以"一枝独秀"？》，http://roll.sohu.com/20111025/n323363497.shtml，2011 年 10 月 25 日。
③ 维维亚娜·斯蒂怡娜著，靳呈伟译：《政党与 20 世纪 90 年代阿根廷和智利的高层腐败》，《国外理论动态》2013 年第 4 期。

二、历史上腐败高发期与集中治改

从历史来看，智利还是比较廉洁的。1970 年社会党人阿连德·戈森斯当选智利总统后，实行了经济和社会改革，旨在扭转国家经济颓势和维护社会公平。尽管改革的结果并不尽如人意，但是公平正义得到保证，廉洁的传统得以延续。

1973 年的军事政变是智利政治上的转折点，至此智利的廉洁传统中断。在长达 16 年的皮切诺特军事独裁期间，智利也进入到了有史以来第一次腐败的高发期，腐败主要是经济"转轨"过程中的法制不健全引起的。20 世纪八九十年代智利军政府在美国影响下，奉行"新自由主义"政策，开始推行社会经济改革。但是在重视市场经济机制、实行对外开放、引进外资和发展外向型经济的同时，却忽略了法制和规章制度的建设，致使在经济发展的各个环节上出现很多漏洞，给一些人可乘之机，使腐败有了大规模繁殖的"温床"。如有的外国公司为了交易成功或取得某种特权，常以"红包"、"回扣"为手段向所在国相关官员行贿。有了更多自主权的国有企业，为了在激烈的竞争中获胜，也纷纷用"红包"买方便。同时私有化进程也为腐败提供了机会和场所，经济的发展使投机倒把者更为活跃。可以说，捞钱的机会愈多，发生腐败的可能也愈大。① 而且在经济结构调整、资源重新分配的过程中，政府公权力由于没有得到有效监督和约束，也使得贪污之风愈演愈烈。但是皮切诺特军政府并没有制定针对性的措施来治理腐败。相反，他认为腐败是市场化的必然产物，这种"腐败有利"的思想不但无助于遏制腐败，也动摇了其执政的根基。

1990 年民选总统埃尔文执政期间，为了医治独裁造成的社会创伤，稳定国内政局，智利政府本着"忘却和原谅"的原则，并没有追究皮切诺特以及前政府要员们的责任。弗雷政府执政时期，由于对新闻的管制放松，新闻媒体的地位提高，其监督职能也凸显，在新闻媒体的"穷追猛打"之下，大量腐败案件曝光，这直接导致智利在全球廉政排行榜上位次的下滑，但是政府依然没有意识到问题的严重性。2000 年拉戈斯总统（图 18）上台后，一些性质严重的腐败案件相继曝光，影响最恶劣的当属 2002 年 10 月，智利主要政治性新

---

① 参见计高成编：《世界反腐风云备忘录》，中国方正出版社 2002 年版，第 286~287 页。

图 18　富有学者风范的智利前总统拉戈斯。在其任期内大力发展经济，整治腐败，扭转了政治风气，被誉为智利模式的奠基人和"平民总统"。

闻周刊《新情况》揭露的"10 月案件"① 和执政联盟在大选中挪用 75 万美元体育运动基金的腐败案，它们严重损害了政府形象。

在公众极大的愤慨之中，智利的反腐败斗争拉开序幕，智利政府对腐败的集中治理也肇始于此。时任智利总统的拉戈斯，雷厉风行，果断采取措施，发布总统令，强调政府在反腐败工作中的主导作用，同时也呼吁社会组织积极参与其中。他还在向议会做的政府工作报告中强调，政府在惩治腐败的斗争中将采取"毫不妥协"的立场，坚决打击一切形式的权钱交易。他的政府在揭露腐败丑闻过程中将一如既往，决不"回避问题"，继续与司法部门合作，坚决打击腐败行为，把犯罪分子绳之以法。后来继任总统的巴切莱特延续了既往的反腐政策，而且更为强硬。她上台后，随即对被媒体曝光的执政联盟在大选中挪用 75 万美元体育运动基金的腐败事件进行调查，提出"全力与腐败作斗争"的口号，并出台了 5 项新的反腐措施。就目前来看，这些措施取得了一定效果，至少智利政坛没再爆出腐败丑闻。

三、现行廉政建设特征

拉美国家是腐败严重肆虐的地区，动荡的政局和落后的经济都是滋生腐败的温床，但是智利却"出淤泥而不染"，除了经济发展良好等因素外，持之以恒的廉政建设可以说是居功甚伟，它的特征也为人津津乐道，成为拉美国家学习的榜样。

---

① 指某私营公司为得到开办汽车厂的政府特许经营合同而贿赂政府官员的案件。

1. 信息公开，透明行政

作为拉美国家的榜样，智利的政治透明度是有目共睹的，这当然要归功于智利自 20 世纪 90 年代以来持之以恒实施的透明制度。

政务公开制度是 1999 年《行政廉洁法》的题中之意。为了进一步调高政务公开，运用信息技术、整合资源和实现管理现代化等目标被明确写进 2000 年制定的"国家改革和现代化计划"和 2003 年制定的"国家现代化协议"，成为完善公共管理的重要手段。在米歇尔·巴切莱特任内，加强了高级官员财产申报的力度，并对公民获得信息的权利加以保护，这些措施很快收到了成效。此外经过政府的努力，信息的网络化也初步建立。政府各部门的政策法规、计划安排、财政预算、年度决算以及其他活动已经可以通过互联网完成。公民也可以在网上看到行政部门、司法部门和议会的相关信息。同时智利还建立许多国家与公民之间的互动程序，公民可以通过网络自由下载相关程序的表格和申请表格。总之，智利政府已经尽可能做到了最大程度的政务公开，这就为深入的监督提供了重要保证。

财产申报制度最早见于智利政府 1980 年颁布的《内部税收服务组织法》，其中明确提出了公职人员须进行财产申报的规定，不过这仅限于财政部门。1994 年实施的"财政部第一号法令"和《财政服务组织法规》则把这一范围扩大到所有财政部门。中央银行的公职人员的财产申报，则依照《中央银行的宪法组织法》要求进行，总经理等高层管理人员财产申报的时间分为任前和卸任两次。对于各级政府官员，《行政廉洁法》规定，他们必须提交一份收益报告书。而关于参、众议员、司法部和中央银行高级官员提交收益报告书的规定，则分别见于《议会宪法组织法》、《法庭组织法规》和《智利中央银行宪法组织法》中。律师总长、地方检察官和协助检察官的财产申报则参照《律师总署宪法组织法》的规定。而且 2003 年"第 008 号总统令"对财产申报提出了更具体、严厉的要求。它规定，中央、地方和公共机构负责人在提交财产报告书和收益报告书时，还要按时对提交的报告书的数据进行更新。然而，这并不意味着智利的财产申报制度已经建立，真正意义上的财产申报制度直到 2000 年政府向议会提出"第 20.008 号法律"后才正式成型。该法于2006 年 1 月开始生效，它添加了所有担任公职的高级官员还须负责每 4 年对财产信息进行更新的新规定。

关于基层公务员的财产申报的最新规定，则主要见于 2009 年开始生效的

《阳光法案》。该法案规定，公务员在入职时，都要公布个人以及配偶的财产及其相关经济收入，此后还要每四年更新一次财产信息。同时智利还专门设立《阳光法案》委员会来推动阳光法案的实施，它主要负责裁决在执法过程中出现的争端，并对不合作的政治部门进行制裁，同时还负责培训相关人员。①

2. 多层次的反腐监督网络和体制

事实上，智利历史上从未建立过任何专门的反腐机构，着力打造全方位、多层次的监督体系是智利政府的重要目标。稳定有序的文官政府建立后，智利的廉政建设也步入正轨，一个多层次的监督体制已经在智利建立起来。目前，智利已逐步形成了比较完善的分权制衡机制。除此之外，公民、新闻媒体和压力集团的监督也是智利政府反腐败所依靠的重要力量。概而言之，内外兼顾是智利的反腐监督机制的重要特征。

内部监督是指政府内部部门或机构的监督。政府内部的审计部门是最重要的监督机构。其中最著名的当属成立于 1927 年的国家审计总署，它是唯一的全国性的反贪污机构，主要职能是对政府的工作、政府主管的公共工程项目进行审计和监督。包括总统办公室和政府各部委的工作、州政府和市政府以及全国紧急办公室都在国家审计总署的审计范围内，但是议会、司法机构和中央银行的工作除外。审计总署的地位和权威都很高。总统不得轻易推翻总署署长所做的决定。审计总署署长任期长达 8 年，在任期内不能被解职。除了监督公务人员的不法行为外，审计总署署长还要负责总统法令以及政府的规定违宪或违法的审查。后来智利政府根据廉政建设的需要和政治形势的变化，于 1997 年专门设立了"政府内部总审计委员会"，它是又一个重要的内部监督机构。创立于 2001 年的"保护个人权利总统咨询委员会"，在承担保卫人民专员的主要职能外，其实也负有内部监督的职责。此外，部门领导也是内部监督机制的一部分。他们深知监督的重要性，因此也积极参与到监督体系之中，并承担各自的监督职责。

作为内部监督的补充，智利的外部监督主要有：政治监督，它在本质上是一种权力对对等权力的制度性监督，因而权威性极高，如议会对政府部门的监督；司法监督，它以法律干预为手段，监督的对象主要是公共权力；行政—法律监督，国家审计总署是其执行机关，可以依法直接监督总统和各部委官员，

---

① 张亮：《正本清源——新反腐倡廉读本》，中西书局 2013 年版，第 366~367 页。

并保护可能被行政行为伤害的公共利益和个人权利；社会监督，公民、社会组织和各类媒体是社会监督的主体，而这其中新闻媒体的监督尤为重要，公民和社会组织的作用则在后面提及的参与机制中充分展现。

完善的监督机制的建立，可以很好地防范来自体制方面的腐败，有助于约束政府公务人员的行为，从而保持政府表面的廉洁。

3. 比较完善的现代公务员制度

完善的公务员制度是智利廉政建设的重要保障，它通过内部的各种管理制度和法律法规严格约束着国家公务员的行为。首先，公务员所在政府部门就明确禁止公务员以权谋私。"廉洁行政"的根本原则是政府工作的指导思想，同时也是1999年《行政廉洁法》的核心内容。它适用于中央和和地方各级政府机构，并由各种法律机制保驾护航。在此基础上智利政府陆续制定出约束国家公务员的义务、纪律等行为规范。其次，智利建立了考试录用制度，谨守公平、平等、竞争和择优录取的原则，防止了徇私舞弊现象的发生。而且智利在公务员录用上的透明度，至少在拉美地区，是有口皆碑的。除了政府享有任免权的特殊要职外，基层公务员和企业职工的任用基本上采用聘任制，职务的晋升都有严格的规章制度。最后，公务员回避制度的实施，也有助于避免权力干预和结党营私等腐败现象的发生。

高薪养廉也是智利公务员制度的一个特征，但是并不是所有的公务员都享有高薪，高薪水仅限于军队上层和政府官员，但他们的工资和奖金必须是公开透明的，灰色收入或不正当收入都会及时被发现。而大部分公务员享受的是统一的工资制度，他们的工资标准由财政部、经济部和相关部门共同商定。为了促使一般公务员廉洁奉公，智利对腐败行为制定了严厉的处罚措施。智利在《刑法》中对公职人员犯罪的具体情形和惩处有专章规定，这种腐败入刑的做法还是很有威慑力的。

此外智利还非常重视对公务员进行普法教育，政府要求行政部门必须为其成员提供指导和培训，以便提高公务人员的法律意识。公务员的公共道德也是智利政府十分重视的，为此智利制定了比较健全的公务员道德行为准则，在智利的司法部门和立法部门，《司法道德原则》和《议会道德规范》时刻提醒着各部门的公务员要遵守公务员道德。而在中央银行，几乎人手一本《道德手册》，至此良好的管理系统得以在各部门建立。在法、德并举之下，公务员会潜移默化地养成廉洁奉公的习惯，这对他们做好本职工作，预防和限制腐败都是很有帮助的。

4. 比较发达的社会参与机制

就宏观层面而言，这是智利政府努力的结果。正是智利政府创造了有利于社会参与的大环境，并在此基础上建立了一些反腐的社会机制，并将公民和非政府组织纳入其中。政府总是积极鼓励民众参与关乎公共利益的重大决策的讨论和决定，而且还会广泛征求民众意见，并制定了法律法规对之加以保护。比如《社区和其他团体组织法》、《城市规划和建设总则》和《基本环境法》分别规定了公民参与社区管理的权利、社区掌握土地使用方案的权利和对政府相关的公共或私人组织进行咨询的权利。为了便于民众和政府部门互动，智利还成立了"信息、投诉和建议办公室"。尽管公民参与是民主体制的一个本质方面，通常也不能对公共政策产生实质性的影响，但是它对公民监督的作用的发挥还是有重大意义的。

从微观主体来看，智利的社会组织的作用也是不可替代的。2004 年，先后有 6000 多名社会组织的领导人参与了"公民参与法律草案"的制定，这在其他国家是不能想象的。成立于 1985 年的"智利监察专员委员会"也是一个重要的民间组织，它试图在全国范围内建立监察专员制度。目前智利政府正在和该组织商讨这一做法的可能性与可行性。总而言之，广大民众对政府活动的参与和监督，对于防止政治腐败和形成良好的社会氛围都是很有帮助的。

5. 积极参加国际反腐合作

腐败的国际化已成现实，因此反腐败的国际合作不仅必要，从目前来看，更是必须。智利反腐的一个重要依靠就是国际组织，这也是智利参与国际合作反腐的重要途径。近年来智利先后签署了诸如《美洲国家间反腐败公约》、亚太经合组织的《反贿赂公约》、《联合国反对跨国组织犯罪公约》、《经济合作与发展组织禁止在国际商业交易中贿赂外国公职人员公约》、《联合国反对跨国组织犯罪公约》和《联合国反腐败公约》等一些单边或双边协议，并成为一些国际反腐败合作机制的成员国。这对智利监督机制的完善和公民社会的建立大有裨益。

而且国际非政府组织一直是智利政府反腐合作的重要伙伴，尤其是透明国际组织，正是在与之合作的过程中，智利政府可以从中了解智利的全球廉政指数排名，从而有针对性地改进政府工作。而且智利政府还从透明国际组织那里获得了许多行之有效的反腐建议。

四、现存问题及发展趋势

就拉美而言，智利的廉政工作已经做得够好，领导人也展示了反腐败的决心和意志，但是有一点不能忽略的是，皮切诺特军政府统治时期的遗弊并没有被彻底清除，它们潜滋暗长，在新的形势和条件下，成为腐败的诱因。这主要表现在两方面：一是智利一般公务员工资水平普遍偏低，隐蔽加薪的腐败有较大诱惑力。极端情况下，迫于生活压力，他们也可能会铤而走险。因此他们潜在腐败的几率是很高的。二是激励制度的缺失，这可能导致廉洁下的低效率，但更有可能导致公务员走上腐败之路。他们可以利用制度的漏洞为自己非法牟利。而且公私的权限直到现在也没有厘清，因而权钱交易的腐败收益极高。因此即使在今天，官商勾结的现象仍然隐蔽地存在。

新政府上台后，公民社会意志得到解放，成为推进廉政工作的重要力量，但是关于公民意见对决策有多少实质性的影响我们无从得知。而且目前的廉政体系下，实际上对贪腐者的惩处力度不大，腐败不再让人望而却步。因此在接下来的反腐败工作中，智利可以考虑建立一套更完善严厉的惩罚制度。只有利剑高悬，公务人员才不敢轻举妄动。

此外多党制是一把双刃剑，它既能促成良性的竞争，也可能成为腐败的温床，这也是拉美国家共同面临的一个问题。因为法律中并没有明确规定政党的资金来源的条文，这就使得选举中的腐败成为可能，这应该是智利反腐工作存在的又一个隐患。

五、小结

智利的廉洁并非一日之功而成，其廉政体系的建立也不是一蹴而就的，但是它对智利经济社会的发展与繁荣提供了良好的政治环境。从某种意义上说，正是意志决绝的领导人和廉洁高效的政府创造了智利今天的新面貌。我们的国情虽与智利有很大差异，但智利在反腐败上的一些措施和做法对我们做好当前的反腐倡廉工作仍有很大的启发借鉴意义。我们今后的廉政建设应当在以下方面多做努力：一是高度重视反腐立法和制度建设，加快推进政府信息公开。二是高层领导人要以身作则，对腐败采取"零容忍"的态度，整肃党风政风。三是积极鼓励公民参与反腐倡廉，并合理利用和发挥社会组织在反腐败中的作用。

下编　反腐成就显著的国家

　　放眼国外廉政建设，反腐成就显著的国家和地区不在少数。在大多数发展中国家，普遍存在腐败盛行的历史。根据一般的逻辑，随着众多发展中国家现代化进程的推进，国家治理的制度化和民主化是大势所趋人心所向，而制度化和民主化又是腐败至少是行政腐败的强力杀手，尽管具体到不同的国家和地区，受制于文化传统、顶层治理者的意志和制度建设情况，反腐倡廉的成效不尽相同。

　　本书最后部分选取的反腐成就显著的国家是人们比较熟悉和关注的，包括两类对象：一是受到中国传统文化巨大影响的国家代表，韩国；二是同样奉行社会主义制度和意识形态的国家代表，古巴。这些国家在短时间里取得了反腐倡廉的显著成就，但目前贪腐案件依然层出不穷，反腐倡廉工作依然任重而道远。

　　韩国作为"亚洲四小龙"的成员之一，在短时间里取得了反腐倡廉的显著成就，但也存在不少问题。朴正熙为首的威权主义军事政权在开启政府主导型经济模式、使韩国经济迅速走强的同时，也曾发起反腐运动。但是，韩国是从20世纪80年代才开始由极权政治向民主政治的转型，今天韩国的民主政治仍不够成熟；另外，虽然韩国的政治文化相对而言更多地糅合了西方现代政治的元素，但是，传统儒家文化的两面性在韩国社会中同样尽显。韩国面临着祛除传统文化糟粕、建设与现代政治制度相匹配的现代文化的任务。

　　古巴是一个年轻的社会主义国家，从独立建国伊始就面临着美国的政治压力和颠覆危险，至今顶住来自美国的强大压力和苏联解体的巨大考验，红旗屹立不倒，除了得益于社会主义制度的优越性，主要是源于古巴人民坚定的共产主义理想信念和不屈不挠的民族精神。古巴人民信任自己的执政党，同时对于高层的腐败深恶痛绝。面对日趋严重的腐败局势，古巴共产党显示了惩治腐败的坚定决心，从20世纪80—90年代开始了轰轰烈烈的反腐败斗争，至今不遗余力。古巴的廉政建设举措包括从严治党、以党带国，高层领导者以身作则、以上带下，制度治标与信念治心并举，因此古巴的反腐败斗争取得了丰硕的成果。古巴的廉政指数排名虽比不上欧美一些发达国家，但是在世界上社会主义国家中还是有口皆碑的。

韩国廉政建设概况

在腐败问题上，要对实际情况进行详细的调查和分析，从严重的结构性腐败开始进行清理。不仅要斩断其枝叶，还要连根拔起。治理腐败不要采取一次性扫清的方式，而是要按原则持续地开展下去。

——韩国前总统卢武铉在 2004 年 6 月新一届国会开幕式上的讲话

（腐败）已经到了底线，需要认识到这样下去是不行的。现在真的是到了国家整治公职不正之风问题的时候了。

——韩国前总统李明博在 2011 年 6 月 14 日的国务会议上的讲话

第二次世界大战后，在一片废墟上诞生的韩国，资源匮乏，经济极端落后，人民收入低下。20 世纪 60 年代以来，韩国实行政府主导型经济模式，迅速成为世界经济大国，被誉为"亚洲四小龙"之一。伴随经济现代化，20 世纪 80 年代后期韩国启动了由极权政治向民主政治的转型。至今，韩国基本清算了威权主义，实现了国家最高领导权定期性平稳交替执掌，确立了政党政治、三权分立，推行行政改革、保障新闻自由、扩大团体参与，政治转型取得了举世瞩目的成就。

在迅速成长过程中，腐败一直是困扰韩国最严重的社会问题之一。因此，在整个现代化进程中，韩国政府一直致力于打击腐败。期间，腐败与反腐败的较量可谓曲折坎坷。经过历届政府的努力，韩国最终完成了从运动反腐到制度反腐的艰难转变，建立起了较为完善的反腐机制。但由于种种原因，韩国大型贪腐事件仍层出不穷，几乎历届总统都深陷政治腐败丑闻。参照近年来国际透明组织发布的全球廉政指数排行榜，韩国的排名大体在 40 位左右，属于中等程度腐败国家（见表 21）。虽然近三年韩国的排名连续出现下降，但仍有向较廉洁的国家发展的趋势。

表 21   韩国最近十年（2004—2013）的国际透明组织廉政指数（CPI）

年度	2004	2005	2006	2007	2008	2009	2010	2011	2012	2013
排名	47	40	42	43	40	39	39	43	45	46
得分	4.5	5.0	5.1	5.1	5.6	5.5	5.4	5.4	5.6	5.5

注：表中的数据来源于国际透明组织官网 http：//www. transparency. org/。

一、历史背景与政治文化

1. 历史背景

韩国与朝鲜在历史上是同一个国家，位于朝鲜半岛，在古代统一称为朝鲜国。自公元 676 年朝鲜半岛统一，朝鲜国的历史先后经历了统一新罗（668—901）、"后三国"时期（901—918）、高丽王朝（918—1392）、朝鲜王朝（1392—1910）、日据时期（1910—1945）。在这漫长的历史中，腐败显然是政权兴衰更替、次第灭亡的重要催化剂。特别是朝鲜王朝中后期，朝政腐败，经济凋敝，政治斗争与农民起义屡次发生。这时，明治维新以后国力强盛的日本把侵略矛头对准了专制腐败的朝鲜王朝。1910 年日本正式吞并朝鲜，一直持续到 1945 年日本投降。

1945 年 8 月 15 日，日本投降后，美苏两国以北纬 38 度线为界，分别占领了朝鲜半岛南部和北部。在美国的扶持下，大韩民国在南部成立，李承晚当选首任总统。建国初期，尽管有美国的经济援助，韩国经济依然困境重重，人民生活困苦，与之形成鲜明对照的是政府各级部门贪污腐化严重，"战后的敌财分配、美援分配给 20 世纪 50 年代韩国的腐败创造了丰厚的土壤"[1]。虽然李承晚之后的张勉政权试图遏制腐败，但是没有实质性的举措。

1961 年 5 月 16 日，朴正熙发动军事政变夺取政权，建立了军事威权主义统治。此后的全斗焕、卢泰愚也继续推行军人威权统治。在军事威权主义体制下，韩国历届总统都发动过轰动一时的反腐运动：朴正熙政变当天发布的《革命公约》提出把清除腐败和旧恶作为重要政策，后来他严厉反贪，并发起"庶政刷新"运动；全斗焕发起了"社会净化运动"；卢泰愚发起了"新秩序、新生活运动"。在威权主义体制下的运动型反腐依靠高效、严厉的手段在一定

---

① 房宁：《自由威权多元：东亚政治发展研究报告》，社会科学文献出版社 2011 年版，第 98 页。

程度上控制了腐败，但是在军事威权主义体制下，权力具有随意性和无约束性，而缺乏监督与制约机制的体制必然导致腐败。因此，威权主义不能从根本上解决社会腐败问题。

20 世纪 80 年代后期以来，韩国军事威权主义弊端日益显现，"韩国病"大肆流行，主要表现为政商勾结、权钱交易、官员受贿、政党非法筹集政治资金，这成为阻碍韩国经济发展的深层障碍。因此，通过制度完善消除腐败，推进经济持续稳定发展，成为当务之急。同时，这一时期韩国由军事威权主义向民主政治转型。伴随政治民主化的推进，韩国从运动型反腐向制度型反腐转变。1993 年 3 月，金泳三就任韩国总统，这是韩国第一个民选政权，也是朴正熙以来首次出现的文职政府，标志着军人政权的终结。和以前的运动型反腐不同，金泳三大力推进制度反腐，如完善法律法规、实质性地推行官员财产公示制度。金泳三以后的历届总统包括金大中、卢武铉、李明博都把制度反腐作为民主改革的重要内容，积极完善反腐立法，加强权力监督，完善反腐机构建设。目前，韩国形成了相对完善的廉政体系，腐败现象在一定程度上得到遏制。

2. 政治文化

韩国的政治文化相当复杂。可以说，西方现代民主政治文化与东亚儒家文化在韩国政治文化中共同存在，相互调和。这种混合型的政治文化在一定程度上为韩国的廉政建设提供了有利的条件。

自民主化进程以来，韩国政党政治有了很大的发展，政党在国家生活中的作用越来越大。目前，韩国实行多党制。法律允许依法自由成立政党，不需要政府许可。政党成立的目的、组织和活动原则应符合民主原则，并应具有必要的组织形式，以便国民参与政治、表达政治见解。当政党的目标或活动违反宪法和民主秩序时，政府可以向宪法裁判所起诉，要求解散该政党。政党一旦成立，不仅受到法律保护，其政治活动还可以依法得到国家资金补助。政党之间相互监督和制约，有利于对腐败的揭发。

韩国现行宪法是 1987 年 10 月全民投票通过的新宪法。在政权组织形式上，新宪法规定，韩国实行"三权分立"原则，行政权、立法权、司法权分别由政府、国会和法院行使，彼此相互监督与制衡。总统由国民直接选举产生，是国家元首和武装力量总司令，负责制定内外政策、提出立法议案、实施各项法律法规。国会实行一院制，除了拥有立法权，还有财政审查权、人事任免权、监督弹劾权、国政监察权、国政调查权等。最高法庭大法官由总统任命，国会批准，任期为 6 年，不得连任，年满 70 岁必须退休。"总体而言，韩国宪政体制中，国会、政府和司法机关相互独立、相互合作和相互制约，已逐步形成了良性互动的权力运行系统。"①

韩国深受东亚儒家文化圈的影响，"韩国社会中比较普遍通行的行为规范和伦理道德准则大都来源于儒家文化"②。因此，韩国社会中等级意识强，上下秩序明确，下级对上级绝对服从；集体主义意识强，强调家族和国家的利益；重视道德和礼节。这对官僚集团起到了一定的约束作用。

二、历史上腐败高发期与集中治改

韩国历史上第一个腐败高发期是建国初期。当时，韩国为了促进经济发展，一方面，接受美国的经济援助，美国大量的援助物资运往韩国；另一方面，宣布日本人留下的资产为"敌产"，作"归属财产"处理，"除收归国有的部分外，其余资产在民间处理，优先分配给亲信雇员和对国家有功者家庭，其余部分进行拍卖"③。那些掌握了物资分配权和拍卖权的官员便利用职权大肆索贿、受贿，攫取私利。少数拥有政治背景的个人及大企业与政府勾结起来，以极低的价格方便地获得了这些敌产、援助物资。这导致国家资产大幅流失，却形成了一批像三星、东洋这样靠与政府勾结而发迹的特权财阀。根据当时的宪法，韩国实行三权分立，一院制议会，总统由国会选出，在形式上确立了民主共和国体制。但是，李承晚为巩固统治，逐渐背离民主政体的轨道，滑向个人独裁和威权主义，任人唯亲。国会在野党也失去反对党性质，甚至参与到腐败中来。这种国家政治体制为政治腐败的滋生提供了土壤。民众对李承晚政权的专制、腐败、低效日益不满，社会矛盾不断激化。1960 年接替李承晚的张勉政权试图通过民主改革解决李承晚独裁专制和贪污腐败造成的社会动乱：将总统制改为责任内阁制，加强议会的权力，弱化总统的权力；开放媒体，扩大公民自由；鼓励新的政党和社会团体参政。但是由于激烈的党政、政府内及国会的派系斗争，民主改革举步维艰，社会混乱和腐败现象进一步加剧。张勉曾想实行财产登记制度、职业公务员制度以遏制腐败，但都被国会否

① 李秀峰：《廉政体系的国际比较》，社会科学文献出版社 2007 年版，第 215 页。
② 李秀峰：《廉政体系的国际比较》，社会科学文献出版社 2007 年版，第 218 页。
③ 房宁：《自由威权多元：东亚政治发展研究报告》，社会科学文献出版社 2011 年版，第 98 页。

决了。国会议员也多通过行贿手段当选，"朴正熙曾严厉地讽刺张勉时期的国会是'流氓议会'"①。到 20 世纪 50 年代末，行贿、索贿、以权谋私等现象严重充斥着各级部门。韩国社会迫切需要结束政治腐败、社会动荡的混乱局面。

1961 年 5 月 16 日，以朴正熙为首的军人集团成功发动政变，建立了威权主义军事政权。政变当天发布的《革命公约》中提出"肃清社会的一切腐败和陈旧恶习，为纠正颓废的国民道义和民族精神而振作清新的风气"②。此后，朴正熙实施严厉的反腐政策：逮捕和开除了一批贪污腐化的公职人员和军官；改革行政机构，精简大批行政人员；将大量的军队将领转为文职官员，组成作风务实的高官队伍；审计院和监察委员会合并为监察院，地方还设监察室；发布《公务员财产登记实施方案》，规定一定级别的公职人员须按照规定申报财产（由于自愿申报，申报结果也未公开，这个方案只实施了一次便无果而终）。20 世纪 70 年代，在政府主导型的经济发展模式下，官商勾结等经济腐败现象越来越多。针对这种情况，朴正熙于 1975 年发动了一场自上向下的全社会性质的反腐运动，即"庶政刷新"运动。整肃对象从低级公职人员到高级公职人员，清除了数万名行为不当、素质较低的行政人员，同时注重提高公职人员的薪酬福利水平，还注重加强对国民的精神教育，重塑社会风气。严厉、高效的反腐举措使韩国的政治风气有所好转，为经济发展创造了良好条件。由于专制色彩严重，最后政治制度结构逐渐趋于僵化，朴正熙也于 1979 年 10 月 26 日被暗杀。

朴正熙以后的全斗焕政权继续把反腐败作为最重要的施政目标之一。1980 年，全斗焕发起了"社会净化运动"，逮捕了大量贪污腐化的公职人员，同时加强对国家高级官员的廉洁教育。全斗焕政府还通过了一系列反腐败法律法规。1980 年 12 月，出台了《公务员伦理宪章》，对公职人员的行为规范做出了纪律性规定。1981 年 12 月，韩国国会通过了《公职人员伦理法》，规定了公职人员的伦理道德规范，特别是规定了公职人员财产申报制度、礼物申报制度、退休公职人员就业限制制度等内容。虽然这项法律并不完善，实施初期也未得到认真执行，但它标志着韩国公职人员财产申报制度初步进入了法律化的

---

① 房宁：《自由威权多元：东亚政治发展研究报告》，社会科学文献出版社 2011 年版，第 103 页。
② 曹中屏、张琏等编：《当代韩国史（1945—2000）》，南开大学出版社 2005 年版，第 225 页。

轨道。尽管全斗焕政府高举反腐旗帜，决心建立廉洁政府，但是由于既得利益集团的阻力，反腐政策脱离国情，全斗焕反腐败运动以失败而告终，韩国出现了一些严重贪腐案件，全斗焕本人也陷入严重的家族腐败事件。

1988 年，卢泰愚当选总统后，鉴于当时不断高涨的民主化运动和全斗焕政权晚期一系列大型腐败案所造成的恶劣政治影响，把"社会净化运动"改名为"新秩序、新生活运动"，试图创建新的政治秩序。主要内容有：成立了中央惩戒委员会，深化反腐败运动；严格管理公职行为，提高公职意识；提出修改《公职人员伦理法》；公开高级公务员的财产登记，并将自愿申报改为义务申报。1988 年 4 月，卢泰愚率先向社会公布了自己的财产状况。但是，由于利益集团的牵扯和积重难返的官商勾结，这场反腐败运动也很难取得显著的实际效果。

20 世纪 80 年代末到 90 年代是韩国另一个腐败高发期。当时，"韩国病"大肆流行，政治、经济及其他各领域都充斥着严重的腐败现象。在政治上，伴随韩国民主化进程，政党和选举活动日益频繁，政党的经费支出不断增加。但是韩国政治组织不健全，政党经费的公开性、透明性及管理水平低，于是，政党选举中充斥着金钱舞弊或不公正，一些政党和政客利用其职权和影响谋取私利，同时各政党为在选举中获胜竞相加大政党经费，贿赂选民，"在 1987 年 12 月举行的总统直接选举中，政党腐败全面泛滥。各政党雇佣人出席群众大会，给前往参加集会的群众分发红包，行情是一天的'听讲费'为 1 万韩元；手持标语、布条者则可获 2 万至 2.5 万韩元"①。在经济上，政府主导型经济发展模式弊端日益显现，在民主化过程中，依靠政府庇护发展起来的大财阀和政党、政客相互勾结，"财阀利用各个政党对政治资金的渴求，不惜重金，加大投入，收买那些利欲熏心的政党政客。财阀则取得各种优惠和特权，为以后的发展铺平道路和创造条件，从而攫取更大的利润"②。因此，当时秘密政治资金丑闻也频繁发生。1995 年 10 月，卢泰愚就深陷秘密资金的丑闻③。另外，一些私营企业主和高收入人群为偷税漏税行贿税务人员的现象也非常普遍。除

---

① 郭定平：《韩国政治转型研究》，中国社会科学出版社 2000 年版，第 160 页。
② 郭定平：《韩国政治转型研究》，中国社会科学出版社 2000 年版，第 165 页。
③ 1995 年 10 月，有位在野党议员揭露卢泰愚仍握有巨额秘密资金，且拿出了账户存单的复印件为证。一时间，舆论哗然。事情暴露后，卢泰愚被迫于 10 月 27 日举行新闻发布会向公众道歉，承认其在职期间从财阀手中筹集了约 5000 亿韩元的"政治资金"，卸任后加以侵吞，其中 2000 亿韩元或作为秘密存款，或进行投资。11 月，监察部门证实他曾接受三星、现代等十几个大财团的大批贿赂。卢泰愚受贿案是韩国政治资金腐败的典型案件。

了政党腐败和财阀献金，腐败已经充斥在社会的方方面面。根据透明国际发布的信息，韩国的腐败指数 1996 年为 5.02，1997 年为 4.29，1998 年为 4.2，到了 1999 年更是达到了 3.8，这意味着韩国腐败程度不断加深。

随着民主化进程的推进，韩国政府开始反思一味打压式的运动型反腐，积极促进反腐斗争从运动型向制度型转变，注重依靠民主改革、法治建设、权力监督进行廉政建设。自金泳三总统开始，韩国历届总统都把反腐败纳入到政治、经济改革中，不断巩固发展民主制度，完善廉政制度体系，反腐败局势进入新的发展阶段。1993 年上任伊始，金泳三宣布整治"韩国病"，创建"新韩国"，把消除腐败作为先决条件之一，主要举措有：推行公职人员财产公示制度，率先公开了自己及家人的全部财产；1993 年 7 月修订《公职人员伦理法》，规定 4 级以上公务员必须进行财产登记，1 级以上公务员必须公开财产，这是韩国首次实现财产公开制度化；实行"金融实名制"和"不动产交易实名制"，两者相互配合，实现了金融和不动产交易的透明化；1994 年 3 月和 4 月先后通过《制止不正当选举法》和《政治资金法》，规定了选举程序和选举经费的筹集及使用。通过这些举措，惩治了一批腐败官员，许多高级公务员也纷纷落马。特别是 1996 年，因光州事件和腐败问题，审判前总统全斗焕和卢泰愚（见图 19），被称为"世纪审判"，标志着韩国向依法治国迈出重要一步。

1998 年 2 月金大中就任韩国总统，在就职演说中他提出依靠国民力量建设真正的"国民政府"，提出一系列改革，其中继续把反腐作为重要施政目标，呼吁开展全方位的制度反腐。主要举措有：促进国会民主化，强化对政府的监督机制，弱化政府权力；改组政府机关和地方自治机关；对所有公职人员进行纪律大检查，

图 19　1996 年 12 月 16 日，韩国前总统全斗焕（右）和卢泰愚在汉城高等法院出庭。

揭发违纪人员；2001 年 6 月通过《腐败防止法》，扩大了财产登记的义务范围，并且将财产申报范围扩大到配偶的直系亲属；成立"腐败防止委员

会"，总统直接管辖；实行政务公开，成立"预算决定特殊委员会"，对政府预算的制定和实施进行监督。

2002年12月，卢武铉当选总统。卢武铉当选总统前后，提出的最重要的政治口号之一是清算政企（权力与财阀）不分的劣根性，营造"不花钱的、干净的政治文化"。卢武铉反腐举措渗透在他一系列政治改革中：党政关系方面，卢武铉当选总统后宣布政党分立，不再承担执政党内募集和分配政治资金的角色，也不再干预党内的政府官员人事推荐；民主分权方面，改革以总统为核心的政治体制，扩大总理的行政权力，增强司法检察机关的独立性；行政管理方面，建立高效行政管理体系、"电子政务"，提高政府效率；减少金钱政治①；整肃政商勾结、军队腐败②。此外，卢武铉还调查在野党和执政党总统竞选资金的来源及使用情况；出台一套专门管理监察总统家属的制度；2004年11月成立专门调查国家公务员及其家属腐败的机关；2005年3月，政府、政党、企业和社会团体领导人签署《透明社会公约》，表示铲除腐败的决心。卢武铉任期内韩国国家廉政指数上升，由2003年的世界排名前50上升到2006年的42。

2008年2月，李明博宣誓就任韩国总统，被称为"10年后的政权更替"。李明博上台以后，从实用主义出发，高举"奉献的总统、务实的政府"旗帜，进一步促进国家全面改革。多次发布精简政府机构方案，"取消了11个中央行政机关，废止了273个委员会，削减了1.3万名公务员"③；废除阻碍企业发展的制度，改善投资环境，实现市场自由、机会平等；严肃法律贯彻实施过程，集中管制高层公务员不正之风，确保法律法规的制定与贯彻。目标是要铲除公职社会等领域的腐败与舞弊，确定法治及迈向一流国家的基础。

三、现行廉政建设特征

自20世纪80年代末民主化进程以来，韩国在继续以严厉惩罚措施遏制腐败的同时，更注重寻找腐败的源头，从政治、经济制度上着手进行反腐败，不断完善反腐法律法规、反腐机构、权力监督制衡机制的建设。经过历届政府的

---

① 2004年第17届国会选举和2007年总统选举，被认为是有史以来最"干净"的两次大选，金钱政治弊病减少到相当水平，政界人士纷纷抱怨"缺钱"。

② 其中，比较重大的举措有：以"腐败罪"逮捕韩国最大企业SK集团总裁，以"盗用公款罪"监禁韩美联合司令部副司令长官申日淳。

③ 牛林杰、刘宝全：《2008—2009：韩国发展报告》，社会科学文献出版社2009年版，第9页。

努力，韩国走上一条制度化反腐道路，形成了相对完善的廉政体系。

1. 比较完善的廉政立法

金泳三以后的历届政府都注重依法治腐，出台了一系列反腐法律法规，旨在为不断深化的韩国制度反腐提供强大的法律支撑，实现廉政建设有法可依。韩国的廉政法律体系主要有：《刑法》，其中规定了公职人员受贿、行贿等一些罪名，并对处罚方式做出明确的规定；有关公职人员行为规范的立法，如《公职人员伦理法》、《公务员行动纲领》，特别是《公职人员伦理法》为加强对公职人员的监督，规定了公职人员财产登记和公开制度、公职人员申报礼品制度、退休公职人员的就业限制制度，防止公职人员不正当的财产增值，并设立各级公职人员伦理委员会监督法律的实施；行政法律法规，如《信息公开法》、《行政程序法》，对政府信息公开事项以及行政程序做出规定，保障国民的知情权，增进政府政务的透明性；选举方面的法律，如《政治资金法》、《防止选举舞弊法》，规定了选举程序以及选举经费的使用，旨在消除金钱政治以及不正当选举。这一系列的法律规章通过相应的司法与行政体系运转，有利于廉政建设。

另外，韩国还有一部综合性的反腐立法，即《腐败防止法》。第一条规定该法宗旨是"通过预防和遏制腐败行为，确立廉洁的公职及社会风气"[①]。具体来说，规定了公共机构、政党、私营企业、公民和公职官员等各方在预防腐败工作中的责任和义务；加大对腐败行为惩罚力度；鼓励公民监督和参与反腐；完善腐败行为的举报及对举报人的保护和奖励；设立防止腐败委员会，直属于总统，由教授、律师和公民代表组成。这是韩国最重要的一部反腐败法律。

2. 比较健全的反腐机构

好的法律需要相应的机构来实施。韩国在完善廉政法律体系的同时，注重廉政机构建设。从宏观上来说，民主化进程以来，韩国民主政治制度的最终确立为廉政建设创造了良好的体制环境。其中，总统、国会和法院彼此分权、相互制衡，国会的立法权、监督权以及法院的司法审查不断增强，宪法和法律得到尊重，宪法和法律赋予公民的权益能够得以逐渐落实。

具体来说，韩国具体的反腐机构主要有：第一，监察院。这是韩国反腐败

---

① 李秀峰：《廉政体系的国际比较》，社会科学文献出版社 2007 年版，第 223 页。

监察机构，院长经国会同意由总统任命，主要职能为对中央和地方政府及国有企业等单位的财政收支进行会计检查；对公职人员进行职务监察，改善、提高行政运作。监察院有独立的执法权力，可以对监察对象实施 24 小时内拘留、询问，可以通过新闻媒体把案件向社会公开，并设有举报中心。第二，检察机关。这是韩国反腐败侦查、起诉机构。韩国检察机关共有四个级别，即大检察厅、高等检察厅、地方检察厅、地方检察厅的支厅，主要职能为：对包括腐败在内的各种案件进行侦查、提起公诉；指导、监督警察部门及其他调查机关的调查活动等。检察官在政治上及在办案中都保持独立，保证其权力行使的公平、公正。最重要的是大检察厅设"中央侦查部"，主要侦办高级公务员腐败案件，同时也是全国公务人员腐败案件调查的指挥协调机关。"该机关拥有相对集中的权限，集腐败案件的举报受理、侦查和指挥侦查、起诉、审判监督于一身，具有权威性和独立性。"[①] 第三，国民权益委员。这是韩国预防腐败机构。2008 年 2 月，韩国政府通过了《防止腐败和成立国民权益委员会相关法律》，将惩治腐败的国民信访委员会、国家清廉委员会[②]、国务总理行政审判委员会合并，成立国民权益委员会。国家清廉委员会也随之废止。该委员会直属总统办公室，主要有三方面的职能：处理信访问题，改善行政制度方面的政策规定；防止和制约公职人员腐败，制定反腐规则，对公共部门的反腐败政策及其执行情况进行调查和评价，树立公务员及社会清廉风气；通过行政诉讼，纠正行政机关错误及违法不当行为，以保护国民权益。三个反腐败机构涵盖了反腐败的三个环节。

目前根据韩国反腐败形势的进展，韩国正在酝酿成立由国民权益委员会、监察院、检察机关、警察机关和国税厅共同参与的反腐败五大机关联席会议。这将是韩国反腐败的超级机构。

3. 重视社会力量反腐

随着韩国政治民主化的发展，韩国越来越重视民众及社会团体或组织在反

---

① 李秀峰：《廉政体系的国际比较》，社会科学文献出版社 2007 年版，第 237 页。

② 国家清廉委员会前身为 2002 年 1 月金泳三政府成立的防止腐败委员会。该委员会对总统负责，由腐败问题方面资深的教授、律师和公民代表等组成。它既是反腐败实际措施的行动者，也是预防腐败措施的制定者、监督者和咨询、研究、审查机构。职责包括：指导制定反腐败法案及预防腐败的各种政策和活动；开展反腐败教育和宣传活动；支持民间团体组织的反腐防腐活动；促进防治腐败的国际合作；受理有关腐败行为的举报，对举报人进行保护；对公共机构的反腐制度提出修改意见；对中央和地方政府部门以及国有企业的廉洁程度进行评估。2004 年，在反腐败委员会下设"高级公务员腐败调查处"。2004 年年底，反腐败委员会改名为国家清廉委员会。

腐斗争中的重要作用。为了提高普通公民的反腐意识，积极利用电视、网络、报纸等大众传媒进行反腐宣传，如制作播放以反腐败为主题的节目、出版各种反腐败材料等。同时，在中小学教学中设置反腐败内容，将廉政教育切实有效纳入到国民教育体系之中。2001年，韩国教育人力资源部就委托全国道德教师会开发反腐败教材。韩国还有比较活跃的反腐民间组织，如"经济正义实践市民联合会"、"参与联大"和"反腐败国民联大"。这些组织虽有特定的活动目标，但都积极参与监督政府权力、追求经济活动公正，开展反腐制度、法律、政策、出版物的研究和改善活动，在推动廉政立法、受理市民举报、监督腐败、反腐市民教育方面起到重要的作用。

韩国政府还积极拓宽个人及社会团体参与反腐败的途径。为了提高公众反腐的积极性，韩国政府还不断完善举报制度。防止腐败委员会成立反腐败举报和信息中心，政府提供行政和财政支持。对举报人员给予奖励，如果举报人的身份暴露则必须进行内部调查并惩处有关人员，并根据人身受害程度向相关机关处以罚金，严重的追究刑事责任。国民权益委员会明文规定对举报人保护的三项内容：就业保障、个人信息的保护和人身安全的保护。韩国注重社会力量打击贪污、预防腐败，不仅对政府部门起到了很好的监督作用，而且对于韩国整体社会风气的好转起到了不可或缺的作用。

四、现存问题及应对趋势

20世纪90年代以来，随着韩国经济的发展、民主化程度的提高，加强社会清廉文化的建设已经成为全体国民的共同要求。经过多届政府不懈努力和扎实有效的反腐倡廉新举措，韩国的腐败现象在一定程度上得到遏制。但是，不容置疑的是韩国政坛腐败丑闻一直不断。韩国历届总统上台后都信誓旦旦地表示反腐败的坚强决心和信心，但是政府中的贪污渎职现象仍十分严重，甚至总统及亲信最后都丑闻缠身。金泳三执政时期，国防部长李养镐、保健部长李圣浩等高级公务员受贿事件不断被揭发出来，执政后期金泳三的儿子和亲信因贪污和滥用职权而锒铛入狱。金大中执政时期，他的儿子金弘业和金弘杰都因受贿而入狱，金大中为此多次向国民道歉（见图20）。2003年10月，检察机关查出卢武铉总统的几个亲信从企业和个人手中收取巨额非法资金用于政治目的，为此卢武铉举行记者招待会向国民道歉。2009年，卢武铉及其妻子、子

图20 金大中发表电视讲话，就其次子金弘业涉嫌受贿被司法机关逮捕向国民道歉。

图21 韩国民众游行抗议卢武铉家族贪腐行为。

女卷入"朴渊次腐败门"①，2009年5月23日，正接受韩国检方调查的前总统卢武铉不堪压力跳崖自杀，终年63岁（图21为韩国民众游行抗议卢武铉家族贪腐行为）。

另外，财阀凭借其强大的经济实力全面渗透到政治权力、选举活动中，这导致政商勾结等现象也层出不穷。2003年7月，卢武铉选举资金被公开后，人们发现他从财阀那里得到的资金高达120亿韩元。不久，一批反对党成员收受非法政治资金案浮出水面，特别是2004年1月9日，检察机关同时向反对党——大国家党的8名国会议员发出逮捕令，这是韩国历史上第一次。反对党领袖李会昌也被迫向检察机关承认在2002年总统大选中指使大国家党收取财团献金约500亿韩元。财阀还通过其大规模的政策咨询机构影响政府行政与政策制定，甚至还影响司法部门。

目前韩国的经济发展在世界排名于前15位，政府清廉程度却排在40位左右。因此，韩国在反腐之路上依然任重道

---

① 朴渊次是韩国制鞋企业"泰光实业"的会长，2008年12月因涉嫌逃税和行贿遭逮捕。随着调查的深入，朴渊次供出的行贿名单牵扯出越来越多的政界人士，其中既有现政府高官，也有前总统亲信。甚至卢武铉本人及其妻子、子女也被卷进来，韩国舆论一片哗然。韩国检方透露，朴渊次通过多种途径多次向前总统卢武铉一家人提供资金。2009年4月中旬开始，韩国检方先后传唤卢武铉的身边人，4月30日，卢武铉接受中央调查部的调查。5月7日，卢武铉通过自己的网站发表道歉书，承认担任总统期间，家人曾从朴渊次那里收钱，用于清偿未还清的债务。他说，自己卸任后才得知家人与朴渊次之间的交易。

远，在经济发展和民主政治巩固的过程中，必须就如何避免腐败这个问题提出切实可行的措施。韩国虽然有相对完善的廉政体系，但是腐败现象还是屡禁不止。究其原因，主要有：首先，作为一个东方国家，儒家文化中的"权力本位"、宗族关系、地域主义、亲情关系在韩国社会依然根深蒂固。如果掌权者滥用职权或任人唯亲，那么贪污腐败现象就会不可避免地发生。其次，受长期威权政治的影响，韩国的宪政民主体制仍不成熟，权力分立与制衡机制仍不完善。政治机构发展不平衡，行政组织和军队过度发达，政党和利益集团却欠发达，难以对政府高级官员和国会议员实施监督（实际上很多高官和议员的腐败行为是由于政治斗争被揭发的）。目前，韩国国会正遭遇信任危机问题。根据一些调查，越来越多的韩国民众对国会既有运作方式的信心度不断下降。这不是因为国会没有履行其职责，而是因为国会中充斥着政客、政党以及各种力量之间赤裸裸的权力对抗与冲突，使国会不能以一种和平的方式在相互冲突的利益之间寻求妥协。再次，韩国政党制度还不够成熟，个人及地域主义色彩严重，各党之间以及党内斗争不断，缺乏持久稳定性，政党组织发展不健全，经费管理不完善，特别是"政党的不断分合成为韩国政党体系最为明显的特征"①。这种情况下，政党不仅不能发挥监督作用，自身也可能陷入腐败。

因此，在民主化进程中，韩国的廉政建设应该注重以下几点：第一，继续推进民主政治改革，完善公共民主政治制度。行政、立法和国会之间要切实形成监督和制约机制，加强国会和政党的作用。构建一个稳定的政党体制，政党活动不断规范化、制度化和法制化，杜绝金钱政治、非法筹集政治资金、选举舞弊等腐败现象。第二，继续完善市场经济。政府主导型的经济模式容易导致政经勾结等政治腐败。因此，只有通过法律和制度规范政府的职能，减少政府对经济的干预，积极培育和完善市场机制，充分发挥市场的作用，实现政府权力与市场活动适度分离，才能从根本上消除这种结构性的腐败现象。

五、小结

从威权政治向民主政治转型是一个长期而复杂的过程，不可能一蹴而就。在推动民主政治转型过程中，会面临各种各样的问题和挑战。显然，在韩国，贪污腐败就是其民主政治转型过程中一个棘手的问题。这不是韩国独有的，很

---

① 郑继永：《韩国政党体系》，社会科学文献出版社 2008 年版，第 3 页。

多转型国家和地区都或多或少存在。不过，伴随政治民主化的深化，贪污腐败情况也会不断改善。民主政治体制不仅仅是建立一套宪政框架，而是必须建立在权力制约与平衡上。虽然韩国经济取得了巨大的成就，但是民主化仍需进一步发展。

古巴廉政建设概况

今天腐败等于反革命。我们应根据法律，对这些现象毫不留情，我们决不能袖手旁观，应该采取相关措施，党在这场反腐斗争中应起主角作用。反对腐败的斗争不容留情，应该言必行。

——古巴前主席菲德尔·卡斯特罗

腐败将一直伴随着我们，但是我们必须将腐败控制在踝关节以下，绝不能让它达到我们的脖子位置。

——古巴现任主席劳尔·卡斯特罗在 2012 年古共首次全国会议上的讲话

提及古巴，人们更多想到的是革命领袖卡斯特罗兄弟和传奇人物切·格瓦拉以及优美的加勒比海风情，很少能把它和廉洁国家挂上钩。作为美洲唯一的社会主义国家，贫穷始终是外界对古巴常用的一个评语，但是其廉政建设在世界上主要社会主义国家中还是比较有成效的（见表22）。

表 22　　古巴最近十年（2004—2013）国际透明组织廉政指数（CPI）

年度	2004	2005	2006	2007	2008	2009	2010	2011	2012	2013
排名	62	59	66	61	65	61	69	61	63	63
得分	3.7	3.8	3.5	4.2	4.3	4.4	3.7	4.2	4.6	4.6

注：表中的数据来源于透明国际组织官网 http://www.transparency.org/。

古巴的廉洁程度虽比不上发达国家，但古巴领导人对古巴的廉政还是充满信心的。正如古巴国务委员会副主席拉赫曾经在接受记者采访时，就坦言古巴和腐败几乎是没有关系的。这话虽有些言过其实，但却也部分说明了古巴政治的清明。正是得益于领导人的反腐败的决心和意志，古巴的廉政建设才能"乘风破浪"，取得今天的成绩。因此作为社会主义国家廉政建设的榜样，深入了解和研究古巴的廉政建设的经验与实践，对我们国家廉政建设与反腐败工作的深入开展也是有帮助的。

一、历史背景与政治文化

1. 历史背景

古巴的历史最早可以追溯到哥伦布航海时期发现的古巴岛。15 世纪西班牙和葡萄牙瓜分世界时，古巴被纳入西班牙势力范围，遭受了长达二百余年的殖民统治。1762 年英国占领古巴，不过后来西班牙通过 1763 年的《巴黎条约》，用佛罗里达的大部分领土换回了古巴。18 世纪古巴独立运功星火燎原，更是在 19 世纪达到高潮。不过伟大的民族英雄和诗人何塞·马蒂领导下的独立战争最终没有成功。1898 年美西战争后，古巴成为美国的"领土"。1901 年"普拉特修正案"的通过则使得美国的殖民统治合法化，美国成为古巴的新"主人"，开始了对古巴的长期占有。1902 年 5 月在美国的扶植下成立"古巴共和国"，此后古巴基本上由独裁政府统治，政局动荡。1956 年菲德尔·卡斯特罗建立起自己的革命组织，开始了推翻独裁统治的革命斗争。经过艰苦卓绝的斗争，1959 年 1 月，卡斯特罗领导的古巴革命成功，推翻了巴蒂斯图塔的独裁统治，建立新政权。在挫败美国的阴谋后卡斯特罗于 1961 年 4 月宣布开始社会主义革命。经过一系列的改革，古巴的政局逐步稳定下来，并进入发展的新时期。古巴现行制度为社会主义制度，通行宪法为 1976 年宪法。宪法规定：古巴是主权独立的社会主义国家；全国人民政权代表大会是国家最高权力机关，享有修宪和立法权；国务委员在全国人民政权代表大会休会期间行使立法等国家权力；国务委员会主席是国家最高领袖，部长会议是国家最高行政机关，主席由国务委员会主席兼任。菲德尔·卡斯特罗的弟弟劳尔·卡斯特罗现为古巴最高领导人。

2. 政治文化

古巴真正独立的时间并不长，因此我们很难对古巴的政治文化作一界定，也很难发现廉政建设与政治文化之间的蛛丝马迹。如果真要说有的话，坚定的共产主义理想信念和不屈不挠的民族精神应该算是古巴政治文化的一部分。正是由于此，古巴共产党和民众方能经受住来自国内外的巨大考验，迄今红旗屹立不倒。

英勇不屈的民族精神，使得古巴民众对腐败格外敏感，因而也培养了他们强烈的监督意识。如果党员干部的贪腐问题影响到了整个民族的和谐发展，那么他们绝不会姑息手软，必会同贪污腐败做坚决的斗争。古巴人民不仅关注涉及自身利益的腐败，对于高层的腐败他们也是深恶痛绝的。此外，坚定的理想信念是古巴人民不断走向进步的精神力量。在社会主义信念的教育和熏陶下，古巴人民信任自己的执政党，同时会在通往社会主义道路的过程中对执政党提出更为严格的要求。他们认为只有消除党内和国家存在的腐败问题，古巴共产党的执政地位才能得以巩固，古巴共产党员才能永葆廉洁，并最终带领古巴人民实现共产主义理想。也正是因为怀揣坚定的理想信念，古巴人民相信自己能"坚决抵制和及时处理危害社会主义和祖国利益的贪污和腐败问题，更好地推进廉政建设"①。

二、历史上腐败高发期与集中治改

历史上古巴的腐败严重时期我们不得而知，但是社会主义古巴的廉政建设我们还是有迹可循的。革命胜利之初古巴的腐败现象并不普遍，也谈不上严重。1989 年奥乔亚事件揭开了古巴政治腐败的冰山一角，标志着未来 30 年古巴反腐败运动的开始。阿纳尔多·奥乔亚中将（见图 22）当时是古巴驻安哥拉部队司令，是古巴革命元勋，也是古巴领导人卡斯特罗的亲密战友。由于长达数年的贩毒和走私曝光而被捕，最终被判处死刑。他的死也标志着卡斯特罗执政 30 年来国内最大政坛丑闻的结束，由此也引发了 1989 年古巴共产党在政府部门和军队掀起的肃贪反腐运动。

图 22　图左一为古巴驻安哥拉部队司令阿纳尔多·奥乔亚中将，曾经的革命功臣，如今的贪腐巨蠹。对他的审判表明了古巴共产党反腐败的决心。

然而更大的危机还在后面，东欧剧变和苏联的解体使古巴失去了最可靠和

① 参见陈华：《古巴共产党的廉政建设及其启示》，《大庆师范学院学报》2011 年第 30 卷第 4 期。

最强大的政治盟友和靠山，巨额经济、军事援助也就此停止。与此同时美国和古巴国内的反对势力相互勾结，对古巴社会主义政权虎视眈眈，时刻都在筹划颠覆古巴的阴谋。在内外交困的艰难环境下，一些党员干部的社会主义信念开始动摇，出现了许多官员叛逃国外的事件。

为了度过这一苦难时期，1991年年初古巴共产党宣布进入"和平年代的特殊阶段"，开始进行改革。但正是在改革开放的过程中，由于制度和机制的不健全以及立法的不完善，导致市场经济的冒进引入，严重冲击了人们原有的价值取向，利益主体日趋多元。人们很快在改革中"迷失"，利己主义和拜金主义等不良风气大有成为社会主流之势。而且在与资本主义国家贸易的过程中，各种回扣、行贿受贿等腐败现象层出不穷。许多握有实权的党员干部没能经受住"糖衣炮弹"的诱惑，腐化堕落和违法乱纪迅速增多，官风日下，危险在即。

面对日趋严重的腐败现象，古巴共产党显示了惩治腐败的巨大决心，开始了轰轰烈烈的反腐败斗争。1989年，在古巴共产党公布打击经济犯罪和贪污腐化的运动中，先后有500名腐败分子落网。1994年国务委员会和政府在全国人大的委托和授权下，开始重拳治理经济犯罪活动。卡斯特罗主席在大会上宣布了没收非法致富者财产的命令，据统计，仅1994年一年，全国大约有3万名党员遭到处分，占党员总数的4.5%，惩处力度之大实属罕见。更严厉的还在后头，根据相关部门公布的数据，1999年古巴全国共处分党员34000人，2000年处分党员43539人①。然而这仅仅是开始，新的一轮反腐败运动随即在2004年到来，而且规模、力度更大。政治局委员们责无旁贷，纷纷深入基层和地方进行调研，查处和惩治有腐败行为的党员干部。企业管理层的账户也被政府严格管理和监视起来。这些相继出台的措施有效地遏制了腐败案件的发生和蔓延，有力地推动了党的廉政和道德建设，提高了党的威信，树立了党的良好形象②。

在接二连三的反腐运动中，古共政治局委员卡洛斯·阿尔达纳，古共政治局委员、国务委员兼外长罗伯托·罗瓦伊纳，政治局委员、国务委员兼基础工业部部长马科斯·哈维尔·波塔尔·莱昂等党政高官由于腐败、渎职等原因，

① 徐小庆：《古巴、巴西的廉政建设和反腐败工作》，《当代世界》2008年第8期。
② 张登文：《苏东剧变后古巴共产党的自身建设》，《上海党史与党建》2007年第3期。

先后被撤职查办。这一时期落马的最高级别的官员当属胡安·卡洛斯·鲁宾逊·阿格拉蒙。由于滥用职权、以权谋私的行为被查实，在 2006 年 4 月的古共中央政治局会议上，他被开除党籍，中央委员和中央政治局委员的职务也一并被撤销。他也没能逃脱法律的制裁，同年 6 月哈瓦那省人民法院判处他 12 年有期徒刑。

变换最高国家领导人后的古巴政府延续了以往的廉洁作风。在 2011 年 12 月古共中央六届三中全会上，劳尔强调，古巴共产党必须承担其反腐败的重担，腐败就是反革命，我们必须意志坚定，以法律为武器，清除革命的障碍。2012 年 1 月在古共全国代表会议闭幕式上劳尔再一次重申："现在，腐败已成为革命的头号敌人，它要比美国及其盟友的颠覆和武装干涉更为有害。"他认为对腐败的斗争一刻都不能停止，并坚信古巴最终会在反腐败的斗争中赢得胜利。在 2013 年召开的古巴第八届全国人大第一次会议闭幕式上，劳尔对古巴社会上存在的腐败和不道德现象进行了严厉抨击，呼吁古巴人民积极抵制这些恶行。由此可见，古巴领导人始终把反腐败当作重要政治任务来抓，腐败一日不除，战斗之志一日不休。

三、现行廉政建设特征

古巴的廉洁非一朝一夕之功，亦不单靠一人一物之力，而是古巴共产党和社会共同建设和推进廉政体系的产物。仔细考察古巴的廉政体系，其主要特征如下：

1. 以党带国、依党反腐、从严治党

依党反腐是社会主义国家的一大特色，也是古巴廉政建设的一个主要特点。古巴共产党认为，党的廉洁与否与整个国家的廉洁息息相关，执政党廉洁国家方能廉洁，因此廉政建设必须要以党为中心，由党自身做起，并起到示范作用。苏东共产党丧失政权的经验教训告诫古巴共产党：要巩固党的执政地位，建设一个廉洁的党，就必须大力推进党风廉政建设。为此古巴共产党十分重视党员干部的思想政治教育，劳尔·卡斯特罗认为思想政治工作一刻也不能放松，为此社会舆论调查中心得以成立，它在古巴共产党的领导下，负责对民众的思想政治动向进行动态跟踪，进而在研究分析的基础上为加强思想政治工作提供具体参考意见。同时，为了实现卡斯特罗"建设一个钢铁般的党"的目标，古巴共产党还进一步加强了对基层党组织的管理和控制，重点是加强党

员队伍建设，具体措施就是在基层普遍建立了劳动者代表大会推荐党员的制度，在原有程序的基础上加进去"听取劳动群众的反映和意见"这一规定。党员申请只有在群众没有异议的情况下，才能上报党员大会通过，并报上级审批。这一严格的党员选拔机制，有助于确保干部队伍的廉洁，无疑也增强了党的凝聚力和战斗力。

从严治党，关键是提高干部的能力和素质、从严治吏和加强党同人民群众的联系。为了加强对干部的监督管理和培训，古共中央于 1990 年成立了干部政策部，主要任务就是在新的国内外环境下加强对中央各部门和大企业领导干部的监督管理，全国的党校也是属于它的管辖范围。它还负责对领导干部进行考察，对进入合资企业工作的干部进行评审。这样做可谓"一箭双雕"，既提高了干部的素质和能力，又一定程度上对腐败行为的发生起到了预防作用。

古巴的吏治是出了名的严格，这体现在两方面：一是标准严，以腐败金额线为例。古共规定，贪污受贿金额在 300 比索（相当于一般干部的月平均工资）以上的公职人员，不论其职位高低，坚决予以免除，严重者开除党籍，决不姑息迁就。二是执行严，制度绝不是停留在口头上，而是得到了自上而下的贯彻落实。所有干部必须遵守《领导干部道德行为准则》，并按规定标准严格要求，违者严惩不贷，仅在 1999 年、2000 年两年就有将近 8 万名党员受到处分。如果是在从政道德方面犯了错误，则处罚将会更加严厉。对党员、干部的处分有警告、暂停党员权利和职务（三个月到一年）、劝退、开除党籍四种。劝退和开除必须有支部三分之二的票才能通过。开除党籍后，做出重大贡献才能重新入党。①

古巴共产党始终保持着密切联系群众的优良作风。以高层为例，古巴共产党的 26 名政治局委员，多数时间忙碌于第一线，和群众打成一片。所谓知屋漏者在宇下，知政失者在草野，古巴共产党非常注重实地考察和走访民情，他们相信没有调查就没有发言权，因此古巴共产党每年都会组织 150 多名干部下基层，直接与干部群众见面，了解第一手资料。其中规模较大的一次是 1995年 3 月古共几位政治局委员带队，组织 100 多人，对特别行政区——青年岛（相当于省级）进行检查与考察。这种一切从实际出发的接地气的活动，有利

---

① 孔祥仁：《国际反腐败随笔》，中国方正出版社 2007 年版，第 155 页。

于干部们掌握实情，也抑制了贪污腐化之风。

2. 上下联动，领导者集团以身作则与民众参与反腐倡廉齐头并进，实现全民反腐

为了建设一个廉洁的党，高层领导者以身作则。古巴最高领导人卡斯特罗就是领导人身体力行的典范，他严于律己，也不喜欢搞特殊化。他经常到群众中去，听取民众和基层干部对党和政府的意见，并解决问题。除了卡斯特罗，古巴总理拉赫亦身兼数职。他就像个邻家大叔，下班后如有时间就会坐在马路边和周围老百姓聊天，有时还常常自己开辆破拉达车往返于全国各地聆听民声，参加国事活动也是自己驾车前往。在卡斯特罗和拉赫等领导人的表率下，政府官员们纷纷"上行下效"，奉公执法。在许多方面，古巴的官员们不过是担任"公职的平民"，他们工资福利待遇并不是很高，享有的特权也很少。具体来讲，在工资收入方面，古巴共产党领导人已经很长时间没有涨过工资。目前部级领导人的月工资与普通民众的收入并没有很大差距（古巴的最低工资收入在200比索左右）。拿公车使用来说，古巴的公务配车很少，只有部级以上领导干部才配专车，面包车则是集体活动的主要工具。路程不远的情况下，一些高级官员经常步行上下班。中央政治局领导人到地方视察工作时，既没有车马开道，也不会出现封路的情形。一般情况下，他们多是轻车简从，不扰民事。这是规定也是要求。而且基于燃料供应紧张的现实，为了尽可能提高公交运力，包括领导干部专车在内的所有公车，在有空位或顺路的情况下，还会变身公交车，以供上下班职工搭乘。高级官员在住房政策方面也没有特殊之处，党和政府的高级干部都和普通群众住在一起，并没有自己专门的住宅区。长此以往，官员与民众的距离被拉近。当以身作则、身体力行成为官员们的生活方式时，人们自然会拥护和支持，因为一切他们都看在眼里。正如古巴监审局局长林娜所言："领导干部就要时时事事起模范带头作用，不然群众就不信服你。古巴共产党始终保持着自身的纯洁性，这是我们胜利的法宝。"[1]

领导先行，民众主体。领导干部的模范带头作用固然重要，但是古巴共产党也意识到：民众是廉政建设的主体力量，必须充分发挥人民群众在廉政建设中的积极作用。如果没有群众的支持与参与，廉政建设不可能落地生根，真正

---

[1]　季正矩：《通往廉洁之路——中外反腐败的经验和教训研究》，中央编译出版社2006年版，第285页。

收到成效。为此古巴共产党建立了新型的民主监督机制——参议制民主，群众监督政府、参与公共事务的门槛大大降低，从而方便了人民群众切实参与到廉政建设中来。同时古巴共产党还在各地方设立全国群众举报委员会和全国审计办公室等机构，人民群众参与廉政建设的积极性被充分调动起来，古巴廉政建设的社会基础也不断被夯实，"从而使古巴廉政建设植根于人民群众之中，获得了取之不尽的力量源泉"①。总之这一系列的工作促成了民间监督网络的形成，腐败的可能性也降低了。可以说古巴的廉政建设实现了官方力量和民间力量的整合，真正做到了全面彻底的反腐。

3. 比较完善的反腐败法律体系和监督机制

古巴的廉政建设不是领导的"拍脑袋"，对腐败的限制和查处也不是西方所想的"政治斗争"，它是有法可依的。古巴制定了许多反腐败的制度和法规，并且各司其职，相互协调。在古巴共产党内部，纪律条例是约束和规范党员行为的重要依据。对于国家工作人员，我们可以在《国家干部道德法》和《工作人员纪律管理条例》中找到相关规定。古巴的《国家干部道德法》是一部重要的法律，法律实施时，党和国家最高领导人带头在上面签字，并号召党员干部严格遵守。该法重申了古巴社会主义革命的重大原则、价值观和国家干部应具备的道德观念，规定了国家工作人员的 26 条戒律，并对违反者处以严惩，这是古巴廉政建设的重要法律依据。

完善的监督机制也是推进廉政建设的重要保障。因为堡垒最容易从内部攻破，一个政党不可能依法制定政策并执行政策不出差错，所以加强对党的内部监督就显得很有必要。古巴共产党也认识到了党内外监督的重要性，专门设置了监督机构。它们分工明确、相互独立，有效地遏制了腐败案件的发生和蔓延。对于公车私用，除了成立专门监督机构，古巴政府还注意从细节入手，比如对进入和停留在旅游区的公车进行登记，并对群众对干部公车私用现象的意见跟踪处理。上述举措不仅发挥了监督的作用，也解决了监督过程中可能出现的问题。

古巴的反腐败监督机构详见表 23。

---

① 唐贤秋、解桂海：《苏东剧变后古巴共产党加强廉政建设的经验》，《国外理论动态》2008 年第 2 期。

表 23 　　　　　　　　　　　　**古巴的反腐败监督机构**

监督类型	机构名称	组成	主要职能	备注
党内监督	三级申诉委员会		负责受理党员干部违纪行为的举报以及审理对违纪党员和党员干部有关处分的申诉	委员会做出的决定同级党委无权否定或修改
行政监督	全国反腐败委员会	由中央政治局委员、国务委员副主席、中央组织部部长担任主席，成员包括总检察长、国家部长会议代表、监察审计部部长、卡斯特罗主席办公室代表、内务部部长等	委员会每月定期开会研究反腐败形势并对大案要案进行查处	
	监察委员会	由中央政治局委员、国务委员会副主席、部长会议执行主席任主席	定期召开各省省长会议，由监察审计部部长通报反腐败工作情况，并布置下一阶段的监察审计工作	
	国家监督委员会	由监察审计部部长担任委员会主席，委员由检察院、司法部、财政部、税务局等部门的领导担任	主要负责宏观政策指导和内部协调工作，讨论决定重大案件的审理和处理事项以及对法律法规提出修改意见	
	监察审计部	2002 年设立，下属机构为 15 个省设立的省级监察审计办公室	重点对金融、外贸、原材料基地、食品加工业进行监督，必要时还可以对省部级领导进行直接审计	
	总审计署	2009 年设立，各省的审计局是其下属机构	主要负责治理腐败问题	直属国务委员会，对所有政府部门和经济实体有绝对的审计权力
群众监督	全国群众举报委员会		监督和举报政府工作中出现的贪腐行为	直属古共主管党务工作的政治局委员领导

资料来源：徐小庆：《古巴、巴西的廉政建设和反腐败工作》，《当代世界》2008 年第 8 期。

4. 治腐先治心，把理想信念教育融入廉政建设中来

正如前文所述，理想信念、民族精神是古巴廉政文化的重要组成部分。它们帮助古巴共产党度过了苏东剧变后的内忧外患，成为古巴共产党团结一致、领导人民克服特殊困难的强大精神动力。而廉洁自律是预防官员腐败的思想武器。为了拓展廉政建设的途径，丰富廉政建设的内容，古巴共产党巧妙地将理想信念教育与道德教育结合起来。1996 年 7 月在《干部道德法规》的发布仪式上，古巴主席卡斯特罗出席并带头在该法规上签字时，坦言"社会主义是表率的科学"，自己会坚决遵守和践行。部长会议副主席拉赫也在仪式上强调，奉献精神是共产党人特有的品德，如果丧失了这一品德，社会主义的建设就没有前途。古巴把理想信念教育与反腐倡廉教育相结合的做法，可以说是廉政建设的重要"治心"之举。这既有助于坚定党员干部社会主义的信念与信心，也有利于培养公务员廉洁奉公的品行，并在全社会营造一种"以廉洁为荣，以腐败为耻"的氛围。

四、现存问题及应对趋势

就目前而言，古巴共产党和政府的廉洁度还是比较高的，打击腐败的工作也在有条不紊地展开，经济改革与反腐败已经成为社会共识。但是古巴的廉政建设也存在一定的缺陷，一些问题没有得以解决。一方面是廉政体系的重心集中于对高官的限制和约束，而忽视了基层公务人员的贪腐行为。尽管还没有出现这方面的大问题，但却是一个潜在隐患。另一方面就是古巴在国家反腐败合作方面工作力度不够，这可能与古巴的政治现实有关，但是从长远来看国际合作对古巴的廉政建设还是很有必要的。

此外就是逐步推进的经济改革将会是对古巴下一阶段廉政建设，也是对"穷怕了"的古巴人民的重大考验。因为贫穷总是和腐败形影不离，就像 20世纪 90 年代的改革一样，必然会出现一些新情况，新变化，而这些都可能成为滋生腐败的温床。因此古巴党和政府必须未雨绸缪，学习其他国家的经验教训，以避免在以后的反腐败过程中走弯路。

五、小结

古巴是社会主义国家廉政建设的典范，它的经验表明：贫穷的国家也是可以建立起完善的廉政体系的。国家的廉洁与否与贫穷乃至意识形态并没有必然

的联系。领导人对腐败问题的重视和以身作则的模范作用是古巴廉政建设取得佳绩的重要保证。而且在古巴我们再次见识到了精神与信念的重要性，正是古巴人民对共产主义理想的极大热忱，才促使他们积极投身于反腐败的斗争运动，行使自己的监督权利，揭发官员的贪腐行为，从而使国家与社会走向清明。当然制度的价值也是不能小觑的，没有这些反腐机构与相关法律的设立与制定，廉政建设的任务与工作也就得不到有效的贯彻实施。结合我国的实际来看，古巴共产党的反腐决心和民众参与机制是值得我们借鉴和学习的。

后　记

　　我对腐败问题一直怀有兴趣和保持关注，并有些个人的思考。2012 年 12 月四川廉洁文化社科普及基地落户内江师范学院，与内江预防腐败研究中心、内江预防职务犯罪研究所联合办公运行，促使我开始在廉政建设的研究和文化普及方面做一些实质性的工作。

　　我从事的专业是世界史，自然对国外廉政建设了解稍多，也更有兴趣。看到市面上关于中国廉洁文化评介的出版物居多，便有了编著一本关于国外廉政建设和廉洁文化的读物的想法，得到了廉洁文化社科普及基地主任胡绍元教授的支持。但是限于我的研究方向和本职工作以外的时间，遂决定请人协助实施。由我选定了拟评介的国家，确定了"历史背景与政治文化"、"历史上腐败高发期与集中治改"、"现行廉政建设特征"、"现存问题及发展趋势"、"小结或短评"五个模块作为比较模型。然后请山东大学世界史专业的研究生、也是我的师弟师妹着手搜集、整理资料并撰写初稿，他们的分工如下：肖世伟负责美国、法国、日本、古巴，潘倩负责新加坡、韩国，彭博负责英国、挪威、新西兰、智利，郭启利负责澳大利亚、加拿大、瑞士、荷兰。最后由我负责统稿。

　　本书编写过程中参阅了有关领域的大量著作、文献和案例，这些同行的著述为我国廉洁文化建设做出了贡献，并为本书的编写提供了大量可供借鉴的资源。绝大部分文献贡献者我们在文中已经标明出处，在此我对各位作者致以真诚的谢意，感谢你们对我国党风廉政建设理论研究尤其是廉政文化研究的持久贡献！我希望本书能得到致力于该领域研究的诸多学者的理解和支持，对我们在编写过程中出现的错漏和瑕疵予以包容，并敬请批评指正！

　　本书是四川廉洁文化社科普及基地、内江预防腐败研究中心和内江预防职务犯罪研究所规划的《廉洁文化建设丛书》成果之一。该丛书获得省社科联支持，内江师范学院为丛书的出版给予了大力资助。我们为学校党政对丛书出版的重视和切实支持表示由衷感谢！为学校在党风廉政建设理论研究工作和廉洁文化社科普及工作中求真务实的作风感到欣慰！

　　本书出版过程中，内江师范学院纪委和科技处给予了指导和帮助，四川廉洁文化社科普及基地副主任谭安富全程负责图书出版的具体事务，特此致谢！

编者于 2015 年 10 月

图书在版编目(CIP)数据

国外廉政建设述评/王建波主编．—武汉：武汉大学出版社,2016.8
廉洁文化建设丛书
ISBN 978-7-307-18359-9

Ⅰ.国…　Ⅱ.王…　Ⅲ.廉政建设—研究—世界　Ⅳ.D523.4

中国版本图书馆 CIP 数据核字(2016)第 181753 号

责任编辑:朱凌云　　　责任校对:李孟潇　　　版式设计:马　佳

出版发行:**武汉大学出版社**　　(430072　武昌　珞珈山)
　　　　　(电子邮件:cbs22@whu.edu.cn　网址:www.wdp.com.cn)
印刷:湖北金海印务有限公司
开本:720×1000　1/16　印张:13.75　字数:234 千字　插页:1
版次:2016 年 8 月第 1 版　　2016 年 8 月第 1 次印刷
ISBN 978-7-307-18359-9　　定价:28.00 元